辉煌十年：
2012—2021 中国经济脚步

夏　斌
傅烨珉　编著

人民东方出版传媒
People's Oriental Publishing & Media
东方出版社
The Oriental Press

图书在版编目（CIP）数据

辉煌十年：2012—2021中国经济脚步 / 夏斌，傅烨珉 编著 . —北京：东方出版社，2022.8

ISBN 978-7-5207-2904-8

Ⅰ.①辉… Ⅱ.①夏… ②傅… Ⅲ.①中国经济—经济发展—成就—2012—2021 Ⅳ.①F124

中国版本图书馆 CIP 数据核字（2022）第 132448 号

辉煌十年： 2012—2021 中国经济脚步

（ HUIHUANG SHINIAN: 2012—2021 ZHONGGUO JINGJI JIAOBU ）

编　著：夏　斌　傅烨珉
责任编辑：刘　峥　马　旭
出　版：东方出版社
发　行：人民东方出版传媒有限公司
地　址：北京市西城区北三环中路 6 号
邮　编：100120
印　刷：北京汇林印务有限公司
版　次：2022 年 8 月第 1 版
印　次：2022 年 8 月第 1 次印刷
开　本：880 毫米 ×1230 毫米　1/32
印　张：10.5
字　数：280 千字
书　号：ISBN 978-7-5207-2904-8
定　价：56.00 元
发行电话：（010）85924663　85924644　85924641

目 录

第五章 | 2016：在应对挑战中前进，没有过不去的坎

第九章 | 2020：只有"傻瓜"才会不看好中国！

引 言

"过去十年，中国经济的增长全世界有目共睹！"

2012 年 10 月 28 日，离中国共产党第十八次全国代表大会开幕还有 11 天，法国巴黎第八大学地缘政治学博士皮埃尔·皮卡尔（Pierre Picquart）在接受新华社专访时做了上述表态。

一

1997 年至 2012 年，皮埃尔 40 余次踏上神州大地，亲眼见证这个国家非同寻常的发展。用他的话来讲，"十年里，中国经济经历了必要调整，成为世界第二经济大国。不少地区得到了极大发展，中国企业也开始对外投资……对一个规模相当于一个洲、人口接近 14 亿的国家而言，取得如此惊人的发展并非易事"。

的确，自 2001 年加入世贸组织以来，中国开放的经济体系迸发出巨大活力，十年间取得巨大成就。而在皮埃尔看来，从 2012 年起未来十年对中国至关重要，特别是在金融监管、经济治理、环境保护以及与其他国家发展关系等方面，中国的新发展对于区域乃至全球都将发挥重要作用。

时光之舟，桨橹轻摇。

至 2021 年，砥砺前行的中国经济走过又一个十年。十年里，从资本输入大国升级为资本输出大国，中国的经济实力与国际地位持续大幅提升。

譬如，2016 年中国国内生产总值（GDP）达 74 万亿元，折合 11.2 万亿美元，占世界经济总量的 14.8%，比 2012 年提高 3.4 个百分点，稳居世界第二位。

又如，2017年中国GDP首次站上80万亿元的历史新台阶，达到827122亿元，当年经济增量折合1.2万亿美元，相当于2016年全球第十四大经济体澳大利亚的经济总量。

再如，2020年中国GDP总量达101.6万亿元。从2000年我国经济总量迈上10万亿元台阶，到2020年突破100万亿元，20年内经济总量扩大10倍。按照年平均汇率折算，2020年中国GDP达到14.7万亿美元左右，稳居世界第二，占世界经济的比重达到17%左右。

更为亮眼的是，2020年新冠肺炎疫情冲击全球，中国是唯一实现正增长的主要经济体，由此成为世界经济复苏增长的重要引擎及最具动力的"火车头"——2019年，中国对全球经济增长贡献率达39%。

2021年5月29日，国际货币基金组织（IMF）总裁克里斯塔利娜·格奥尔基耶娃（Kristalina Georgieva）公开表态称，预计未来5年中国对全球经济增长的平均贡献率将超过1/4。

这一切都预示着，增长动力强劲的中国经济有望再创佳绩。

根据IMF发布的世界经济展望报告，预计2021年全球经济增长5.5%，中国将实现8.1%的增长，在主要经济体中依旧一枝独秀。中国经济持续向好，也会给世界经济提供更多复苏动力。据经济合作与发展组织（OECD）预测，2021年中国对全球经济增长的贡献率将超过1/3。

不止于此。党的十八大以来，以习近平同志为核心的党中央带领全国人民打响脱贫攻坚战，战天斗地，改天换地，历经八年奋斗，终获功行圆满。

2021年2月25日，习近平总书记庄严宣告，现行标准下9899万农村贫困人口全部脱贫，832个贫困县全部摘帽，12.8万个贫困村全部出列，区域性整体贫困得到解决，完成了消除绝对贫困的艰巨任务。

随着中国创造一个又一个彪炳史册的人间奇迹，世界为之惊叹。

俄罗斯专栏作家米哈伊尔·莫洛佐夫（Mikhail Morozov）撰文称，中国提前 10 年实现《联合国 2030 年可持续发展议程》减贫目标。

联合国秘书长古特雷斯（António Guterres）表示："过去 10 年，中国是为全球减贫作出最大贡献的国家。"

世界银行中国局局长马丁·芮泽（Martin Raiser）直言："过去 40 多年里，中国成功让数亿人摆脱贫困，中国民众的生活得到显著改善……这是一项非凡的成就。"

美国斯坦福大学胡佛研究所高级研究员伊丽莎白·伊科诺米（Elizabeth Economy）指出："对于经济社会的发展，以及中国在世界舞台上发挥的更大作用，绝大多数中国人感到非常自豪。"

当各国尚在热议中国取得脱贫攻坚战的全面胜利时，习近平总书记发出了乘势而上、再接再厉、接续奋斗的进军号令："脱贫摘帽不是终点，而是新生活、新奋斗的起点。"由此，全党全国各族人民继续朝向实现第二个百年奋斗目标前进，开启了全面建设社会主义现代化国家的新征程。

可以想见，加速崛起的中国将在未来带给世界更多惊奇乃至震撼！

二

2012 年 11 月 8 日，中共十八大在北京开幕。10 天后的 11 月 18 日，由国务院参事、国务院发展研究中心金融研究所所长、央行货币政策委员会委员夏斌①发起的中国首席经济学家论坛（China Chief Economist Forum, CCEF），在上海陆家嘴成立。

作为非官方、非营利性、常年常设的经济与金融研究平台，CCEF 由专职中国经济分析的国内外一流金融机构的首席经济学家组成，其立足全球视角，着眼于中国经济增长及金融市场发展中的现实问题，向决策层与投资者传递"市场最真实的声音"。

---

① 文中各专家、政要职衔，均为当时任职情况，全书统一。

2012 年至 2021 年，伴随中国经济一路前行的 CCEF，走过自己的第一个十年。其间，中央财经领导小组办公室主任（现任国务院副总理）刘鹤 2013 年初致词 CCEF："贵在恒，望成为有较大影响力的智库。"

在此箴言鞭策下，今已年满"十周岁"的 CCEF 于见证中国经济攻坚克难、行稳致远的过程中，通过召开年会、研讨会、学术讨论会；发布有关报告、创建具有影响力的研究项目等形式，在政策与市场之间搭建起一座重要的沟通桥梁，自身亦成长为中国经济金融政策研究的高端咨询智囊。

站在下一个十年的当口，回顾 2012—2021 年中国经济发展历程，以及 CCEF 为构建新发展格局，推动高质量发展所贡献的智慧，无疑具有重大的现实意义。

逆风破浪开新局！新十年，中国经济必将再铸辉煌！

第一章

2012

宁要不完美的改革，不要不改革的危机

这将是非常困难的一年。

——世界银行

尽管国际形势依然严峻复杂，但在多种有利条件的共同作用下，中国经济仍将会保持平稳快速发展态势。

——国家发展和改革委员会副秘书长李朴民

2012 年国民经济运行缓中企稳，经济社会发展稳中有进。

——国家统计局局长马建堂

论坛要想总理所想，急总理所急。

——国务院参事、CCEF 主席夏斌

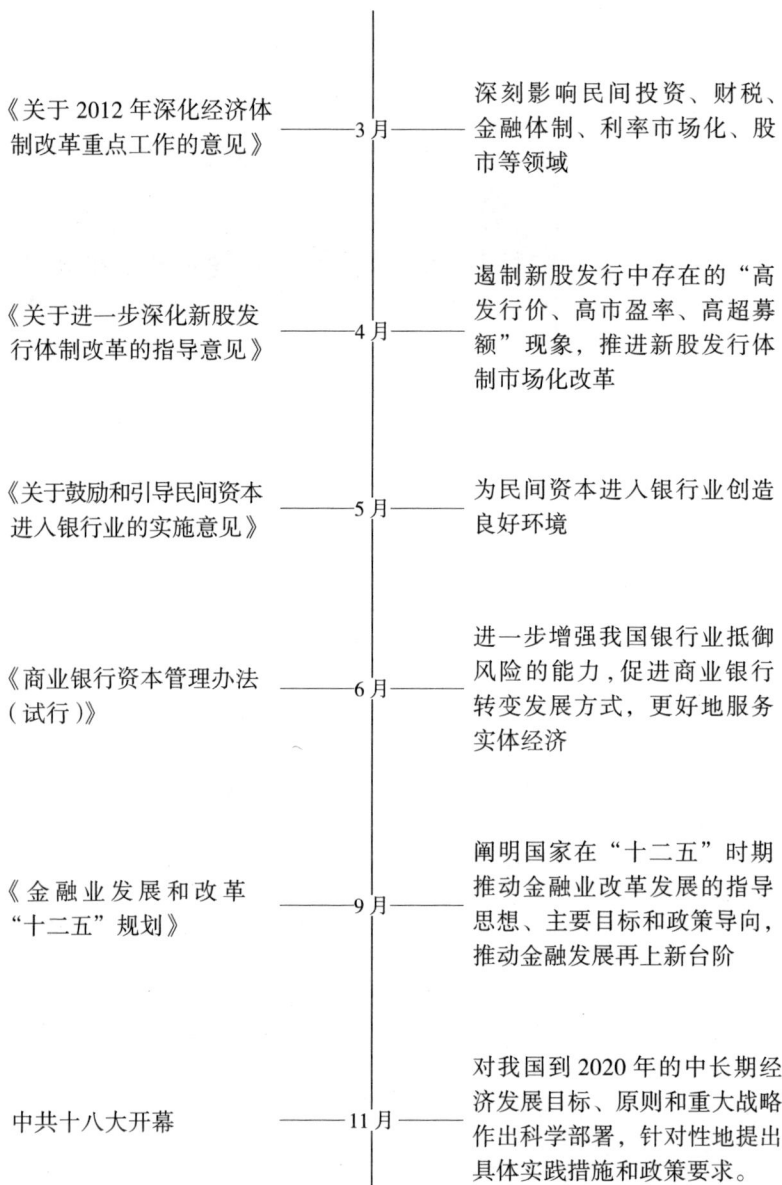

本章导图

《关于 2012 年深化经济体制改革重点工作的意见》 —— 3 月 —— 深刻影响民间投资、财税、金融体制、利率市场化、股市等领域

《关于进一步深化新股发行体制改革的指导意见》 —— 4 月 —— 遏制新股发行中存在的"高发行价、高市盈率、高超募额"现象，推进新股发行体制市场化改革

《关于鼓励和引导民间资本进入银行业的实施意见》 —— 5 月 —— 为民间资本进入银行业创造良好环境

《商业银行资本管理办法（试行）》 —— 6 月 —— 进一步增强我国银行业抵御风险的能力，促进商业银行转变发展方式，更好地服务实体经济

《金融业发展和改革"十二五"规划》 —— 9 月 —— 阐明国家在"十二五"时期推动金融业改革发展的指导思想、主要目标和政策导向，推动金融发展再上新台阶

中共十八大开幕 —— 11 月 —— 对我国到 2020 年的中长期经济发展目标、原则和重大战略作出科学部署，针对性地提出具体实践措施和政策要求。

2012
预　判

这将是非常困难的一年

让我们将时间的指针拨回 2012 年。

世行看"衰"全球

是年伊始，世界银行在展望全球经济形势时称，"这将是非常困难的一年"。今日回首，这对全球乃至中国而言，堪称一语成谶。

先看全球，基于各国努力应对美国次贷危机引发的全球金融危机，世界经济自 2010 年起走上缓慢而曲折的复苏道路。但 2012 年，因欧洲主权债务危机的深化与扩大，世界经济再度下滑。

美国方面，2007 年次贷泡沫破灭引发金融危机后，为刺激经济，美国政府将扩张性财政政策改为量化宽松货币政策，在长期低利率和流动性泛滥的环境中实现缓慢的经济复苏。可是，由于债务居高不下，且失业率一直处于 8% 左右高位，导致美国的"财政悬崖"风险未获真正解除。受投资、农业、出口增长乏力等一系列因素影响，其经济复苏步伐难以加快，2012 年增长率仅约 2%。

欧洲方面，受欧债危机拖累，2012 年欧洲经济增速回落，欧元区国家内部需求疲软，有些国家甚至出现经济衰退，竞争力下降。同时，欧盟各国在多处债务协调上耗时耗力，不得不与经济衰退"艰难作战"，形势严峻。

日本方面，此前已历经长达 20 年的经济低迷，因 2011 年 3 月发生的大地震、海啸及核泄漏事件再受重创，对内影响消费和投资信心，对外则一度造成国际供应链在某种程度上断裂。而且，日本因内政外交上的矛盾和危机拖累，灾后重建所显露的经济复苏势头陷入止步。虽然 2012 年末上台的安倍内阁提出雄心勃勃的经济计划，希望通过增加政府开支、实施宽松货币政策、促使日元贬值等措施刺激经济，以摆脱通缩局面，但这些措施能否奏效，至少当时还是未知数。

以"金砖五国"为代表的新兴经济体方面，尽管 2011 年通过投资和消费的增长促进了自身发展，但 2012 年，在发达国家经济下行的形势下，金砖国家同样遭遇巨大外部风险，包括外需减少、外资撤出、外币贬值，以及大宗商品价格上涨等，加之内部结构性调整问题，以致经济增速下滑，一些国家明显放慢了经济增长的脚步。

难题下的中国态度

再看中国，在国际金融危机仍未解除的情况下，2012 年国内经济发展亦不乏难题，突出表现为：经济增长存在下行压力，物价水平仍处高位；房地产市场调控处于关键阶段；农业稳定发展及农民持续增收的难度加大；就业总量压力与结构性矛盾并存，一些企业尤其是小微企业经营困难增多；部分行业产能过剩凸显，能源消费总量增长过快；等等。

事实上，国家统计局发布的数据显示，2011 年中国经济同比增速逐季回落，依次为 9.7%、9.5%、9.1%、8.9%，加之一些长期矛盾与短期问题相互交织，结构性因素和周期性因素相互作用，国际问题和国内问题相互关联，使 2012 年初的经济发展面临更复杂局面。

但话说回来，自 1978 年改革开放的巨轮"入海"以来，"舟至中流"的中国经济劈波斩浪 30 余年，既已驶入更开阔的"海面"，就需接受"中流击水、浪遏飞舟"的挑战。对此，决策层早有预见。

2012 年 1 月 6 日，国务院总理温家宝在全国金融工作会议上讲话时强调："国际金融危机没有结束，外部经济波动和金融市场动荡对我国经济金融的影响继续存在，甚至可能加大。我们必须增强忧患意识、责任意识，居安思危。"

2012
远　瞩

中国经济仍将保持平稳快速发展

局势如斯，2012 年中国经济能否保持平稳快速发展？从国家发展和改革委员会副秘书长、新闻发言人李朴民的公开表态来看，答案是肯定的。

上一年的三块基石

是年 2 月 16 日，李朴民在接受《光明日报》专访时指出：中国内需的潜力很大，尚未得到充分发挥，今年（2012 年）尽管国际形势依然严峻复杂，但在多种有利条件共同作用下，中国经济仍将保持平稳快速发展态势。理由主要来自三个方面。

首先，虽然 2011 年我国 GDP 增速逐季放缓，但一定程度上，这是政府主动将宏观调控着力点放在"调结构、转方式、控物价、惠民生"上的结果。况且，与 2011 年初确定全年 8% 左右的增长目标及"十二五" 7% 左右的增长目标相比，9.2% 的增速既符合宏观调控预期方向，也保持了改革开放以来平稳较快的发展态势，更达到同期世界经济 3% 左右平均增速（来自有关国际组织预测）的两到三倍，仍在主要经济体中名列前茅。

其次，根据国家统计局公布的数据，2011 年全国规模以上工业企业实现利润 54544 亿元，比上年增长 25.4%。其中，国有及国有控股企业增长 15%，集体企业增长 34%，股份制企业增长 31.2%，外商及港澳台商投资企业增长 10.6%，私营企业增长 46%。另据财政部数据，2011 年全国财政收入突破 10 万亿元，比上年增长 24.8%。可见，2011 年 GDP 增幅虽回落，但在经济效益上，企业利润、财政收入都保持较快增长。

不仅如此，2011 年中央财政对"三农"投入首次突破 1 万亿元大关，达到 10408.6 亿元，同比增长 21.3%，粮食产量实现"八连增"，农业发展成效明显。同期，工业发展亦传捷报。工信部公布数据显示，2011 年全年中央预算内投资继续安排 150 亿元作为重点产业振兴和技术改造专项资金，向各省下达的 2011 年 18 个工业行业淘汰落后产能工作进展良好，2255 个企业落后生产线基本关停。战略性新兴产业发展步伐也在加快，高技术产业增加值全年增长 16.5%，高于全国规模以上工业 13.9% 的增速。

最后，民生事业发展成为 2011 年最大亮点，不仅全年城镇新增就业岗位创历史新高，达到 1221 万人，完成全年 900 万人目标的 136%；保障性安居工程建设全面推进，全国 1000 万套保障房如期开工。并且，社会保障事业取得重大进展，人力资源和社会保障部的数据显示，新农保试点加快扩大，城镇居民社会养老保险试点迅速推进，截至 2011 年末已有超过 3.6 亿人参保，超过 1 亿城乡老年居民领取基本养老金。在此基础上，2012 年城乡居民基本养老保险制度可望基本实现全覆盖，以养老、医疗、低保为重点的基本社保体系框架将基本建成。

中国经济"有理由"稳增长

基于 2011 年打下的三大"基石"，李朴民对 2012 年中国经济发展信心满满，理由同样来自三个方面。

一是在世界经济形势严峻复杂、欧债危机不断恶化的国际环境下，中国经济仍保持平稳较快发展的"基本面"。

二是中国内需潜力巨大，工业化、城镇化、农业现代化仍处在较快发展阶段。中国推进工业化、城镇化的过程，也是扩大消费需求、改善人民生活水平的过程，这将释放巨大的内需潜力。

三是我国社会主义市场经济体制将为经济社会发展提供强大动力，释放更大活力。

在李朴民看来，2012 年保持合理的投资规模，加强经济社会发展的薄弱环节，为经济发展提供更充沛动力，为调整经济结构、转变发展方式创造条件。"只要我们利用好有利条件，抓住并切实用好战略机遇期，贯彻落实好中央经济工作会议的决策部署和方针政策，国民经济将会继续平稳较快发展"。

2012
行　动

"改革"成为年度关键词

当然，光有信心还不够，"真刀真枪"实干必不可少。问题是，处于复杂的国际国内大环境下，怎样才能制衡风险，掌好中国经济巨轮乘风破浪之"舵"？两个字——改革！

"宁要不完美的改革，不要不改革的危机！"2012年2月23日，《人民日报》以此为题刊发评论称，"我们党正是着眼于国家和人民的未来，以'天变不足畏，祖宗不足法，人言不足恤'的改革精神，敢于抓住主要矛盾、勇于直面风险考验，才能化危为机，让中国成为世界第二大经济体"。

评论指出，要"不失时机地推进重要领域和关键环节改革"，"继续推进经济体制、政治体制、文化体制、社会体制改革创新"，一定能把风险化解在当下，让发展乘势而上，为党和国家赢得一个光明的未来。

金融改革是重中之重

谈及改革，经济领域一马当先，金融业更是重中之重。梳理2012年金融领域发生的一系列大事，可以发现"改革"是贯穿始终的关键词。

2012年1月6日召开的全国金融工作会议明确，今后一个时期，要重点发挥金融业服务实体经济的职能，全面深化推进金融机构和金融体制改革。

3月18日，国务院批转发改委《关于2012年深化经济体制改革重点工作的意见》，其中要求：抓紧完善鼓励引导民间投资健康发展的配套措施和实施细则，鼓励民间资本进入铁路、市政、金融、能源、电信、教育、医疗等领域；加快财税体制改革，稳步扩大营业税改征增值税试点行业和地区范围，适时扩大房产税试点范围；深化金融体制改革，积极培育面向小型微型企业和"三农"的小型金融机构；修订《贷款通则》，合理引导民间融资；深化利率市场化改革；健全新股发行制度和退市制度；等等。

"银证保"协同发力

主基调既定，各方纷纷行动。

一是股票发行：

4月28日，证监会颁布《关于进一步深化新股发行体制改革的指导意见》，以充分、完整、准确的信息披露为中心，改进发行审核。5月18日，证监会对《证券发行与承销管理办法》做相应修改。5月23日，证监会发行监管部、创业板发行监管部下发《关于新股发行定价相关问题的通知》，明确新股发行定价相关事项。6月28日，沪、深交易所分别发布《关于完善上海证券交易所上市公司退市制度的方案》《关于改进和完善深圳证券交易所主板、中小企业板上市公司退市制度的方案》，并于7月7日修订、发布《股票上市规则》。

二是民间投资：

5月14日，证监会发布《关于落实〈国务院关于鼓励和引导民间投资健康发展的若干意见〉工作要点的通知》，从促进民营企业融资和规范发展、鼓励民间资本参股证券期货经营机构、为民营企业健康发展创造良好环境等方面，推出涵盖三个维度、15条举措的落实细则。

5月26日，银监会出台《关于鼓励和引导民间资本进入银行业的实施意见》，明确支持民营企业参与商业银行增资扩股，鼓励和引导民资参与城商行和村镇银行的发起设立，或增资扩股及投资信托公司、消费金融公司、财务公司、金融租赁公司和汽车金融公司。

6月15日，保监会发布《关于鼓励和支持民间投资健康发展的实施意见》，积极支持符合条件的民营资本通过发起设立、受让股权、认购新股等多种方式投资保险公司。

三是银行业监管：

6月7日，银监会发布《商业银行资本管理办法（试行）》，对监管资本要求、资本充足率①计算、资本定义、信用风险加权资产计量、市场风险加权资产计量、操作风险加权资产计量、商业银行内部资本充足评估程序、资本充足率监督检查和信息披露等进行规范。其后，两项配套措施——《关于商业银行资本工具创新的指导意见》和《关于实施〈商业银行资本管理办法（试行）〉过渡期安排相关事项的通知》，于11月先后落地。

四是保险业监管：

7月16日，保监会连发四"箭"，从《保险资金投资债券暂行办法》《保险资金委托投资管理暂行办法》，到《关于保险资金投资股权和不动产有关问题的通知》《保险资产配置管理暂行办法》，就险资相关投资管理事项一一予以规范。

10月12日，保监会再推六项新规。其中《关于保险资产管理公司有关事项的通知》规定，除了受托管理险资，保险资产管理公司还可受托管理养老金、企业年金、住房公积金等机构的资金；《关于保险资金投资有关金融产品的通知》明确，险资可投资商业银行理财产品、银行业金融机构信贷资产支持证券等金融产品。《基础设施债权投资计划管理暂行规定》《保险资金境外投资管理暂行办法实施细则》《保险资金参与金融衍生产品交易暂行办法》《保险资金参与股指期货交易规

---

① 指银行的资本总额对其风险加权资产的比率，反映银行在存款人和债权人的资产遭到损失前，能以自有资本承担损失的程度。

定》，则分别就险资参与金融衍生品及股指期货交易划定制度"红线"。

值得注意的是，2012 年 9 月 17 日，中国人民银行、银监会、证监会、保监会、国家外汇管理局共同编制的《金融业发展和改革"十二五"规划》正式发布，不仅提出"十二五"时期金融业发展和改革的指导思想、主要目标和政策着力点，还从改善金融调控、完善组织体系、建设金融市场、深化金融改革、扩大对外开放、维护金融稳定、加强基础设施七个方面，明确了"十二五"时期金融业发展和改革的重点任务。

地方金融综合改革紧锣密鼓

地方金融综合改革也于 2012 年逐步扩展。3 月，国务院批准浙江温州成立金融综合改革试验区。6 月，国务院通过深圳前海金融改革创新先行先试政策。7 月，广东建设珠江三角洲金融改革创新综合试验区总体方案获批。11 月，国务院批准在福建泉州建设金融服务实体经济综合改革试验区。

此外，包括深圳出台重大金融创新方案、天津滨海新区出台金融创新举措、浙江丽水启动农村金融改革试点等，部分地区亦推出了区域性金融创新方案。

上述一系列攻坚克难的改革措施，为 2012 年乃至接下来一段时期中国经济的平稳发展，助推了一臂之力。

2012 大事记

从"建设"到"建成"是质的飞跃

十八大的新目标

2012 年 11 月 8 日，党的十八大在北京开幕。大会不仅对我国宏观经济发展现状进行了全面总结描述，还对国家到 2020 年的中长期经济发展目标、原则和重大战略作出科学部署，有针对性地提出了具体实践措施和政策要求。尤其是党的十六大、十七大提出"全面建设小康社会"的发展目标，而十八大报告提出"为全面建成小康社会而奋斗"的新目标，具体分别为：经济持续健康发展，人民民主不断扩大，文化软实力显著增强，人民生活水平全面提高，资源节约型、环境友好型社会建设取得重大进展。

"从'建设'到'建成'，这一字之变，是个质的飞跃。"中央政策研究室副主任施芝鸿在解读十八大报告时称，这一字之改的"含金量"很高，为扎扎实实迈向中华民族伟大复兴提供了一个看得见、摸得着、感受得到的阶段性目标，把全面建成惠及十几亿人口的更高水平小康社会美好前景，更加清晰地呈现在全国人民面前，必将极大激发全国人民的奋斗热情。

在施芝鸿看来，新目标中最引人注目的是到 2020 年，要"实现国内生产总值和城乡居民人均收入比 2010 年翻一番"。这是我国首次明确提出居民收入倍增目标。"到那时，全国老百姓的衣食住行用水平将全面提高……生活在社会主义中国的幸福感将普遍增强！"

多措并举是根本

当然，要如期全面建成小康社会，任务十分艰巨，必须多措并举。其中，除了实施创新驱动发展战略、推动城乡发展一体化外，经济建设更是当仁不让的重要抓手。就此，十八大吹响了"加快完善社会主义市场经济体制、加快转变经济发展方式"的号角。

十八大报告强调，全面深化经济体制改革是加快转变经济发展方式的关键，要巩固和发展公有制经济，推动国有资本更多投向关系国家安全和国民经济命脉的重要行业和关键领域，不断增强国有经济活力、控制力、影响力。同时，鼓励、支持、引导非公有制经济发展，并加快改革财税体制，深化金融体制改革，完善金融监管，推进金融创新，维护金融稳定。

　　报告明确，推进经济结构战略性调整是加快转变经济发展方式的主攻方向。不仅要以改善需求结构、优化产业结构、促进区域协调发展、推进城镇化为重点，着力解决制约经济持续健康发展的重大结构性问题，还要牢牢把握扩大内需这一战略基点，加快建立扩大消费需求长效机制，扩大国内市场规模，并实行更有利于实体经济发展的政策措施，推动战略性新兴产业、先进制造业健康发展，加快传统产业转型升级，推动服务业特别是现代服务业发展壮大，支持小微企业发展。

　　此外，"创新开放模式，坚持出口和进口并重，提高利用外资综合优势和总体效益，加快走出去步伐，统筹双边、多边、区域、次区域开放合作，提高抵御国际经济风险能力"，报告就如何加快转变对外经济发展方式，推动开放朝着优化结构、拓展深度、提高效益方向转变指明了"出路"。

　　随着十八大全面确立包括经济在内各个领域的政策方针，以及未来发展纲要，身为世界第二大经济体的中国自此开启又一个新时代，经济发展活力与竞争力屡上台阶。

2012
首席说

传递"市场最真实的声音"

　　"论坛要想总理所想，急总理所急。"说这句话的人，是国务院参事夏斌。他的另一个身份是中国首席经济学家论坛主席，故其所言"论坛"，即指CCEF。

　　2011年，注意到国内虽不乏各种经济论坛，却缺乏来自市场的声音，夏斌考虑能否把国内外一流金融机构里，专职中国经济分析的首席经济学家聚到一起，将这些集理论与实践于一身的"市场人"的意见和建议，传递给决策层。

拿定主意，随即筹备。转瞬就是一年。

传递"市场最真实的声音"

2012 年 11 月 18 日，由夏斌发起并任主席的 CCEF 在上海陆家嘴正式成立。这个非官方、非营利性、常年常设的经济与金融研究平台严格按照第三方排名，以前 20 位券商、基金、海外投行及前 10 位银行的首席经济学家自愿参加构成，交通银行首席经济学家连平任论坛理事长。

迄今十年，CCEF 始终用珠玑箴言与智慧谏言伴随中国经济"披荆斩棘"，破浪前行。每一年，CCEF 旗下的首席经济学家都会不定期召开研讨会，立足全球视角，着眼中国经济增长及金融市场发展中的现实问题，提出真知灼见和化解之道。在会议成果对外公布的同时，夏斌也将之提交决策层，传递"市场最真实的声音"，这正是他强调"论坛要想总理所想，急总理所急"的由来。

CCEF 在成立之日就举行了首次研讨会，与会首席经济学家针对多个与中国经济密切相关的话题，发表了含金量极高的观点[1]。

彼时，2012 年已近尾声，对于 2013 年乃至之后两三年中国经济前景几何、影响因素几多的问题，"首席"们普遍挂心。

稳增长也须防风险

瑞穗证券首席经济学家沈建光提出，基于当时国内经济两大亮点（消费相对稳健，没有大起大落；房地产市场需求仍很强劲，销量上升），预计 2013 年 GDP 增速为 7.8%。但他指出，此前 IMF 将 2013 年全球 GDP 增速降至 3.6%、远未结束的欧债危机对欧洲经济产生很

[1] 本书除部分参考文献外，CCEF 旗下首席经济学家的观点皆来自 CCEF 历年专题论坛内部资料。

大制约、美国经济复苏是建立在财政赤字 8% 的 GDP 基础上……种种不利因素显示世界经济令人担忧。而海外形势不容乐观，将对中国出口形成较大压力，对此须有充分认识。

预计 2013 年中国经济增长 7.8% 的，还有海通证券首席经济学家李迅雷。他认为，彼时国内库存、产能、杠杆都属偏高而非过高；政府对银行风控已采取较多措施；未来地方债水平仍有上升空间；中国政府拥有和可支配的资源（土地、矿产等皆属国有）较西方政府富足，故中国经济能继续维持增长。

摩根大通中国首席经济学家朱海斌亦对中国经济稳增长抱有信心，预计 2013 年增长 8%。但他提示两大风险，分别是外围环境的不确定性，以及国内政府"换届年"效应下，是否会重现投资大幅回升。对于后者，朱海斌谏言中央政府在制定 2013 年经济增长目标时，不妨由 2012 年的 7.5% 降至 7%，从而给市场和地方政府释放更明显信号，即 2013 年会继续强调增长质量和结构问题。

对于自 2013 年起三年内，中国经济将呈何种走势的问题，澳新银行中国区首席经济学家刘利刚认为，不像新兴国家要到国外借款搞基建，中国有很多剩余资本输出国外。由于国内资本市场没有做起来，剩余资本无法好好利用，故须购买美国没有收益的国债。如果能在国内债市方面做好，今后一段时间投资增速应有保障，2013—2015 年经济增速可以达到 7%—8%。

那么，首席经济学家对于 2013 年中国经济增速的预测准不准呢？在此做个"预告"：2013 年中国 GDP 同比增长 7.7%，与多数"首席"此前的预估"八九不离十"。

正视稳增长中的隐忧

CCEF 的专家一方面能较为准确"预言"中国经济增速，从而坚定发展信心；另一方面，他们深入剖析问题，向决策层传递对于一些隐忧的思考。

　　兴业银行首席经济学家鲁政委提出，从发展战略角度看，由于外需不稳定，需更多依赖内需的做法值得商榷。因近现代 500 年中，几乎没有一个人均收入落后的经济体依赖内需发展而成功，如荷兰、西班牙、葡萄牙、英国、美国、日本，都是充分发挥外贸带动作用。虽然由于人口结构变化、消费倾向改变、出口竞争力下降等因素，出口导向的经济体最终自然会转向依赖内需，但此时它们均已跻身发达经济体行列。相比之下，中国人均收入（当时）仍居全球后列，却准备转向依赖内需。而消费需求并非人为可以启动，只能做到消除障碍，而不能往前推。根据经济学家高度一致的共识，经济要持续增长，必须有投资。基于这一点，中国若从过去依靠出口拉动转至全面向内战略，长期看或存风险。

　　光大证券首席宏观分析师徐高提醒，中国不缺推动经济快速增长的"源泉"要素——劳动力增长、资本积累、技术进步。同时，高储蓄率是确保增长潜力的重要一环，但潜力并非一定能够变现。而中国经济恰恰是在将增长潜力变成实际增长这一环节出现了问题。根据经济学"萨伊定律"①，供给创造需求。然而，我国虽有供给增长的潜力，却不一定能找到足够的需求发挥潜力，变成实实在在的增长。如2008 年之前，中国通过廉价的商品、廉价的资金"补贴"美国，让后者消耗我们强大的生产能力。2008 年美国发生次贷危机，没法要中国"补贴"后，中国经济反而"很受伤"。这就反映了我们无法把生产能力变成需求能力，而是要别人帮着消耗，甚至浪费产能。这是中国经济必须正视的一大问题。

经济结构转型"路在何方"

　　2011 年 3 月，当时还是国家信息中心经济预测部世界经济研究

---

① 一种自 19 世纪初流行的经济思想，主要指经济一般不会发生任何生产过剩的危机，更不可能出现就业不足。

室副研究员的张茉楠（现任中国国际经济交流中心美欧研究所首席研究员），公开发表了一篇题为《"十二五"是中国经济结构转型的"阵痛期"》的文章。

张茉楠在文中指出，2011年是中国经济全面转型的元年，能否通过动力结构、需求结构、产业结构、要素结构、对外经济结构等增长格局的调整和结构转换，顺利度过转型的"阵痛期"，将是中国真正迈向经济发展更高阶段的关键。

经济结构转型态势生变

时至2012年年中，中国经济结构转型态势已经发生明显变化。这一点，透过堪称行业发展"温度计"的人才招聘需求端，即可窥得端倪。

是年7月，国内专业人才招聘网站"英才网联"发布上半年专业人才需求指数报告显示，建筑行业人才需求同比增长27%；医药行业增长100.5%；化工行业增长73%；机械行业增长41.1%；金融行业增长52.4%；服装行业增长24%。

不难看出，2012年国内房地产行业回暖，医药、化工行业"前途无量"，机械、服装行业产业升级趋势明显，金融业仍是大热门。

相形之下，钢铁、煤炭等"黑粗重厚"周期性行业哀鸿遍野。钢铁上市公司2012年上半年财报显示，仅宝钢股份、久立特材、攀钢钒钛业绩同比预增。报忧的17家钢企中，有14家预亏。至于煤炭企业，因供大于求，普遍经营困难，陷入窘境。

综合上述现象，再结合城镇化加速与老龄化社会引发服务业高速增长，2012年中国经济结构转型特征已非常明显。

消费转型是重头

立于2012年即将交棒2013年的关口，中国经济结构下一步该如何转型？新增长动力何在？在2012年11月18日举行的CCEF首次论坛上，专家们对这些问题也做了研讨。

朱海斌提出，中国经济结构转型重在消费转型。"过去 20 年，国内储蓄率一直上升。若分开看家庭、企业和政府部门，可以发现储蓄率上升最快的是政府。中国经济结构转型，关键就在于政府要改变职能。过去 10 年，其更多参与经济生活，未来 10 年应更多转向公共服务，包括土地制度和户籍制度改革、完善养老金社会保障等，即政府转向投资消费。"

徐高针对当时国内消费不足的局面指出，我国居民消费占 GDP 比重为 35%，而世界平均水平在 60%—70%，可见国内消费水平偏低。但从"消费率偏低"的客观事实，到"消费不足"的主观判断，实际没人知道中国的消费率应该是多少，合适的消费率又该是多少。答案只有市场知道。

徐高认为，西方发达国家不存在消费不足的最根本原因，在于这些经济体设有消费和投资之间的市场化调节机制，即金融市场。在金融市场里，如果投资回报率很低，资源会通过企业分红等形式从企业部门流到居民部门，变成居民的收入，带动居民消费。而中国缺乏这种机制，导致消费不足。

"我国存在大量国企，是造成这种机制缺失的重要原因。从资产规模看，国企占工业部门的 40%，金融部门更是被国企垄断。所以，国企在中国经济、中国企业部门中的比重不容小视。但国企做投资时会考虑居民部门的偏好吗？国企发现账面很有钱，无处可以投资，会把钱分给居民吗？答案都是否定的。"徐高提出，居民部门不是国企的主要股东，国企也不会跟着股价涨跌的"指挥棒"来做决策。于是，当投资回报率很低时，国企握有的资源不会流向居民部门而变成消费，这就让国内消费出现不足。因此，重点不是简单地把消费率推上去，而是要把调节消费和投资的市场机制重构出来。

刘利刚表示，针对如何建立一个好的机制使消费上升，国际组织的观点是先降低中国居民的预期性储备。为此，必须重建社会保障体系，比如中国的养老金制度过度分割，若要到另一个省去工作，养老金不能跟人一块走，大家参与的积极性受到很大影响。所以，在养老金的设定制度方面应有新的突破。"在技术层面，很多国家有很好的经验，中国在这方面要做些努力。"

除了经济结构转型，与会专家提醒注意人口结构和刘易斯拐点①。

"从其他国家经验看，一般出现刘易斯拐点后，会对经济有一个下拉作用。虽然短期内，刘易斯拐点对中国经济不会出现明显下拉，但从中长期看，对人口结构 10 年、15 年会是很大的冲击。"朱海斌认为，中国应尽早重新审视计划生育政策，允许放开二孩，而这可能要 15 年到 20 年周期。倘若刘易斯拐点到来，中国经济或将面临更大风险。

刘利刚建议，若将我国九年义务制教育推广到十二年，进行更多职业化教育投资，或有助于在人力资源上早做打算。即使刘易斯拐点到来，国内生产力仍可继续上升，经济不至于放缓。

新增长动力何在

针对中国经济的新增长动力，富国基金首席经济学家袁宜表示，他曾和团队在 2008 年做过研究。当时雷曼刚刚破产，全球经济及金融市场陷入极度恐慌和对未来的迷茫。这种情况下，对于未来 20 年中国经济增长靠什么的问题，他们的研究结论是——内需，靠农民工的市民化；外需，靠跟资源国发展互利贸易。

袁宜称，内需方面，我国城镇常住人口和户籍人口之间有 2 亿左右的差距，主要是农民工及其家属，如能转变为城镇人口，将释放较大消费潜力，并盘活农村土地资源，这涉及户籍、社保等制度改革。

---

① 英国曼彻斯特大学教授刘易斯（William Arthur Lewis）提出的经济学观点，指劳动力由过剩转向短缺的转折点。在工业化进程中，随着农村富余劳动力向非农产业的逐步转移，农村富余劳动力由逐渐减少变为短缺，最终达到瓶颈状态。

外需方面，即扩大中国和资源出口国之间的互利贸易。

"2008 年我和研究团队挑选 39 个资源国，通过向其直接出口或用投资带动出口的方式，可以为中国庞大的制造业生产能力找到市场，并推动资源国的城镇化建设。同时，从这些国家进口资源以平衡贸易，并满足国内建设需求。"袁宜表示，事实证明，其后三年来，中国和这些国家之间的贸易增速明显更快，一定程度上对冲与发达国家贸易减速的影响。

方正证券首席宏观分析师汤云飞认为，中国经济的新增长动力在于依托衣食住行四大传统需求的升级换代打造坚实基础，使新兴产业获得较好发展。而传统产业中，房地产占据最核心地位。

汤云飞分析称，1986 年到 2011 年国内住房销售总面积 71 亿平方米，仅相当于 8000 万套居民住房，只能供应 2.4 亿城镇人口居住。而我国最终城镇人口目标是 9 亿到 10 亿人以上，缺口极大。鉴于 20 世纪 90 年代以前建造的老房子既不环保，也不舒适，使用寿命 30 年，为建设"美丽中国"，这些房子或需换成节能环保建筑。这意味着房地产未来空间巨大。

就此，汤云飞谏言设计绿色住宅和绿色建筑行业标准，于 2013 年中期左右解除对绿色房产限购和限贷，启动新型绿色房地产周期，并以此助推节能环保和可再生能源等新兴产业，培育新型竞争力。换句话说，通过房地产快速推动新经济，节能材料、新能源都可借此形成推动力，使传统产业再起步。在此基础上加快新能源开发，全面推动全行业升级换代。

"魔鬼"都藏在细节里

中国经济要长期保持稳定发展，离不开金融体系的全面支撑作用。随着经济结构转型，金融业应从哪些重点方面着手"改变"，以进一步助力经济发展？

抓住利率市场化改革关键点

华泰证券首席经济学家刘煜辉认为，金融业首要推进利率市场化改革，但最大障碍在于无论融资者还是投资者，均缺乏合格的市场参与主体。

从融资者角度看，主体由地方政府和国有经济部门构成。受软预算 ① 约束影响，这些主体融资扩张债务时较少考虑还款问题。而业内（当时）普遍盛行资金池信托 ② 业务，资金多数流向政府平台和地产等项目，累积的风险很大。

从投资者角度看，他们总认为融资行为存在央行信用背书，稍给点风险溢价，就去参与监管套利 ③，比如购买城投债的投资者很少考察地方政府的债务承受能力。由于未树立"谁投资、谁负责"的市场化意识，投资者没有风险识别、判断、计量及承担风险的意愿和能力。

"在这样的体制下，很难形成真正的市场利率"。刘煜辉称，真正的利率市场化是通过信用结构和期限结构使利率充分发挥价格功能，实现优化资源配置。所以，利率市场化改革的关键可能还是在金融体制之外，只有改变软预算约束的制度环境，利率市场化才能推进。

加快推进人民币汇率弹性

刘煜辉还提出加快推进汇率弹性，否则盯住美元汇率将使货币政策"被绑架"。在其看来，未来央行货币政策的弹性宽松空间，一是受制于政府经济活动扩张，即"宽货币"的前提是"紧财政"，只有政府经济活动收敛，央行才能释放结构性的"宽"政策；只有低效的

---

① 指当一个经济组织遇到财务上的困境时，借助外部组织的救助得以继续生存的经济现象。

② 指募集时并未明确投资方向的信托产品，其往往由一系列产品组成一个资金池，并投向单一或多个信托计划及项目。

③ 指金融机构通过金融交易降低监管资本要求，而不降低金融机构的业务规模和整体风险。

政府经济活动得到抑制，释放出信用资源，对有效率部门的信用条件才能实质性改善。二是受制于缺乏弹性汇率，如2011年人民币有效汇率始终在高位，与之对应的经济和生产率明显减速。

至于人民币汇率增加弹性的关键，刘煜辉认为是松动对中间价的"管理"。因为央行干预中间价，事实是引导场内交易预期，使汇率实质仍对美元处于"软盯住"状态，这与经济基本面脱节。"中国应尽早放松人民币对美元或一篮子货币的盯住，显著扩大人民币汇率浮动区间，并逐步实现人民币交易日收盘价格和下一个交易日中间价的连续性，为央行货币政策的独立性释放空间。"

金融改革更应关注细节

朱海斌认为，金融改革更应关注细节，因为"魔鬼都藏在细节里"。对内，要发展直接融资、证券市场、证券自由化；对外，要实施资本项目开放，实行人民币可自由兑换。而各项金融改革之间，其实并没有一个国际公认的优先次序。如果一定要有的话，内部金融改革应该优先于外部放开。

徐高表示，金融改革在战略上要大胆，战术上要谨慎。因为国内金融市场中，有很多"非市场"的地方。但是否都要市场化，需具体情况具体分析。在一些深层次矛盾未消除之前，贸然推进市场化有可能适得其反。

2012 回望

李朴民的预言照进现实

下调增长目标之由

回溯2012年3月5日发布的政府工作报告，年度经济社会发展主要预期目标设定为：GDP 增长 7.5%；城镇新增就业 900 万人以上，城镇登记失业率控制在 4.6% 以内；居民消费价格涨幅控制在 4% 左右；进出口总额增长 10% 左右，国际收支继续改善。同时，要在产业结构调整、自主创新、节能减排等方面取得新进展，城乡居民收入实际增长和经济增长保持同步。其中，7.5% 的 GDP 增速系 2005 年以来，中国首次将增长目标降至 8% 以下，较 2011 年的 9.2% 下调 1.7 个百分点。

对此，国家发展和改革委员会主任张平在十一届全国人大五次会议上解读称，此举主要基于如下考虑：一方面，外部环境不容乐观，国际经济形势严峻复杂，既包括欧债问题、地区热点问题，也包括发达国家在经济复苏过程中遇到很多困难。内部，则要贯彻科学发展观，把更多精力放在转变经济发展方式上。所以，把 2012 年 GDP 增速预期目标定在 7.5% 是反映经济发展的一种趋势。

另一方面，"十二五"规划的经济增长目标是按照 7% 考虑，故 2011 年定在 8%，2012 年定在 7.5%，这样安排使发展速度逐步与"十二五"规划目标相衔接，符合我国实际和科学发展观要求，并为解决经济发展中的突出矛盾起到缓解作用。

稳增长中亮点纷呈

回首 2012 年，在中央政府实行"稳中求进"的宏观经济政策环境下，中国 GDP 首次突破 50 万亿元，达到 51.9322 万亿元，比 2011 年增长 7.8%，超过原定 7.5% 的预期目标；居民消费价格比 2011 年上涨 2.6%，涨幅回落 2.8 个百分点，比预期控制目标 4% 低 1.4 个百分点；粮食总产量增长 3.2%，连续第九年增产；服务业占 GDP 比重较 2011 年提高 1.2 个百分点；城镇化率比 2011 年提高 1.3 个百分点；在经济增长的贡献中，最终消费的贡献率比资本形成高 1.4 个百分点；全国规模以上工业增加值增长 10%；固定资产投资增长 20.6%；社会消费品零售总额增长 14.3%；进出口总额增长 6.2%……

无疑，作为实施"十二五"规划承上启下的重要一年，2012 年中国经济发展达成预期目标。倘"细看"，里面还包含五大亮点。

一是民生显著改善。根据国家统计局公布的数据，这一年，我国城镇居民人均可支配收入实际增长 9.6%，农村居民人均纯收入实际增长 10.7%，城乡居民收入增速均跑赢 GDP；全国就业人数达 76704万人，其中，城镇就业人员 37102 万人，比 2011 年增长 1188 万人；基本养老保险在城市和农村全部覆盖，城镇居民的基本医疗保险和农村合作医疗保险政府补助金额都提高到 240 元；年内保障房基本建成590 万套。

二是单位国内生产总值能耗初步核算比 2011 年下降 3.6%，节能减排进展明显。2012 年能源消费中，天然气、水电、风电、核电等四种新能源占能源消费比重为 14.5%，较 2011 年提高 1.5 个百分点。

三是固定投资增速比 2011 年回落 3.4 个百分点，消费成为拉动经济增长的第一动力。2012 年，最终消费对经济增长的贡献率为51.8%，6 年来首次超过投资，显示结构调整初见成效。在 7.8% 的GDP 增长中，综观消费、投资、出口"三驾马车"，最终消费对 GDP贡献 51.8%，资本形成贡献 50.4%，货物和服务的净出口贡献 –2.2%。在投资中，民间投资占全部投资的 61.4%，增速比国有及国有控股投资高出 10.1 个百分点。

四是区域经济格局继续朝好的方向变化。东部地区工业增加值增速仍大幅低于中西部地区，与 2011 年相比，东部地区增长 8.8%，中部地区增长 11.3%，西部地区增长 24.2%。这反映产业转移速度加快，更多地区、人口及资源进入经济快速增长行列。

五是对外经贸成绩令人满意。2012 年中国外贸比 2011 年增长6.2%，其中，出口增长 7.9%，进口增长 4.3%；利用外商直接投资（Foreign Direct Investment, FDI）仍超过 1000 亿美元，持续 20 年成为全球吸纳 FDI 最多的发展中国家。同时，中国对外直接投资保持

20% 以上增速，其中，非金融直接投资额达 772.2 亿美元，比 2011 年增长 28.6%。

用国家统计局局长马建堂的话来说，"2012 年国民经济运行缓中企稳，经济社会发展稳中有进"。这意味着年初时，李朴民就中国经济"仍将继续平稳较快发展"的预言"照进了现实"。

第二章

2013

把错装在政府身上的手，换成市场的手

全球金融危机爆发已近 5 年，但世界经济仍未完全恢复，面临金融危机"后遗症"的许多严峻挑战。

——联合国经济与社会事务部全球经济监测中心主任
洪平凡博士

房地产市场迫切需要的是改革！需要的是形成良性的供求关系！

——中国城乡建设经济研究所所长陈淮

要从追求高增长的关注，转移到对改革的关注上，学会从改革中寻找新的增长点。

——国务院参事、CCEF 主席夏斌

十八届三中全会，给中国以后的市场经济指出了一条道路。

——中国政通教育政策研究顾问鲁尚

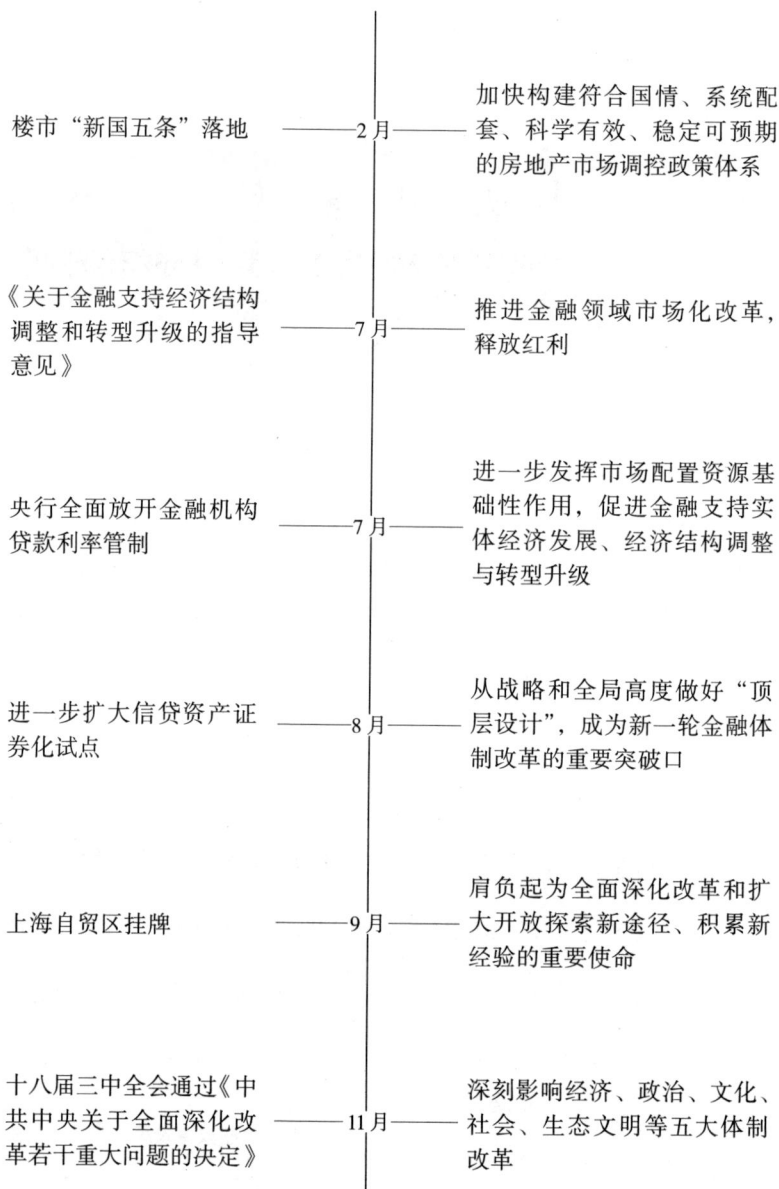

本章导图

楼市"新国五条"落地 ———— 2 月 ———— 加快构建符合国情、系统配套、科学有效、稳定可预期的房地产市场调控政策体系

《关于金融支持经济结构调整和转型升级的指导意见》 ———— 7 月 ———— 推进金融领域市场化改革，释放红利

央行全面放开金融机构贷款利率管制 ———— 7 月 ———— 进一步发挥市场配置资源基础性作用，促进金融支持实体经济发展、经济结构调整与转型升级

进一步扩大信贷资产证券化试点 ———— 8 月 ———— 从战略和全局高度做好"顶层设计"，成为新一轮金融体制改革的重要突破口

上海自贸区挂牌 ———— 9 月 ———— 肩负起为全面深化改革和扩大开放探索新途径、积累新经验的重要使命

十八届三中全会通过《中共中央关于全面深化改革若干重大问题的决定》 ———— 11 月 ———— 深刻影响经济、政治、文化、社会、生态文明等五大体制改革

2013
预　判

来自联合国的"预警"

2012 年 12 月 18 日，联合国经济与社会事务部发布题为《2013 年世界经济形势与展望》的报告称，2012 年世界经济增幅仅 2.2%，非但低于 2011 年的 2.7%，更是远低于 2010 年 4.0% 的增长水平。

就此，报告"预警"2013 年全球经济增长很可能继续低迷，预计增长率为 2.4%，且随后两年将面临陷入再度衰退的极大风险。

联合国经济与社会事务部全球经济监测中心主任洪平凡博士分析指出，2008 年全球金融危机爆发已近 5 年，但世界经济仍未完全恢复，面临危机"后遗症"的许多严峻挑战，具体有三大风险。

第一，2012 年欧元区陷入银行与政府资产负债之间的恶性循环、财政紧缩政策与经济衰退之间的恶性循环，其经济和债务危机或在 2013 年进一步恶化。一些机构的研究表明，如果希腊等国退出欧元区，欧洲经济将陷入深度衰退，给世界经济带来的震动大于 2008 年爆发的全球金融危机。

第二，美国面临"财政悬崖"问题。鉴于大量的税收优惠政策和支出项目将在 2013 年到期，若美国国会和白宫未及时达成新协议，2013 年联邦税率会明显提高，联邦税收会明显增加，居民、企业的税后可支配收入减少，联邦政府的支出也会下降。换句话说，美国的"财政悬崖"就是高强度财政紧缩，在提高税率、增加税收的同时，较大幅度减少政府财政支出。

第三，2008 年全球金融危机发生前，包括中国、印度、巴西在内的一些新兴经济体经济长时间高速增长。危机之后，这些国家率先复苏，与发达国家的一蹶不振形成鲜明对照。然而经历了 2010 年的强劲复苏，新兴经济体的经济增长率于 2011—2012 年明显下滑，一些新兴经济体或将于 2013 年陷入"硬着陆"。

"最糟糕的情况是，如果三大风险同时发生，世界经济很可能总体陷入新一轮衰退。"洪平凡称。

联合国上述报告提出，2013 年世界经济的前景取决于三大因素：一是欧洲能否有效阻止债务危机继续恶化，尤其能否保证西班牙不陷入债务危机；二是美国能否防止"财政悬崖"或较大幅度的财政紧缩；三是包括中国在内的新兴经济体能否避免"硬着陆"。

在三大因素不会恶化的前提下，联合国预计 2013 年全球总产出增长 2.4%，显著低于世界经济应有的潜在增长。而在三大因素可能严重恶化的前提下，预计 2013 年世界经济将接近零增长。

中国定调："稳中求进"的"6+6"

在 2013 年错综依旧的国际形势下，对于发展经济这件大事，中国打算怎么干？2012 年 12 月召开的中央经济工作会议明确，2013 年经济工作总基调仍是"稳中求进"，主要有六条要求：

一、必须加快调整经济结构、转变经济发展方式，使经济持续健康发展建立在扩大内需的基础上；

二、必须毫不放松抓好"三农"工作，推动城乡一体化发展；

三、必须坚持实施科教兴国战略，增强经济社会发展核心支撑能力；

四、必须坚持把人民利益放在第一位，进一步做好保障和改善民生工作，使发展成果更多、更公平地惠及全体人民；

五、必须全面深化改革，坚决破除一切妨碍科学发展的思想观念和体制机制障碍；

六、必须实施更加积极主动的开放战略，创建新的竞争优势，全面提升开放型经济水平。

据此，中央经济工作会议为 2013 年确定六项主要任务：加强和改善宏观调控，促进经济持续健康发展；夯实农业基础，保障农产品供给；加快调整产业结构，提高产业整体素质；积极稳妥推进城镇化，着力提高城镇化质量；加强民生保障，提高人民生活水平；全面深化经济体制改革，坚定不移扩大开放。

2013
远　瞩

经济增长目标定为 7.5% 左右是必要的

2013 年 3 月 5 日，十二届全国人大一次会议开幕。在这次会议期间进行了政府换届，新一代领导自此步入治国理政之路。

随着会议开幕，国务院总理温家宝作政府工作报告，其中提出 2013 年经济社会发展的主要预期目标是：国内生产总值增长 7.5% 左右；居民消费价格涨幅 3.5% 左右；城镇新增就业 900 万人以上，城镇登记失业率低于 4.6%；城乡居民人均收入实际增长与经济增长同步，劳动报酬增长和劳动生产率提高同步；国际收支状况进一步改善；等等。

缘何定在 7.5% 左右

温家宝表示，2013 年经济增长预期目标定为 7.5% 左右，主要基于两点考虑：

一是要继续抓住机遇、促进发展。这些年，我国制造业积累了较大产能，基础设施状况大为改善，支撑能力明显增强，储蓄率较高，劳动力总量仍很大。必须优化配置和利用生产要素，保持合理增速，为增加就业、改善民生提供必要条件，为转方式、调结构创造稳定环境；必须使经济增长与潜在增长率相协调，与生产要素的供给能力和资源环境的承受能力相适应。

二是要切实按照科学发展观的要求，引导各方面把工作重心放到加快转变经济发展方式和调整经济结构上，放到提高经济增长的质量和效益上，推动经济持续健康发展。

给财政和货币政策空间留余地

报告出炉后，引起业内专家广泛热议。

国家发改委宏观经济研究院原副院长刘福垣表示，按照发展形势，2013年GDP或超过预期目标7.5%，中部地区包括其他一些省份的GDP指标仍比较高，很多超过10%，经济"倒春寒"已经过去。

中央财经大学金融学院院长张礼卿认为，2013年欧美经济复苏困难，出口可能仍不乐观。房地产调控效果的影响也不明确。消费升级存在结构性困难。要实现GDP增长目标，或许还要依靠基建投资。

在光大银行首席宏观分析师盛宏清看来，2013年GDP目标定得比较低，政府工作报告给财政和货币政策的空间留下余地。从报告看，货币没必要大规模放松或收紧。从内外围环境看，国家经济立足内需，立足消费。

而国际金融问题专家赵庆明表示，全球经济虽在复苏，但力度不定；国内情况亦喜忧参半，2012年四季度各项经济指标虽喜，但回升力度不大。从长期发展看，经济增速将进入中速。故政府工作报告提出7.5%的GDP增长目标，与当时经济环境相一致。

改革方案核心是转变政府职能

值得注意的是，在经济体制改革方面，2013年最突出的特点是通过改革促增长。十二届人大一次会议通过《关于国务院机构改革和职能转变方案的决定》，从政府职能转变入手来促进经济发展方式转变的措施，得以大刀阔斧地实施。

恰如换届后，新任国务院总理李克强令人振奋之表态："这次改革方案核心是转变政府职能……厘清和理顺政府与市场、与社会之间的关系……把错装在政府身上的手换成市场的手。这是削权，是自我革命，会很痛，甚至有割腕的感觉，但这是发展的需要，是人民的愿望。"

2013
首席说

学会从改革中寻找新的增长点

2013 年伊始，CCEF 旗下专家纷纷直面种种经济热点，以及那些亟待解决却"难啃"的现实问题，向决策层传递"市场最真实的声音"。

改革是最大红利

就 3 月 28 日国发〔2013〕17 号文件中提出"促进经济持续健康发展，要把稳增长、控通胀、防风险三者统筹考虑"的要求，CCEF 主席夏斌表示，中央提出稳增长、调结构、控通胀、防风险的目标，相对于过去长时期两位数增长所形成的结构失衡和经济不可持续增长，当前国民经济正处于一个重要的结构调整时期。"调整意味着要过一段苦日子，要有心理准备。各级政府与市场都不能再以过去十年两位数增长所积累的经验和参考数据来布局今后的规划和经营计划。要从追求高增长的关注转移到对改革的关注，学会从改革中寻找新的增长点。"

夏斌强调，在过去多年矛盾和问题的积累上，爆发系统性风险是短期内最大的担忧，主要表现在地方融资平台的风险、房地产泡沫破灭的风险、金融体系影子银行等风险。在强调以改革促增长、突出改革是最大红利的同时，必须高度关注风险问题。

用"加需求"去杠杆

花旗银行中国区首席经济学家沈明高认为，新一届政府希望在改革的情况下保持经济快速增长。可是，要保增长，改革空间就很小；要改革，经济增速就保不了 7%。所以，两者必须有所取舍。他提出，改革的路径是去杠杆，且最好采取逐步进行的方式。而去杠杆还需要一个对冲，即"加需求"。用这样的组合政策就有可能在改革的同时，使经济增长不至于太慢。

"加需求"靠什么？仍靠改革！沈明高指出，这主要涉及三项内容：一是取消独生子女政策，此举会给经济带来多大影响尚不可知，但奶粉、尿布等行业增长肯定会获得"兴奋点"，这就改变了预期。二是户籍制度改革，尤其二、三线城市，能增加对房地产、服务业等各方面需求。三是服务业开放，尤以教育、金融、医疗最为重要。

以教育为例，沈明高表示，之所以那么多孩子去海外求学，缘于国内教育市场没有开放，培养出来的人不被市场需要。由此，不妨考虑引入国外优秀大学或者开放国内民营大学来直接竞争，将教育消费留在国内，以增加需求。

具体如何改革？

"要让中国经济未来仍保持相对高的增速，只有提高劳动生产率路径。"这是华泰证券首席经济学家刘煜辉的意见。他认为，应对既有资源配置结构进行根本性调整，以实现新一轮全要素生产率提高的内生经济增长。具体政策的核心应指向资源配置机制，包括：重新设计央地分权架构，从根本上改变资源重复低效配置；改革国有垄断部门，让社会资源加快进入管制和垄断的现代服务业，通过引入竞争促进生产率提高；改革要素价格，特别是推进利率和汇率制度改革，使资本能够恰当定价，实现更有效率地使用。

"中国经济改革顶层设计的核心目标，应将国企资产和社保资产合一化。"方正证券首席经济学家汤云飞认为，这将大大扩张社保税收消减的空间，解决养老金未来不足的问题，从制度上消除收入分配格局恶化的根源。

澳新银行中国区首席经济学家刘利刚提出，金融改革和资本市场开放非常重要，应该让国内金融市场化先做起来，然后慢慢允许资本账户开放。而人民币国际化因任重道远，故宜慎重。同时，财政政策不妨更积极一些，只要项目做好，投资有效，对经济的拉动作用非常大。货币政策应与时俱进，比如汇率政策不宜保持持续兑美元升值状况，而要看人民币跟亚洲货币的汇率。又如降息，此举尤能在"钱荒"之后降低企业成本，给实体经济带来有效帮助。

2013
改革重拳两连击

房地产市场需要的是改革

回顾中国经济一路发展历程，楼市调控是一大关键词，2013 年亦不能免，而实际上，调控早在 2005 年就拉开了序幕：

2005—2012 年楼市调整政策梳理

年份	具体时间	出台政策	目的
2005 年	3 月 26 日	"国八条"	高度重视稳定住房价格工作；切实负起稳定住房价格的责任；大力调整和改善住房供应结构；严格控制被动性住房需求；正确引导居民合理消费预期；全面监测房地产市场运行；积极贯彻调控住房供求的各项政策措施；认真组织对稳定住房价格工作的督促检查。
2006 年	5 月 17 日	"国六条"	重点发展中低价位、中小套型普通商品住房、经济适用住房和廉租住房。
	5 月 24 日	《关于调整住房供应结构稳定住房价格的意见》	套型建筑面积 90 平方米以下住房（含经济适用房）须占开发建设总面积 70% 以上；购房不足 5 年转让须缴营业税；空置 3 年以上商品房不得作为向商业银行申请贷款的抵押物；个人住房按揭贷款首付比例不低于 30%；居住用地供应总量至少 70% 用于中低价位、中小套型普通商品住房（含经济适用住房）和廉租住房；土地闲置 2 年将被收回使用权。

（续表）

年份	具体时间	出台政策	目的
2007 年	9 月 27 日	《关于加强商业性房地产信贷管理的通知》	购买首套自住房的市民，建筑面积在 90 平方米以下的，贷款首付款比例不得低于 20%；90 平方米以上的，贷款首付款比例不得低于 30%；对于已利用贷款购买住房又申请购买第二套（含）以上住房的，贷款首付款比例不得低于 40%，贷款利率不得低于中国人民银行公布的同期同档次基准利率的 1.1 倍。
2008 年	12 月 20 日	"国十三条"《关于促进房地产市场健康发展的若干意见》	首次正面鼓励"改善型住房消费"，并在税收、利率等方面给予此类消费明确政策支持。
2009 年	12 月 24 日	"国四条"	增加普通商品住房的有效供给；继续支持居民自住和改善性住房消费，抑制投资投机性购房，加大差别化信贷政策执行力度；加强市场监管；继续大规模推进保障性安居工程建设。此举目标仍系抑制房价过快上涨，促使房价合理回归，加强住宅保障建设。
2010 年	1 月 7 日	"国十一条"	严格管理二套房贷款，首付不得低于 40%。对二套房不再区分改善型和非改善型，一概执行 40% 首付；明确要求央行及银监会加大对金融机构房地产贷款业务的监督管理和窗口指导。
	4 月 14 日	国务院出台措施	贷款购买第二套住房的家庭，贷款首付款不得低于 50%，贷款利率不得低于基准利率的 1.1 倍。
	4 月 17 日	"新国十条"	对商品住房价格过高、上涨过快、供应紧张的地区，商业银行可根据风险状况，暂停发放购买第三套及以上住房贷款。

（续表）

年份	具体时间	出台政策	目的
2011 年	1 月 26 日	"新国八条"《国务院关于进一步做好房地产市场调控工作有关问题的通知》	二套房贷首付比例被提至 60%，贷款利率被提至基准利率的 1.1 倍。
	1 月 27 日	重庆开始试点房产税	个人新购的高档住房价格超过均价两倍，按照 0.5% 税率征收房产税。全部独栋商品房收房产税。
	1 月 28 日	上海开始试点房产税	对部分个人住房征收房产税。征收范围包括上海市居民家庭在上海市新购且属于该居民家庭第二套及以上的住房和非上海市居民家庭在当地新购的住房。上海市居民家庭人均不超过 60 平方米的，其新购的住房暂免征收房产税。

重磅炸弹："新国五条"及其细则

时间来到 2013 年 2 月 20 日。

当天召开的国务院常务工作会议不仅重申坚持执行以限购、限贷为核心的调控政策，坚决打击投资投机性购房，还推出被称为"新国五条"的楼市政策，核心内容包括：完善稳定房价工作责任制；坚决抑制投机投资性购房；增加普通商品住房及用地供应；加快保障性安居工程规划建设；加强市场监管。其中，尤以严格执行商品住房限购措施、扩大个人住房房产税改革试点范围等引发高度关注。

新华社评论指出，房地产市场一头系着民生，一头连着国计，决策者应当有突破利益固化藩篱的勇气和智慧，加快构建符合我国国情、系统配套、科学有效、稳定可预期的房地产市场调控政策体系，让住有所居的目标早日实现。在楼市上涨预期愈演愈烈之时，"新国五条"是扭转市场预期的及时举措。

3月4日，国务院办公厅出台"新国五条细则"——《关于继续做好房地产市场调控工作的通知》，其中两项内容成为投向市场的"重磅炸弹"。

其一，对出售自有住房按规定应征收的个人所得税，通过税收征管、房屋登记等历史信息能核实房屋原值的，应依法严格按"转让所得"（指现交易价减去买入价、合理费用及转让过程中缴纳的税金）的20%计征。

其二，对房价上涨过快的城市，人民银行当地分支机构可根据城市人民政府新建商品住房价格控制目标和政策要求，进一步提高第二套住房贷款的首付款比例和贷款利率。

调控之外的更深层次思考

调控经年不断且持续升级，从一个侧面凸显房价"维稳"之艰。在"新国五条"及细则落地之际，有识之士进行了更深层次的思考。

北京兰德咨询总裁宋延庆提出："房价上涨的原因不是成本越来越高，而是土地垄断下的伪市场化和分配不公的供需失衡。这两者不改革，房价便是死结。"

厚德安泰资产管理中心总监李飞认为："从根本上说，高房价的症结在于高地价，高地价的原因在于政府对土地收入的依赖。前期调控收效甚微，在于未给出足够数量的保障房来应对购房需求的分流。没有分流，仅用'堵、盖、捂'的思路来抑制房价增长是不现实的。思路不改变，中国房地产市场不会迎来真实的出路。"

中国城乡建设经济研究所所长陈淮表示："房地产市场迫切需要优化城市结构、发育土地资金要素市场、完善中央与地方税赋关系、调整收入分配结构。需要的是改革！需要的是形成良性供求关系！"

这些犀利观点，为政府进一步将楼市"拉回"理性发展道路提供了有益思路。而作为"支持自住需求、抑制投机投资性购房"调控原则的又一"注脚"，"新国五条"及其细则的落地，也预示了接下来的日子里，楼市调控仍将继续。

金融改革"三箭连发"

随着 7 月来临，2013 年中国经济发展的"专列"驶入"下半场"。而决策层也"选"在盛夏的当口，就金融改革"三箭连发"，力求突破。

第一支箭：继续深化金融改革"有迹可循"

7 月 5 日，国务院办公厅发布《关于金融支持经济结构调整和转型升级的指导意见》（以下简称《意见》），包括：继续执行稳健的货币政策，合理保持货币信贷总量；引导、推动重点领域与行业转型和调整；整合金融资源支持小微企业发展；加大对"三农"领域的信贷支持力度；进一步发展消费金融促进消费升级；支持企业"走出去"；加快发展多层次资本市场；进一步发挥保险的保障作用；扩大民间资本进入金融业；严密防范金融风险。

恰逢其时

《意见》的出台恰逢其时。回溯 2013 年期间，我国经济运行总体平稳，经济增速处于合理区间，但不确定、不稳定的因素也在增加，结构性矛盾依然突出。要实现经济持续健康发展，提高经济发展质量和效益，必须着力解决经济结构战略性调整问题，推动经济转型升级。

而金融与实体经济密不可分。金融对于稳增长、调结构、促转型都具有重要作用，尽管彼时国内金融运行总体稳健，但资金分布不合理现象仍然存在，部分领域融资难、融资贵尚未解决。与服务实体经济发展，推动经济结构调整和转型升级的要求相比，确实需要不断深化金融改革，提高金融服务水平。

释放红利

银监会对《意见》进行解读时指出，新政高度重视推进金融领域的市场化改革，释放红利，如提出要稳步推进利率市场化改革，更大程度地由市场来决定资金价格。同时，《意见》按照政府职能转变"该放的权力坚决放开放到位，该管的事必须管住管好"的要求，一方面积极放宽管制，如提出要扩大民间资本进入金融业，探索民间资本发起设立自担风险的民营金融机构，要扩大银行不良贷款自主核销权限等；另一方面强化政府维护产权和公共服务职能，如鼓励地方人民政府建立小微企业信贷风险补偿基金，支持小微企业信息整合，加快推进中小企业信用体系建设等。此外，《意见》高度重视金融政策与其他政策协同作用，如配合"消化一批、转移一批、整合一批、淘汰一批"的产业政策要求，提出相应的金融政策，共同促进抑制消化过剩产能，支持先进产能。

"经济结构调整和转型升级是当前经济工作的重中之重。《意见》的指导思想就是把加强和改进金融对实体经济的服务，有效聚焦到支持经济结构调整和转型升级。"银监会如是称。

第二支箭：市场化定价恰逢其时

7月20日，央行全面放开金融机构贷款利率管制：取消金融机构贷款利率0.7倍的下限，由金融机构根据商业原则自主确定贷款利率水平；取消票据贴现利率管制，改变贴现利率在再贴现利率基础上加点确定的方式，由金融机构自主确定；对农村信用社贷款利率不再设立上限；为继续严格执行差别化的住房信贷政策，促进房地产市场健康发展，个人住房贷款利率浮动区间暂不作调整。

改革已有基础

自1996年起，我国稳步推进利率市场化改革。2012年6月和7月，央行进一步扩大金融机构存贷款利率浮动区间，仅对后者的人民币存款利率上限和贷款利率下限进行管理，货币市场、债券市场利率和境内外币存贷款利率已实现市场化。随着金融机构差异化、精细化定价的特征进一步显现，市场机制在利率形成中的作用明显增强。

至 2013 年年中，从宏观层面看，我国经济运行总体平稳，价格形势基本稳定，是进一步推进改革的有利时机。从微观层面看，随着金融改革稳步推进，金融机构财务硬约束进一步强化，自主定价能力不断提高，企业和居民对市场化定价的金融环境也更为适应。从市场基础看，经过多年建设培育，上海银行间同业拆借利率（Shibor）① 已成为企业债券、衍生品等金融产品和服务定价的重要基准。从调控能力看，货币政策向金融市场各类产品传导的渠道也已较为畅通。这些基础条件的成熟，为进一步推进利率市场化改革打下基础。

重要意义凸显

"全面放开贷款利率管制后，金融机构与客户自主协商定价的空间将进一步扩大，有利于促进金融机构采取差异化的定价策略，降低企业融资成本，并不断提高自主定价能力，转变经营模式，提升服务水平，进一步加大对企业、居民的金融支持力度。"

央行相关负责人表示，此举也将促使企业根据自身条件选择不同的融资渠道。随着企业越来越多地通过债券、股票等进行直接融资，不仅有利于发展直接融资市场，促进社会融资的多元化，也为金融机构增加小微企业贷款留出更大空间，提高小微企业的信贷可获得性。"总体看，此项改革是进一步发挥市场配置资源基础性作用的重要举措，对于促进金融支持实体经济发展、经济结构调整与转型升级具有重要意义。"

---

① 由信用等级较高的银行自主报出的人民币同业拆出利率计算确定的算术平均利率。对社会公布的 Shibor 品种包括隔夜、1 周、2 周、1 个月、3 个月、6 个月、9 个月及 1 年。

第三支箭：新一轮金改突破口

8月28日，国务院总理李克强主持召开国务院常务会议，决定在严格控制风险的基础上，进一步扩大信贷资产证券化试点。

一是在实行总量控制的前提下，扩大信贷资产证券化试点规模。优质信贷资产证券化产品可在交易所上市交易，在加快银行资金周转的同时，为投资者提供更多选择。

二是在资产证券化的基础上，将有效信贷向经济发展的薄弱环节和重点领域倾斜，特别是用于"三农"、小微企业、棚户区改造、基础设施等建设。

三是充分发挥金融监管协调机制作用，完善相关法律法规，统一产品标准和监管规则，加强证券化业务各环节的审慎监管，及时消除各类风险隐患。风险较大的资产不纳入试点范围，不搞再证券化，确保不发生系统性区域性金融风险。

做好"顶层设计"

资产证券化早在20世纪90年代就被引入我国，但发展缓慢。至2013年4月，深交所发布并实施《深圳证券交易所资产证券化业务指引》；7月出台的《国务院办公厅关于金融支持经济结构调整和转型升级的指导意见》则指出，要逐步推进信贷资产证券化常规化发展。在此基础上，8月28日的国务院常务会议就进一步扩大信贷资产证券化试点作出决定，旨在将之作为新一轮金融体制改革的重要突破口，从战略和全局高度做好"顶层设计"。

决策层定调后，9月18日，两个阿里巴巴小额贷款资产证券化产品在深交所挂牌，成为国内首个在交易所上市的券商类信贷资产证券化产品。深交所总经理宋丽萍表示："在经济转型的关键时期，金融支持有着重要作用。解决小微企业融资问题，是释放社会活力，推动经济转型的重要课题。"

9 月 25 日，中国农业发展银行"2013 年第一期发元信贷资产支持证券"在银行间债券市场成功发行，不仅系农发行历史上首次试水信贷资产证券化，也成为近半年首只问世的信贷资产支持证券。

重大改革举措

清华大学经济管理学院中国与世界经济研究中心主任李稻葵指出，商业银行的信贷资产证券化改革是"中国金融领域改革的突破口"，既有利于壮大债券市场，拓宽民众投资渠道，也将给银行及整个资本市场减压，从而最终改变整个金融结构。

安邦智库首席研究员陈功认为，确立信贷资产证券化在中国金融改革中的重要地位，有利于监管层理清信贷资产证券化的优先顺序，实现信贷资产证券化的可持续发展。

可见，在 2013 年中国经济转型、金融改革的背景下，信贷资产证券化进一步成为社会共识。这不仅是落实金融支持经济结构调整和转型升级决策部署的具体措施，也是发展多层次资本市场的改革举措，在有效优化金融资源配置、盘活存量资金，更好支持实体经济发展等方面，将起到重要作用。

2013
大 事 记

上海自贸区正式"起跑"

2013 年 9 月 29 日，中国（上海）自由贸易试验区（以下简称"上海自贸区"）在外高桥保税区挂牌。作为中国首个自由贸易试验区，其肩负起为全面深化改革和扩大开放探索新途径、积累新经验的重要使命，在贸易投资自由化便利化、政府职能转变、金融开放创新、加强事中事后监管等领域，正式开启先行先试模式。而它的"起跑"，当即引来全球瞩目。

缘起 1990 年

1990 年 4 月 18 日，我国第一个海关特殊监管区域——位于上海浦东的外高桥保税区设立。

2013 年 3 月底，国务院总理李克强在沪调研期间考察了外高桥保税区，并鼓励支持上海在现有综合保税区基础上，研究如何试点先行，在 28 平方公里（即上海综合保税区范围，其中包括外高桥保税区、2005 年上海与浙江跨区域合作建设的洋山保税港区、2010 年 9 月启动运营的上海浦东机场综合保税区）内建立一个自由贸易园区试验区，进一步扩大开放，推动完善开放型经济体制机制。

同年 8 月，国务院正式批准设立上海自贸区——以外高桥保税区为核心，辅以机场保税区和洋山港临港新城，实行政府职能转变、金融制度、贸易服务、外商投资和税收政策等多项改革措施，并大力推动上海市转口、离岸业务①发展。

9 月 27 日，《国务院关于印发中国（上海）自由贸易试验区总体方案的通知》落地，提出"经过两至三年的改革试验，加快转变政府职能，积极推进服务业扩大开放和外商投资管理体制改革，大力发展总部经济和新型贸易业态，加快探索资本项目可兑换和金融服务业全面开放，探索建立货物状态分类监管模式，努力形成促进投资和创新的政策支持体系，着力培育国际化和法治化的营商环境，力争建设成为具有国际水准的投资贸易便利、货币兑换自由、监管高效便捷、法制环境规范的自由贸易试验区，为我国扩大开放和深化改革探索新思路和新途径，更好地为全国服务"。

---

① 指银行吸收非居民的资金，服务于非居民的金融活动。"非居民"是指在中国大陆以外（包括港、澳、台地区）的自然人、法人（包括在境外注册的中国境外企业）、政府机构、国际组织及其他经济组织，以及中资金融机构的海外分支机构，但不包括境内机构的境外代表机构和办事机构。

新机遇带来新使命

上海自贸区正式"起跑"的五天前，CCEF 于 9 月 24 日举行专题研讨，就上海自贸区的新使命、新起点、新机遇展开深入交流。

CCEF 理事长、交通银行首席经济学家连平指出，不同于其他国家自贸区更多任务是促进当地经济发展，我国自贸区更多是要推进改革，取得经验，在全国推广。作为这一轮市场化改革的试验田、先行者和一个很好的抓手，上海自贸区所承载的先锋使命能对整个国家的改革开放起到很好作用，推进经济发展。

就上海自贸区带来的新机遇而言，连平认为在行业层面有四个方面将明显受益。一是贸易，自贸区改革会促进贸易规则更好地与国际接轨，使贸易更加便利化，带动上海和长三角地区出口加工等业务发展。二是航运，自贸区对区域内产业集聚、物流货运、航运周转，以及加快航运体系的完善、仓储等会带来推动作用。三是金融，包括银行的离岸业务、人民币跨境业务、航运金融等会很好地发展起来。四是建筑与地产，物业的增值，以及地产、基建都会有空间。

连平提出，上海自贸区的制度设计要尽可能要与国际接轨，以带动未来改革。同时，区域内金融改革要到位，也要跟国际接轨，从而推动贸易投资自由化，如区内利率可放开、资本项下可兑换①等，都是自由贸易区必备的基础金融条件。此外，区域内的监管管理应该改革，如取消存款准备金率②、取消存贷比管理等。但对于区域内的银行业应加强统一监管，这不仅能为自贸区运行提供便利，有问题协调起来也方便。

___

① 指一种货币不仅在国际收支经常性往来中可以自由兑换成其他货币，而且在资本项目上也可以自由兑换。这意味着一国取消对一切外汇收支的管制。
② 金融机构为保证客户提取存款和资金清算需要而缴存在中央银行的存款，被称为存款准备金。中央银行要求的存款准备金占其存款总额的比例就是存款准备金率。

加速经济发展与金融改革的契机

东方证券首席经济学家邵宇指出，上海自贸区的标准将成为中国未来的标准，特别是制造业企业，若想在自贸区里发展生存，要按照新一代的标准，按照完全的环保、劳工及版权保护的标准来进行。自贸区是一个"自上而下"的试验，被寄予改革的深切期望。

华泰证券首席经济学家刘煜辉表示，上海自贸区是一个"探路者"，特别是为"深水区"的机制和改革探路，为中国经济转型提供积极模板，其关键在于产生的红利不光上海受益，更要将宝贵经验复制到全国。如果创造出一个开放、鼓励竞争、创新驱动的市场环境，练就一批国际级企业，上海自贸区就达到了应有目的。

在花旗银行中国区首席经济学家沈明高看来，国内自贸区的起点是开放，即通过改革和自贸区的开放相匹配，最终实现自贸区和国内经济的双向有序对接。不论利率市场化改革、资本账户开放，还是人民币可自由兑换，从开放的角度讲都是自贸区应有之意。同时，上海经济正面临人工成本提高、产业转移等挑战，需要寻找新的增长点，而上海经济面临的问题也是中国经济模式未来要面临的问题。由此，上海对自贸区的探索是中国未来改革和发展的一个探索。上海自贸区成功，未来中国经济改革成功的可能性就增加了很多。

与香港竞争并不可怕

针对舆论热议上海自贸区与香港之间竞争，沈明高指出竞争是必然，但竞争并不可怕。其实，上海自贸区与香港有分工，比如投资上海自贸区，持有人民币资产，而规避人民币汇率的工作就有可能在香港。所以，上海自贸区不会取代香港，反而会使香港更具竞争力。上海自贸区的特点是开放，是向外，而香港未来增加竞争力是向内，且必须跟珠三角实现有效整合，才能充分分享国内经济改革成功的红利。

给中国以后的市场经济指出了一条道路

"这次会议提出必须加强全社会的思想道德建设，激发人们形成善良的道德意愿、道德情感，培育正确的道德判断和道德责任，提高道德实践能力尤其是自觉践行能力，引导人们向往和追求讲道德、尊道德、守道德的生活，形成向上的力量、向善的力量，是中国道德建设的一个信号，给中国以后的市场经济指出了一条道路。"

上述这段话，来自国内著名毛泽东思想研究专家、中国政通教育政策研究顾问鲁尚。其所称"这次会议"，即 2013 年 11 月 9 日至 12 日在京举行，中共中央总书记习近平主持的中共十八届三中全会。正是这次全会，通过了《中共中央关于全面深化改革若干重大问题的决定》（以下简称《决定》），提出全面深化改革的经济、政治、文化、社会、生态文明等五大体制改革要点。其中，经济体制改革被明确为全面深化改革的重点。

深远影响兼具满满红利

《决定》指出，经济体制改革核心问题是如何处理好政府和市场的关系，使市场在资源配置中起决定性作用和更好地发挥政府作用。要坚持和完善基本经济制度，加快完善现代市场体系、宏观调控体系、开放型经济体系，加快转变经济发展方式，加快建设创新型国家，推动经济更有效率、更加公平、更可持续发展；以经济建设为中心，发挥经济体制改革牵引作用，推动生产关系同生产力、上层建筑同经济基础相适应，推动经济社会持续健康发展。

今天，我们站在历史的角度来看十八届三中全会的深远影响，主要体现在制度变革和体制创新上，尤其经济体制方面，如首次定义市场在资源配置中的"决定性作用"；更加明确强调了公有制经济和非公有制经济的同等重要性；提出"完善产权保护制度"；提出"赋予农民更多财产权利"；提出建立全国和地方资产负债表制度、自然资源资产负债表制度、股票发行注册制度；等等。

这些重大突破，不仅给个人和社会带来深刻影响，也推动国家发展转型。全会的一系列顶层设计，为转变发展方式"铲除"各种体制机制上的障碍，提供了强大动力，使政府干预过多、市场竞争体制不完善、资源价格扭曲等障碍随着改革的推进逐步被破除。同时，全会提出全面深化改革的一揽子方案，如"推动对内对外开放相互促进、引进来和走出去更好结合"，不但让中国获得改革红利，也让全世界收获了中国的改革红利。

中外媒体的深刻见解

对于中共十八届三中全会，诸多媒体发表了深刻见解。

中国香港《亚洲周刊》称，中国的开放，从上海自贸区到澳门的横琴模式，都是试验性质，摸着石头过河，看似大胆，但又兢兢业业，如履薄冰，要不断总结经验，将优点极大化、缺点极小化，才向全国推广。它和运动型的政策，有本质上的差别。

中国台湾《经济日报》称，十八届三中全会的历史任务与定位十分清楚，就是要将"改革尚未成功"的改革继续下去，"开放尚未彻底"的开放继续下去。所以，还是改革开放，只是需要更深入、更全面实施。

欧洲时报网称，全会通过的《决定》指出"改革进入攻坚区和深水区"，这与中共三中全会开幕前"闯险滩"之类的表述一样，既体现中国政府对改革难度的预见，又宣示了解决困难的决心。

美国《华尔街日报》称，预计中国新领导层的改革可能包括转变政府在经济中的职能，让经济从依赖投资转向依赖消费和服务，从而实现再平衡，将城镇化作为下一个重要经济增长驱动力，推动产业升级，提高创新能力。

英国《金融时报》称，中国没有那种奢侈的条件，能够让所有的改革都等到时机成熟才启动。中国领导人可能不得不承担起更大的风险，加紧推动急需的改革。应该认识到，中国政府的谨慎或许反映了其经济和政治智慧。

2013
首席说

CCEF 深度研讨十八届三中全会内容

2013 年 11 月 12 日，十八届三中全会闭幕。11 月 30 日，CCEF 围绕"对十八届三中全会内容的认识和具体改革步骤的建议"主题，进行了深度研讨。

明智决策超预期

高盛中国区首席经济学家崔历认为，十八届三中全会有几个方面超过预期。一是对市场化机制的提法，给私企、民企更多发展空间，力度很强。二是土地制度，农村土地产权明晰化是很正面的一步。三是财政改革。过去一段时间，宏观体系依赖货币政策较多，实际上货币政策不能调结构，财政体系本身要理顺才能达到未来调结构的目标。所以，从财政、金融等持续性角度看，财政改革都很正面。

澳新银行中国区首席经济学家刘利刚指出，十八届三中全会通过的《决定》里有些内容要多加重视，如财政预算透明、完善人民代表大会制度等。对各级政府而言，财政预算透明首要就是对当地各级人民代表大会透明。做到这一点，相信地方债务等很多问题就能解决。

对于十八届三中全会提出，跟城市基建有关的融资可以允许地方政府发债，刘利刚认为这项财政政策非常明智，将大大减少地方融资平台今后一段时间出现问题的概率。但要把这个机制建立起来，不仅要看政治体制，也要借鉴海外经验，比如美国市政建设方面的启示。不过，地方政府发债要遵守财政规则，以免过度发债。比较有效的财政政策包括债务的上限法、地方政府的预算平衡法等，地方政府务必要严格执行。

实施改革最重要

瑞银证券中国首席经济学家汪涛指出，十八届三中全会通过的《决定》最重要的是实施。改革对短期经济增长有利好也有利空，利好如减政放权、放开二孩政策、户籍制度改革、放开创新和服务业的发展等。而加强对国企治理、加强对地方财政管束，推高过程调整、资源价格等，从短期看似利空，长期仍属正面。从整体看，改革的重要意义不是提高长期增速，而是降低经济增长的尾部风险[①]，使过去几十年改革不完善所积累的结构性矛盾得以解决，使经济出现硬着陆或危机的风险大大降低，发展更健康、更平衡。

汪涛还认为，中央文件多次提到增加金融对实体经济支持力度。而这方面，应该重质，而非重量。"加强金融对实体经济支持力度，是说金融对实体经济的支持还不够。事实上，我们就是靠金融，靠货币政策，靠总量。过去几年信贷都远远超过实体经济，再这样下去是难以持续的一个速度。它的问题不是说不够，而是结构可能有问题，有更多金融、融资流量流向国企和政府，未向民企或服务业或有活力的方面流动。"

汪涛提醒，纵观美国、日本等发达国家，在金融市场改革、金融自由化过程中，都有信贷总闸门没有控制住的教训，导致金融改革后出现杠杆率迅猛上升的情况。IMF 对中国的建议也提到，在金融市场化、利率市场化过程中尤须防止宏观信贷过热。所以，对此要特别关注。

---

① 一般指在巨灾事件发生后，直到合约到期日或损失发展期的期末，巨灾损失金额或证券化产品的结算价格还没有被精确确定的风险。

未来改革如何推进

CCEF 理事长、交通银行首席经济学家连平提出，未来改革应该在经济能够平稳增长的情况下推进，因为中国尚不能跟成熟发达经济体比较。比如日本当年经济危机阶段冲击非常大，始于 2008 年的全球金融危机冲击也不小，但基于整个社会，包括保障体制、人的素质、社会公共管理各方面积累，日本处理得都比较平稳。但在中国，如果增速处在比较低的状态，会引起社会较大压力，出现很多问题，这时改革也不好，因为很多领导会把更多注意力集中于眼前最需要解决的社会问题，而把中长期的事往后推。

刘利刚指出，十八届三中全会提出的所有改革措施能不能执行下去，最重要的是成立两个领导小组。第一个是国家安全委员会，协调所有经济政策，更重要的是实体和金融稳定，将使我们避免一些不必要的改革政策失误。第二个是全面深化改革领导小组，这是以后改革能否执行下去的重要机制。这两者建立的话，今后 5 年至 10 年的改革会更有力。

海通证券首席经济学家李迅雷认为，改革是自上而下模式，整体朝着市场化去做，只不过是由政府部门主导。改革提出削减政府权力的目标，并成立国家安全委员会和全面深化改革领导小组，这样把权力上收、集中，有利于提高执行力。

2013
回　望

稳中向好，蓬勃发展

2013 年 12 月 10 日，中央经济工作会议在京举行。会议指出，这一年在极为错综复杂的形势下，中国经济运行总体平稳，农业生产再获丰收，结构调整取得新进展，改革开放力度加大，人民生活继续改善，社会大局和谐稳定。特别重要的是，党的十八届三中全会为加快转变经济发展方式、培育经济发展新动力、实现经济持续健康发展确定了行动纲领。

根据国家统计局公布的数据显示，2013 年我国国内生产总值 568845 亿元（2014 年末修订为 588019 亿元，比初步核算数增加 19174 亿元，增幅 3.4%），同比增长 7.7%，完成年初设定的 7.5% 的目标。同时，居民消费价格涨幅控制在 2.6%；城镇登记失业率 4.05%；城镇新增就业 1310 万人，创历史新高；进出口总额突破 4 万亿美元，再上新台阶；城镇居民人均可支配收入实际增长 7%，农村居民人均纯收入实际增长 9.3%；规模以上工业企业利润增长 12.2%；财政收入增长 10.1%；粮食产量超过 1.2 万亿斤，实现"十连增"；服务业增加值比重达 46.1%，首次超过第二产业……用八个字概括就是：稳中向好，蓬勃发展。

在此基础上，2013 年中央经济工作会议明确了 2014 年经济工作的六大任务：切实保障国家粮食安全、大力调整产业结构、着力防控债务风险、积极促进区域协调发展、着力做好保障和改善民生工作、不断提高对外开放水平。

历史，终于又将翻开新的一页！

第三章

防微虑远，牢牢把握发展的主动权

人民币利率互换集中清算业务的上线，是银行间市场基础设施建设的一个重要里程碑，也是上海国际金融中心建设的一个重大利好。

——中国外汇交易中心总裁裴传智

既要看到它(影子银行)的积极作用,还要看到它的风险所在。

——中国人民银行调查统计司司长盛松成

在加强监管的前提之下，允许具备条件的民间资本依法设立民间银行，这是三中全会部署的改革任务，也是中改办部署的今年要实施的一项改革项目。

——银监会主席尚福林

从建设多层次资本市场体系的角度看， "国六条"有助于优化资本市场结构，使之真正成为可以满足各种类型企业融资需求的平台，有利于资本市场健康发展。

——申万宏源研究所首席宏观分析师李慧勇

7.4% 是一个克服困难的 7.4%，是一个克服压力的 7.4%。7.4% 符合"新常态"下经济发展增速换挡的客观规律。

——国家统计局局长马建堂

本章导图

上海清算所试行开展人民币利率互换集中清算业务 ——1月—— 进一步活跃人民币利率互换市场交易，提高市场配置资源效率

上海自贸区启动支付机构跨境人民币支付业务 ——2月—— 对国内支付产业向国际化延伸具有里程碑式意义

促进资本市场健康发展的"国六条"落地 ——3月—— 优化资本市场结构，使之真正成为可以满足各种类型企业融资需求的平台

"沪港通"宣布试点 ——4月—— 有利于A股市场交易规则和投资理念与国际接轨

首批5家民营银行试点悉数站上"起跑线" ——7月—9月—— 更多普通金融消费者获益，普惠金融服务体系进一步完善

央行网站全文发布《存款保险条例（征求意见稿）》 ——11月—— 在保护存款人权益、及时防范和化解金融风险、维护金融稳定等方面发挥重要作用

2014
预　判

爬坡过坎的紧要关口

世界组织集体看好

站在 2014 年的"起跑线"上，转身回望渐渐远去的 2013 年，可以看到中国经济稳中向好，世界经济却未完全摆脱国际金融危机带来的阴霾，增速继续小幅回落。不过，主要预测机构均认为 2014 年世界经济发展中的有利因素多于不利因素，经济增长动力略有增强。

经济增速将略高于上年。按照汇率法 ① 计算，世界银行 1 月份预测 2014 年世界经济将增长 3.2%，比 2013 年提高 0.8 个百分点；按照购买力平价法 ② 计算，IMF 1 月份预测 2014 年世界经济将增长 3.7%，比上年提高 0.7 个百分点。

全球贸易增长将有所加快。世界银行 1 月份预测 2014 年全球贸易量将增长 4.6%，比上年提高 1.5 个百分点。国际货币基金组织 1 月份预测 2014 年世界贸易量将增长 4.5%，比 2013 年提高 1.8 个百分点。

中国保持清醒认识

中国怎样看待 2014 年国内经济走势？

中国社科院经济学部、社科院数量与技术经济研究所、社会科学文献出版社联合发布的 2014 年《经济蓝皮书》称，在中央政府将着力深化改革开放、推动结构调整和转型升级的情况下，预计中国 GDP

---

① 指将列在资产负债表中的所有外币资产项目和外币负债项目，均根据编制报表日的现行汇率（即期末汇率）进行折算。
② 指以国内商品价格同基准国家同种商品价格比率的加权平均值为购买力平价计算的方法。

增速将维持在 7.5% 左右，继续处于经济运行的合理区间。

更为高瞻远瞩的决策层，对于新一年国内经济发展的处境亦有清醒认识。

国务院总理李克强直言，2014 年中国面临的形势依然错综复杂，有利条件和不利因素并存。世界经济复苏仍存在不稳定不确定因素，一些国家宏观政策调整带来变数，新兴经济体又面临新的困难和挑战。全球经济格局深度调整，国际竞争更趋激烈。中国支撑发展的要素条件也在发生深刻变化，深层次矛盾凸显，正处于结构调整阵痛期、增长速度换挡期，到了"爬坡过坎"的紧要关口，经济下行压力依然较大。

"同时要看到，我国发展仍处在可以大有作为的重要战略机遇期，工业化、城镇化持续推进，区域发展回旋余地大，今后一个时期保持经济中高速增长有基础也有条件。"李克强强调，"我们必须防微虑远，趋利避害，一定要牢牢把握发展的主动权。"

2014
首席说

中国经济如何守住底线

2014 年 4 月 26 日，CCEF 举办专项研讨，围绕"中国经济如何守住底线"的议题，与会专家就正处于结构调整阶段的经济所面对的问题，纷纷阐述真知灼见。

怎样定义底线

广发证券首席经济学家刘煜辉认为，中国经济守住底线的关键在于怎样定义底线。若认为增速是底线，局限性非常大。2014 年采取各种手段，用增加债务的方式也能守住底线，但后遗症是会提高 2015 年守住底线的难度。

"经济就像一块石头从山坡滚落，在重力加速度作用下越来越快，到山坡下就不动了，这时利率自然会下来。当系统性风险释放后，利率进入一个平复过程，意味着经济导入新周期的开始。但中国的情况是，石头往下滚时总有一只无形的手去挡，不让它加速。如果不让系统性风险释放，让所有债务存续，没有一个足够的出清过程，又想让中端利率下降，短期唯一的方式就是央行想办法，使劲把实体经济的成本降下来。而我觉得，唯一办法是降低经济的尾部风险。"

刘煜辉表示，降低尾部风险的方法是进行存量经济调整，一是供给端收缩，该关厂就关厂；二是债务重组、国企改革；三是金融救助，"要靠银行自己解决过去因为政府凯恩斯主义刺激政策所累积的坏账压力，肯定不行。如果没有外力救助，靠银行内力很难达到"。

哪些风险冲击底线

花旗银行中国区首席经济学家沈明高提出，有两大风险冲击中国经济底线，一个是地方政府债务，另一个是房地产泡沫，且相对于较易控制的前者，后者风险更大，因为中国没有任何经验，所以要想办法应对，早做准备。

至于要守住什么样的底线，沈明高认为不是 7.5% 增速，也不是失业率水平，而是防止经济下滑过程中，好企业、坏企业、好产品、坏产品齐齐往下掉。因此，这是一个有条件的守住。"最重要是改变我们能不能守住底线的预期，以及未来要做的是什么。仅仅守住，没有援军是不够的。改革就是援军，若援军遥遥无期，守住的动力就会不足。"

在瑞穗证券首席经济学家沈建光看来，守住底线首先要考虑清楚在经济下滑过程中，宏观政策是偏紧，还是如政府所称"货币政策是中性的，财税政策是积极的"。他认为，货币政策其实并不中性，因为利率在上升，企业实际贷款成本大幅度提升，信贷在收缩。而财税政策亦不积极。"2014 年一、二月份财税收入增长 10% 左右，财政支出 5% 左右，这和积极财政政策不相符。再看政府在央行的存款，年初时就增加 3.5 万亿元，说明很多钱没花出去。地方政府到外面借 10% 利率以上的债务，反映出财政政策还有很大空间，应实施积极财政政策。目前政策却偏紧。"

沈建光指出，如果采取"双紧箍咒"财政政策，经济下滑压力会加剧。"要真正让财政政策积极起来，让货币政策变成中性。这样至少能给改革或者结构调整创造空间，而不是让结构调整变得更困难。"

"假设国内经济处于危险边缘，第一个比较紧迫的是金融改革。"国泰君安证券首席经济学家林采宜认为，金融改革的节奏远远快于实体经济改革。比如银行的零售客户活期存款收益率达到百分之五点几、六点几，反映利率市场化把银行逼到一个极限。"中国的利率市场化已经走得非常靠前，金融系统直接冲到市场化的第一线，马上面临融资成本上升和风险加大。在此情况下，银行要多高的收益才可获利？！它会提高风险偏好，最后结果就是资产质量可能下降。这是潜在的金融体系隐患。"

林采宜提出，这种隐患源于金融改革和实体改革在结构上没有匹配。要化解风险，必须让实体经济改革跟上去，其中非常重要的是国企改革。而国企改革的关键是改变整个治理结构。"现在国企改革还是官员说了算，接下来必须用资本约束企业经理层，这是提高国企信贷质量和回报率最重要的挑战。"

"第二个风险是财富差距扩大，重要原因是房地产。"林采宜表示，这一代的年轻生产力千辛万苦读书，却受困于如何在社会拥有应有地位，房价正是一个问题。而社会财富分配严重不均，还会影响社会和谐稳定。"有一种声音说房地产下跌，金融体系就崩溃。我不这样认为。宏观经济要守住的底线不是房价，房地产是一种周期性行业，当盖了房子就能卖的时代结束，会加速这个行业升级换代，房地产泡沫破灭对社会财富公平化有一定积极作用。"

东方证券首席经济学家邵宇表示，中国经济有"三重断裂带"风险。

第一重是发展的断裂带。"以前的增长模式是 GDP 比赛，地方招商引资，'PK'GDP 增速。但现在趋势在变，权力清单把政府的手按住，民间力量应该很大。但我们发现把被绑习惯的民间投资松开，它反倒不会自己走了。"邵宇指出，民间资本还是需要政府给出明确指引。虽说市场起决定性作用，但政府应该发挥更好的作用。

第二重是改革的断裂带。邵宇表示，本轮波澜壮阔的改革有 60 多项、300 多个小项，但推进过程中发现有断裂带，因为改革有快有慢。最快的是金融体制改革，慢的如地方政府债务问题，仅靠金融改革无法解决，需要财税制度跟进，而财税制度改革又很慢，因为涉及立法。"金融跑得特别快，其他比较慢，最终会形成金融风险，甚至危机。"

第三重是全球化的断裂带。"2008 年之前世界分三类国家，一类是消费国，主要功能是消费、印钱、发钱；一类是大宗能源出口占 GDP 50% 以上的国家，如巴西、俄罗斯及中东石油国家；再一类是夹心层，典型代表是中国。"邵宇称，中国很多产能和就业为消费国的产出而设计，但金融危机改变了很多事。"以前美国是制造大国，后来外包出口成了消费国，现又力图通过再工业化重新回归制造大国。而且，美国通过页岩气革命变成一个资源国，也就是说美国成了'三合一'国家，全球循环大格局已快速减缓。所以新兴经济体非常难受，因为对他们的需求少了，给中国带来的影响特别明显。"

化解分险之道

邵宇指出，有几条路径可以化解风险。

第一条是发挥政府更好的作用，这与让市场起决定性作用一样不可偏废。

第二条是快改革倒逼慢改革提速。"一定要放开中等城市户籍，或者至少让公共服务均衡化。土地，一定要提出一个妥协的方案。财税亦如此，标志性成功就是预算法修正后，地方政府也可发债，这样才能把期限严重错误的高成本资产，从根本上和负债匹配起来。"

"第三条路径是国际化，必须努力形成一个小循环，包括出口产能、出口资本、大量投资，最终出口货币，即人民币国际化。"邵宇称，在此过程中建立以中国为核心的小循环，去部分替代原先美国那样的大循环，即用所谓"中国的马歇尔计划"，获得增长外需的新动力来源。

稳增长：2014 年的重要目标

二度论剑

讨论如何守住中国经济的底线后，时隔 5 个月，CCEF 专家二度聚首，就经济的"新常态与稳增长"议题再度论剑，探讨 2014 年全年经济目标能否实现，并寻找破解困局的办法。因为，从 8 月份公布的各项数据看，宏观经济整体趋势似乎不太乐观，业界对于年初定下 7.5% 的 GDP 增长目标高度关注。

CCEF 理事长、交通银行首席经济学家连平表示，1 月至 8 月固定资产投资同比增长 13.5%，8 月份单月工业生产增速也跌破 7%，为 2009 年 2 月以来新低。事实上，年初也有过类似状况，当时预计下半年会趋好。但到 8 月，这种疲态未得到缓解。"通盘来看，整个经济的运行状况不容乐观。工业和制造业数据不好的原因，一方面和产能过剩有关，另一方面是房地产增速下滑。三季度 GDP 要比预期低，我估计在 7.3% 左右，四季度 7.4% 左右。全年达到 7.5% 比较困难。"

在瑞穗证券首席经济学家沈建光看来，彼时正处在"旧的增长模式已不可维持，新的增长模式尚在酝酿，新的结构调整代替旧的增长引擎的阵痛期"。

相比而言，兴业银行首席经济学家鲁政委和广发证券首席经济学家刘煜辉较为乐观。前者认为，全年 GDP 增速即使无法达到 7.5%，基本也可达到 7.3%—7.4%。后者认为，GDP 只是"软数据"，加之 2013 年四季度基准低，完成并不难，不至于出现失速状态。但他们强调，即使数据目标得以完成，也不代表经济完全没有问题，还是要关注已经及预期出现的危险信号，及时从各个层面进行调整。

地产之重

在导致经济数据疲软的诸多因素中，房地产是首席经济学家们一致认为对宏观经济影响颇大的行业。

沈建光表示，房地产和制造业年内都出现问题，不能继续依靠其贡献经济增速。尤其房地产下滑非常快，对制造业和消费连带影响也很大。"我们可以看到，和房地产相关的产品及服务，例如家具、家电、装修消费大幅度下滑。"

华泰证券首席经济学家俞平康认为，当房地产下行趋势还未企稳时，上一轮微刺激政策力度开始减弱，伴以信贷政策收紧，影响市场信心，导致横跨各门类的工业生产和投资减速。"大家都认可房地产对今后一段时间中国经济的影响非常大，但如果经济的基准面没有显著改善，也很难依靠房地产一枝独秀。"

刘煜辉指出，一直以来，中国经济有个"地产一调，什么也挡不住跌"的现象，这直接导致地方政府融资平台、过剩产能部门被迫收缩。现在来看，靠基建和出口好转也难以对冲其影响。同时，地产调整不是短时间概念，尤其是未来政策的重中之重在于财税改革。这种背景下，未来一定要慢慢淡化地产对经济的影响，淡化财政对土地的依赖。

另辟蹊径

既然处在经济增速有所下滑、结构调整的新常态之下，如何减少由此带来的冲击、避免硬着陆成了最现实的问题。就此，鲁政委建议采取降息、废除存贷比、补充资本金、推出高收益债 ① 等方式，给予经济微刺激。

---

① 由产业公司、金融机构、公用事业机构发行，并被至少一家独立的信用评级机构列为投资等级以下，且其票面收益率高于投资等级的债券。

而 CCEF 主席夏斌、光大证券首席经济学家徐高不约而同把关注点转向"就业"。他们认为工作对老百姓影响最大，不管数据如何，稳定就业才是首要任务。

俞平康则指出："转型有阵痛，企业倒闭后一些行业的劳动力转移到其他行业，就会引起短期或长期的失业问题，这对任何社会来说都是影响稳定的因素。所以必须配合财税改革等提高自身'免疫力'的政策。"

从更宏观层面看，俞平康与徐高认为，稳增长和调结构之间并没有必然矛盾。沈建光也着重提出："接下来的改革是个攻坚战，这之前要保持一个适当良好的宏观条件，所以 2014 年稳增长还是比较重要的。"

2014
金融市场改革齐头并进

人民币利率互换——上海接下的令箭

在错综复杂的内外形势下，中国"高举"2014 年经济发展的"令旗"，并将第一支令箭交托给了上海。

开闸

经中国人民银行批准，自是年 1 月 2 日起，银行间市场清算所股份有限公司（以下简称"上海清算所"）试行开展人民币利率互换[1] 集中清算业务。

该项业务是指市场参与者将其达成的人民币利率互换交易，提交

---

[1] 交易双方在一笔相同名义本金数额的基础上相互交换具有不同性质的利率支付，即同种通货不同利率的利息交换。通过这种互换行为，交易一方可将某种固定利率资产或负债换成浮动利率资产或负债，另一方则取得相反结果。

上海清算所进行集中清算，由上海清算所作为中央对手方[1]承继交易双方的权利及义务，并按照多边净额方式[2]计算各清算会员在相同结算日的利息净额[3]，建立相应风险控制机制，保证合约履行、完成利息净额结算的处理过程。

作为金融市场基础建设的一项重要任务，中央对手方集中清算机制有利于提高市场尤其是场外衍生品市场的交易效率和交易透明度，保证金融市场安全、高效整体运行，早已是国际金融监管改革的重要内容之一。

回溯 2009 年，中国人民银行推动成立上海清算所，并指导其开展集中清算业务。至 2014 年，上海清算所已平稳承接银行间市场、外汇即期竞价业务[4]和询价净额清算业务[5]，在银行间债券市场推出现券交易净额清算业务[6]，并开展了人民币远期运费协议[7]中央对手方清算等跨市场业务。在此基础上，人民银行批准上海清算所开展人民币利率互换集中清算业务，并希望其借此契机，逐步构建起我国银行间场外金融衍生品集中清算业务的整体框架结构。

---

① 指结算过程中介入证券交易买卖双方之间，成为"买方的卖方"和"卖方的买方"的机构。

② 证券交易的结算方式可以分为全额结算和净额结算。

③ 利息收入减利息支出的差额。

④ 外汇市场上买卖双方成交后，在当天或第二个营业日办理交割的外汇交易形式。

⑤ 上海清算所对银行间外汇市场达成的、符合条件的人民币外汇即期询价交易等提供净额清算服务。

⑥ 上海清算所作为中央对手方，对市场参与者达成的现券交易，按照多边净额的方式，轧差计算每个市场参与者当天应收或应付的资金和债券，于日终统一完成券款交割的一种清算处理方式。

⑦ 远期运费协议是市场参与者用来管理波动性的风险管理工具。面临价格下跌风险的船东，可出售协议以锁定收入；面临价格上涨风险的船舶承租人或大宗商品贸易商，可买入协议以锁定运费；船舶运营商使用协议来管理时间和运价风险；金融业者利用协议获取中短期利润。

里程碑意义

综观当时我国银行间市场整体情况，人民币利率互换是发展相对成熟、交易较为活跃、金融机构参与广泛的利率衍生产品。同时，人民币利率互换曲线也为我国部分金融产品定价提供了一定参考。鉴于2013年人民币利率互换交易金额达到近3万亿元，人民币利率互换集中清算业务"开闸"，对进一步活跃市场交易，提高市场配置资源的效率具有重要意义。

一方面，这体现在人民币利率互换集中清算业务的四大特点。

第一，90%以上的利率互换交易可纳入集中清算，包括合约期限在5天至5年内，即浮动端参考利率为Shibor（上海银行间同业拆借利率）隔夜，或Shibor3个月，以及7天回购定盘利率[①]等三个品种。符合上述标准的存量合约，也可纳入集中清算。

第二，现有利率互换参与机构都可申请参与集中清算业务。

第三，创建了以上海清算所为中央对手方的集中清算机制，统一了市场上的风险敞口和利率计算的标准，有效计算了双边清算模式下的授信额度[②]限制，可以进一步防范金融市场的系统性风险，以及维护金融市场的稳定。

第四，每天生成市场普遍认可的利率互换收益曲线，有效实现逐日盯市[③]，精确计算合约价值，市场参与机构可根据这一曲线，进行交易定价和产品的估值，服务于利率市场化。

另一方面，这体现在上海清算所"身上"。上海市委常委、常务副市长屠光绍表示，上海清算所业务的开展，支持了上海各项金融业

---

① 指以债券回购利率为基础给出的回购价格参考基准。

② 指商业银行为客户核定的短期授信业务的存量管理指标，一般可分为单笔贷款授信额度、借款企业额度和集团借款企业额度。

③ 期货交易术语。期货交易，有的盈利必然来源于另一方的亏损。为防止这种负债现象的发生，逐日盯市、每日无负债结算制度（简称逐日盯市制度）应运而生。

务不断拓展，带来越来越多金融产品、工具和金融机构向上海集聚，在营造上海金融环境方面起到重要的支撑作用。人民币利率互换集中清算业务启动，标志着我国金融市场最主流的利率衍生产品的清算又进入到一个新阶段，使我国场外市场风险集约管理能力再上新台阶，充分表明上海国际金融中心建设达到新的层次。与国际水平一致的风险管理工具投入使用，有助于加强对场外衍生市场的监管，强化金融市场的完整性、化解系统性风险、提高市场的透明度，也有助于上海国际金融中心进一步发展和完善，为全国乃至全球的金融市场，提供更安全、更全面的服务。

值得一提的是，人民币利率互换集中清算业务启动首日，第一笔提交集中清算的人民币利率互换交易，来自中国工商银行和浦发银行以 FR007（即 7 天回购定盘利率）为参考利率、名义本金 5000 万元的利率互换交易。作为我国首笔纳入集中清算的场外金融衍生品交易，它标志着我国场外金融衍生品集中清算机制开始运行。

在中国外汇交易中心总裁裴传智看来，人民币利率互换集中清算业务的上线，是银行间市场基础设施建设的一个重要里程碑，也是上海国际金融中心建设的一个重大利好。"2013 年全年，银行间市场的交易量达到 285 万亿元，其中外汇交易 46 万亿元，货币市场交易 194 万亿元，债券市场交易 42 万亿元，利率互换近 3 万亿元。集中清算的安排，从外汇市场做市商，债券市场的短融或中票，衍生产品中的外汇远期掉期、利率互换等现有领域和品种，逐步扩大到市场全覆盖，会带动市场清算效率和风险管理的全面升级。"

"展望未来，我们看到集中清算业务在银行间市场还有巨大的发展空间。"裴传智如是称。

如影随形的影子银行

2014 年初，与人民币利率互换集中清算业务"开闸"同期引起瞩目的，是一份名为《国务院办公厅关于加强影子银行监管有关问题的通知》（国办发〔2013〕107 号文，以下简称"107 号文"）的规范性文件。

疏堵结合，趋利避害

什么是"影子银行"？这个概念最早在 2007 年的美联储年度会议上，由美国太平洋投资管理公司的执行董事麦卡利（Paul McCauley）提出，意指游离于监管体系之外，与传统接受中央银行监管的商业银行系统相对应的金融机构。

根据 107 号文，我国的影子银行业务主要分三类：一是不持有金融牌照，完全无监管的信用中介机构，包括新型网络金融公司、第三方理财机构等；二是不持有金融牌照，存在监管不足的信用中介机构，包括融资性担保公司、小额贷款公司等；三是机构持有金融牌照，但存在监管不足或规避监管的业务，包括货币市场基金[①]、资产证券化、部分理财业务等。

虽然 107 号文称，影子银行的产生是金融发展、金融创新的必然结果，作为传统银行体系的有益补充，在服务实体经济、丰富居民投资渠道等方面起到积极作用，且当前我国影子银行风险总体可控，但文件同时明确，"2008 年国际金融危机表明，影子银行风险具有复杂性、隐蔽性、脆弱性、突发性和传染性，容易诱发系统性风险。要认真汲取国际金融危机的深刻教训，进一步增强大局意识和忧患意识，坚持一手促进金融发展、金融创新，一手加强金融监督、防范金融风险，落实责任，加强协调，疏堵结合，趋利避害，在发挥影子银行积极作用的同时，将其负面影响和风险降到最低"。

国务院为何出台 107 号文？一大原因在于影子银行体系自 2010

---

① 指投资于货币市场上短期（一年以内，平均期限 120 天）有价证券的一种投资基金。该基金资产主要投资于短期货币工具如国库券、商业票据、银行定期存单、银行承兑汇票、政府短期债券、企业债券等短期有价证券。

年起迅速扩张，短期即具规模。

2013 年 4 月，中国社科院发布重大调研课题《中国影子银行体系发展状况研究》中期报告（以下简称"社科院报告"）称，"中国影子银行体系自 2010 年起迅速扩张，目前已具备相当规模。如果采用最窄口径，即认为中国影子银行体系只包括银行理财业务与信托公司，则 2012 年底中国影子银行规模达到 14.6 万亿元（基于官方数据）或 20.5 万亿元（基于市场数据）。前者占到 GDP 的 29% 与银行业总资产的 11%，后者占到 GDP 的 40% 与银行业总资产的 16%"。

社科院报告指出，中国影子银行体系兴起主要来自融资方、投资方、投融资中介三方面的旺盛需求。从融资方看，源自宏观调控方向转变背景下，重点调控行业（房地产与地方融资平台）和中小企业的旺盛融资需求；从投资方看，源自金融抑制环境下居民部门的旺盛投资需求；从投融资中介看，源自商业银行通过金融创新来规避存贷比、资本充足率与贷款限额等监管指标的行为。

要监控有关风险

随着 107 号文对影子银行进行框架性梳理，金融监管部门怎样看待这一事物？

2014 年 1 月 6 日，银监会召开 2014 年全国银行业监管工作会议，提出防范四种业务风险："对于理财业务，建立单独的机构组织体系和业务管理体系，不购买本行贷款，不开展资金池业务，资金来源与运用一一对应；对于信托业务，要回归信托主业，运用净资本管理约束信贷类业务，不开展非标资金池业务①，及时披露产品信息；对于小额贷款公司，会同有关部门制定全国统一的监管制度和经营管理规

---

① 指未在银行间市场及证券交易所市场交易的债权性资产，包括但不限于信贷资产、信托贷款、委托债权、承兑汇票、信用证、应收账款、各类受（收）益权、带回购条款的股权性融资等。

则，落实监管责任；对于融资性担保公司，明确界定担保责任余额与净资产比例上限，防止违规放大杠杆倍数，建立风险'防火墙'。"

上述提法，均与 107 号文一脉相承。同时，在国新办于 2014 年 1 月 15 日举行的 2013 年金融统计数据发布会上，影子银行问题亦得到正面回应。

中国人民银行调查统计司司长盛松成指出，影子银行不单单是机构，银行里面也有影子银行。用一句成语"如影随形"来形容，就是影子银行和银行也有一定关系。影子银行是行银行类金融机构之实、无传统银行之名的机构和业务，例如小贷公司。一部分理财产品也可能在影子银行范围内。

"影子银行是市场的产物，是金融创新的产物……是市场经济条件下的现实情况、现实反映，实际上不仅在中国有，其他国家也都有……对金融行业监管当局来说，既是一个新的课题，也是一个必须面对的问题。"盛松成强调，"既要看到它（影子银行）的积极作用，也要看到它的风险所在……要积极引导影子银行向好的方向发展，监控有关风险。"

当然，不论影子银行如何吸尽眼球，一个事实在于，正是 107 号文的出炉使国内影子银行问题从幕后走到台前，由此开启了长期被监管模式。

跨境支付一小步，人民币国际化一大步

"跨境支付一小步，人民币国际化一大步。"这句话指的是 2014 年 2 月 18 日，央行上海总部在上海自贸区启动支付机构跨境人民币支付业务。

该业务是指支付机构依托互联网，为境内外收付款人之间真实交易需要转移人民币资金提供的支付服务。通俗地讲，通过第三方支付机构，消费者可以直接用人民币"海淘"，国内企业也能直接用人民币开展跨境业务。

优势与机遇并存

用国内第三方支付机构进行跨境人民币支付，有何特殊之处？

上海银联电子支付服务有限公司总经理孙战平表示，使用 paypal（国外第三方支付机构）"海淘"时，虽然中国消费者花出去的是人民币，商户实际收到的却是外币，其间汇率可能发生较大波动。允许第三方支付机构跨境人民币支付，消费者、结算组织、银行、商户都以人民币结算和计价，就规避了汇率变动的风险。而且，通过银联支付完成跨境人民币支付后，在货款和运费之外，消费者无须缴纳其他手续费，省去汇兑的麻烦。

除了利好热衷"海淘"的国内消费者，支持第三方支付机构开展跨境人民币支付也给银行带来机遇。

一方面，跨境人民币使用只解决结算便利性的问题，而未来真正的跨境人民币使用必须让跨境的人民币资金有机会进行投资。这就要求有很多人民币产品可以投资，且人民币跨境过程中，势必存在人民币和外币的兑换问题，这就需要大量的人民币产品创新，而不是简单的存贷产品。同时，要有大量的汇率和利率避险的衍生产品创新，这些都是银行的业务发展机会。

"对商业银行来说，支持第三方机构进行跨境人民币支付，也为自身业务创新留下空间。"中国银行上海市分行行长潘岳汉指出，比如跨境资金对投资与兑换的需求会增加，理财产品、债券产品和避险产品等都有很大创新空间。

另一方面，第三方支付业务从国内转向跨境，是支付行业发展的必然趋势及实现业务升级的重要契机，对国内支付产业向国际化延伸具有里程碑式意义。

值得注意的是，2013 年 9 月 29 日上海自贸区挂牌后，市场一直期望"金改"实质举措。由此，央行上海总部在上海自贸区启动支付机构跨境人民币支付业务，成为央行自贸区"金融 30 条"首个落地政策。同时，央行上海总部制定的《关于上海市支付机构开展跨境人民币支付业务的实施意见》（以下简称《实施意见》），也成为上海自贸区正式获批后公布的首项区内金融业务细则。

《实施意见》明确，符合注册地和业务范围等相关条件的支付机构，可以为境内外收付款人之间，基于非自由贸易账户①的真实交易所需要的人民币资金转移提供支付服务。但不单是转移支付，作为新金融业态的一种形式，通过参与跨境人民币支付业务，支付机构可以在自贸区内开展包括金融增值服务、综合支付服务方案、境内外综合银行卡收单等创新业务。

紧握"原则"

不过，大力推进跨境人民币支付业务并非没有"原则"的鲁莽行为。为防范风险，央行祭出多重举措。

支付机构层面，《实施意见》明确，从事跨境人民币支付业务的支付机构应有健全的跨境人民币支付业务内控制度和风险管理措施，且只能办理真实贸易背景的跨境人民币支付业务，并建立健全和执行身份识别制度；获得《支付业务许可证》以来合规经营，风控能力较强，最近两年未发生严重违规情况。

备付金②银行层面，支付机构办理跨境人民币支付业务后，应按照中国人民银行上海总部（上海分行）要求及时准确完整地将相关信息报入人民币跨境收付信息管理系统，并进行国际收支统计申报。

备付金管理方面，支付机构开展跨境人民币支付业务应严格遵照《支付机构客户备付金存管办法》及央行其他相关客户备付金监管要求执行。支付机构应通过增设业务种类等方式，对境内和跨境人民币

---

① 自由贸易账户是指银行等金融机构根据客户需要在自贸试验区分账核算单元开立的规则统一的本外币账户，独立于现有的传统账户体系，属于央行账户体系的专用账户。

② 指商业银行存在中央银行的超过法定存款准备金率的那部分存款。

支付业务进行有效识别，并按中国人民银行上海总部（上海分行）有关要求报送信息。

"尽快形成可复制、可推广的经验"。这是央行上海总部此举目标所在。而对上海自贸区来说，这是开放的一个开始，如 2014 年 5 月 22 日央行上海总部发布《中国（上海）自由贸易试验区分账核算业务实施细则》《中国（上海）自由贸易试验区分账核算业务风险审慎管理细则》等，遵循"先易后难""成熟一批推出一批"的模式，其后还有多项金融改革细则待有序推出。

这正应了中国人民银行支付结算司副司长周金黄所言："中国人民银行将会支持上海自贸区，制定出更多符合实体经济需求的支付产品。"

民营银行"十年磨一剑"

截至 2021 年 3 月，我国 16 个省份成立 19 家民营银行，除了广东、江苏、浙江有两家外，基本上一省一行。而民营银行的"起跑线"，就是在 2014 年划下的。

缘起

2013 年 7 月，为激发民间资本的自主性和创造性，国务院发布《关于金融支持经济结构调整和转型升级的指导意见》，提出"尝试由民间资本发起设立自担风险的民营银行"。随后，高层开始对民营银行释放越来越多的积极信号。

9 月 10 日，国务院总理李克强在会见出席 2013 夏季达沃斯论坛的企业家代表时表示，将继续推进利率市场化，推进资本市场多元化发展，继续推进金融领域对内外开放，比如村镇银行试点和人民币资本项下可兑换等。

9 月 16 日，央行行长周小川在《求是》杂志刊发署名文章，明确支持民间资本发起设立民营银行，引导其立足小微金融的市场定位。

破冰

时至 2014 年 3 月 11 日，银监会主席尚福林在"两会"记者会上表示：在加强监管的前提之下，允许具备条件的民间资本依法设立民间银行，这是三中全会部署的改革任务，也是中央全面深化改革委员会办公室部署的今年要实施的一项改革项目。经过各地政府的推荐和报国务院原则同意，现在我们选择了一些民营资本共同参加第一批 5 家银行的试点工作，他们将分别在天津、上海、浙江和广东开展试点。

尚福林表示，经过反复论证和筛选并报国务院同意确定的 5 家民营银行试点方案，采取共同发起人制度，每个试点银行至少有 2 个发起人，并遵守单一股东股比规定，分别由参与设计试点方案的阿里巴巴、万向、腾讯、百业源、均瑶、复星、商汇、华北、正泰、华峰等民营资本参与试点工作。

慎之又慎

虽然民营银行 2014 年开启"破冰之旅"，但这条路走得并不简单。是年 3 月 7 日，周小川在参加全国政协民建界别联组会时，用"十年磨一剑"形容民营银行 10 年准入路，称国际市场气候不稳定，一些问题始终在认识过程中。

周小川用三个"仍有待取得共识"概括这些问题：金融行业特别是商业银行在初期是否属于竞争性服务业仍有待取得共识；中小银行或社区银行是否能对中小企业和社会金融业务提供倾斜性支出仍有待取得共识；关联交易及民营资本动机仍有待取得共识。

不难想见，正是在这些问题上缺乏共识，才使民营银行试点在监管部门眼里必须"慎之又慎"。而正是秉持"慎之又慎"原则，尚福林称，这次试点的选择并非计划模式下的指标分配，也不是行政管理下的区域划分，完全是对试点方案"优中选优"。这个"优"主要体现于差异化经营和服务小微、服务社区的特点。

在试点方案里，主要有四种民营银行定位模式。其中，"小存小贷"是只吸收一定金额以下的小客户存款，发放的也全是针对小微企业的小型贷款；"大存小贷"是只吸收一定金额以上的存款；"公存公贷"则全部针对企业，不向个人开放。另有两家采取"区域内经营"方案，即只在一定区域内做业务。

在选择标准上，主要考虑五方面因素：一是有自担剩余风险的制度安排，能够防止风险外溢，防止损害存款人的合法权益。二是有办好银行的股东资质条件和抗风险能力，如净资本充足、主营业务突出、有良好的经营记录。三是有股东接受监管的具体条款。四是有差异化的市场定位和特定的战略。五是有合法可行的风险处置和恢复计划，即行话所称的"生前遗嘱"。

2014 年首批民营银行试点方案的确定和批准，标志着银行改革迈出关键一步，对打破银行垄断局面、提供更加多样化的银行服务都有重要意义。

这一年的 7 月 25 日，银监会正式批准深圳前海微众银行、温州民商银行、天津金城银行三家民营银行筹建。9 月 26 日，浙江网商银行、上海华瑞银行获批筹建。至此，全国首批 5 家民营银行试点悉数站上"起跑线"。12 月 12 日，深圳前海微众银行股份有限公司获准开业。

随着民营银行"破冰"，更多普通金融消费者获益，普惠金融服务体系得到了进一步完善。

酝酿 21 年的金融制度呼之欲出

2014 年 11 月 30 日晚，中国政府法制信息网发布一则重磅消息——国务院法制办公室关于《存款保险条例（征求意见稿）》公开征求意见的通知。随后，央行网站全文发布《存款保险条例（征求意见稿）》。

历经 21 年，我国的存款保险制度终于落地在即。

重要性与日俱增

存款保险，是指存款银行交纳保费形成存款保险基金，当个别存款银行经营出现问题时，使用存款保险基金依照规定对存款人进行及时偿付。市场经济条件下，存款保险制度是保护存款人权益的重要措施，是金融安全网的重要组成部分。

当时，全球已有 110 余个国家和地区建立了存款保险制度。实践证明，其在保护存款人权益、及时防范和化解金融风险、维护金融稳定中发挥重要作用，成为全球普遍实施的一项金融业基础性制度。

自 1993 年《国务院关于金融体制改革的决定》首次提出建立存款保险制度／基金以来，至 2014 年，存款保险制度在我国酝酿整整 21 年，其间几欲破茧，终因时机不成熟而折戟。如 2008 年"两会"政府工作报告提出，将在年内"建立存款保险制度"，后因全球金融危机搁置。2009 年 9 月，央行第二次上报存款保险方案，银监会以农信社仍处于深化改革中，可能受到较大冲击为由，对存款保险制度推出的时机持保留意见。2010 年末，央行第三次上报存款保险方案，决策层觉得时机不成熟，未予批复。

尽管屡屡推迟，但决策层日益认识到存款保险制度的重要性，中共十八届三中全会和 2014 年"两会"政府工作报告都明确提出"建立存款保险制度"。

呼之欲出

进入 2014 年，来自高层的声音不断显示，存款保险制度呼之欲出。

3 月，李克强总理在第十二届全国人民代表大会第二次会议开幕会上指出，将"建立存款保险制度"纳入 2014 年重点工作。

9 月 26 日，李克强与出席第 18 届国际银行监督官大会的外方代表座谈时称，中国金融改革开放已进入新阶段，将以更大决心和力度推动金融改革创新，通过放宽市场准入，允许各类资本平等参与金融市场竞争；通过建立存款保险制度，更好保护存款人利益；有序扩大资本和货币市场对外开放。

10月，央行行长周小川在出席国际货币和金融委员会第三十次会议时表示，中国将适时建立存款保险制度。10月30日，央行副行长易纲在出席2014金融街论坛时更加明确地表示，存款保险制度建立工作已取得很大进展，接近成熟。

为何如此？因为中国进一步深化改革需要存款保险制度的推出。作为金融改革的重要一步，存款保险制度是利率市场化的基础。没有存款保险制度，就不可能放开银行准入，就不可能实现充分竞争，也就不可能实现真正的利率市场化。

与此同时，隐性存款保险制度弊端颇多，降低金融风险与构建金融安全网都亟须出台存款保险制度。此外，中国正在破除金融行业垄断壁垒，允许民间资本进入银行等领域。而分散民营银行风险，客观上同样需要建立存款保险制度。

多方受益

交通银行金融研究中心分析，从存款人角度看，存款保险制度推出将改变其"政府隐性担保、存款无风险"的固有意识，使其更关注存款性金融机构的经营情况和风险状况，选择较安全的金融机构存入资金。

从金融机构的角度看，存款保险制度推出将强化其风险意识，促使其理性揽存、理性经营。从金融稳定的角度看，存款保险制度推出有利于厘清政府与市场的边界，是完善我国金融安全网、构建存款类金融机构市场化监督和约束机制的重要举措，有利于防范、化解系统性、区域性金融风险。

从银行业的市场格局看，显性存款保险制度的建立，有利于增强存款人对中小金融机构，特别是民营银行的信心，为其加速发展创造公平适宜的外部环境。

从深化改革的角度看，推出存款保险制度将打破商业银行存款无风险、难以破产退出的现状，也有利于缓解金融机构的道德风险，使其真正成为自我约束的市场主体，为加速乃至最终完成利率市场化改革创造条件。

央行表示，存款保险对中小银行更有利。一方面，存款保险制度可以大大增强中小银行的信用和竞争力，为大、中、小银行创造一个公平竞争的环境，推动各类银行业金融机构同等竞争和均衡发展。另一方面，存款保险制度可以为中小银行创造一个稳健经营的市场环境。通过加强对存款人的保护，存款保险可以有效稳定存款人的预期，进一步提升市场和公众对银行体系的信心，增强整个银行体系的稳健性。

排除担忧

不过，有担忧的声音认为，存款保险制度会造成银行存款搬家，不利于银行经营的稳定性，因为早在 2012 年就有媒体报道称，"储户在银行的存款，最大赔付额度可能是 50 万元，超过这一限额的存款部分将得不到赔偿"。

对于这种担忧，央行表示，根据 2013 年底存款情况测算，可覆盖 99.63% 的存款人的全部存款，意味着绝大多数存款人的存款能得到全额保障，不会受损。而且，这个限额并非固定不变，央行会同国务院有关部门可以根据经济发展、存款结构变化、金融风险状况等因素调整最高偿付限额，报国务院批准后公布执行。

从国际上看，偿付限额一般是人均 GDP 的 2 至 5 倍，如美国为 5.3 倍、英国为 3 倍、韩国为 2 倍、印度为 1.3 倍。考虑到我国居民储蓄倾向较高，储蓄很大程度上承担社会保障功能，《存款保险条例（征求意见稿）》将最高偿付限额设为 50 万元，约为 2013 年我国人均 GDP 的 12 倍，大大高于国际一般水平。

于 2014 年 11 月 30 日"举目眺望"，即可看到"不远处"的

2015 年 2 月 17 日，《存款保险条例》最终公布，并自同年 5 月 1 日起正式实施，各家银行向保险机构统一缴纳保险费，一旦银行出现危机，保险机构将对存款人提供最高 50 万元的赔付额。

中国经济发展道路上的又一块里程碑，于 2014 年稳稳树起。

2014
资本市场改革同步前行

资本市场"国六条"来了

2014 年 3 月 25 日，李克强总理主持召开国务院常务会议，部署促进资本市场健康发展的六大举措（以下简称"国六条"）：积极稳妥推进股票发行注册制改革；规范发展债券市场；培育私募市场；推进期货市场建设；促进中介机构创新发展；扩大资本市场开放等。其中，前三条被视作股市长期利好。

利好股市健康发展

申万宏源研究所首席宏观分析师李慧勇认为，从建设多层次资本市场体系的角度看，"国六条"有助于优化资本市场结构，使之真正成为可以满足各种类型企业融资需求的平台，有利于资本市场健康发展。短期看，在银行限贷、非标业务受限的大背景下，有助于扩展企业融资来源，给经济转型及改革推进注入动力。长期看，有助于促进上市公司提高效益，增强持续回报投资者能力，使 A 股市场真正成为一个值得投资的市场，对股市长期健康发展具有正面作用。

三大亮点备受期待

从之前的金融"国十条"到"新国九条"，从"开展优先股试点的指导意见"到"促进企业兼并重组的意见"，2013 年至 2014 年，国务院连续出台一系列针对资本市场发展的意见与举措，意在发挥资本市场服务实体经济的作用。"国六条"虽然整体内容新意不多，但仍有三个亮点令市场期待。

一是注册制改革。2013 年以来，证监会从完善信息披露和加强事中事后监管两方面并举，逐渐从"重审批"向"重监管"过渡，推进股票发行注册制改革。由于"奥赛康事件"[①] 等出现，市场上对新股发行改革的批评声不断。此次国务院会议，可谓明确了推进股票发行注册制改革方向不变。

二是规范发展债券市场。2014 年初，"超日债""兴润债"等违约事件的出现，让从前不敢想象的债券违约进入投资者视线，金融市场的风险与机会更加显性化。分析人士认为，"国六条"将对债市带来积极影响，原因系新政提出"促进债券跨市场顺畅流转，强化信用监管"，目的在于强化规则，强化规范程度。此间，债市建设中一直推进，但进展不明显的互通互联及债务信用评级的规范发展或将提上日程，为后续更详细规则的出台提供了空间。

三是培育私募市场。继首批 50 家私募基金获颁登记证书后，2014 年 3 月 25 日，中国证券投资基金业协会举行第二批私募基金管理人颁证仪式，包括弘毅投资、昆吾九鼎投资等 50 家私募基金管理机构获得登记证书，成为可以从事私募证券投资、股权投资、创业投资等私募基金投资管理业务的金融机构。

根据中国证券登记结算有限责任公司 2014 年 3 月 25 日发布的《私募投资基金开户和结算有关问题的通知》，私募投资基金即日起可开户入市，自此彻底改变此前私募基金借道信托入市的局面。此举对于促进私募投资基金行业规范发展，以及多层次资本市场健康发展的意义不言而喻。

---

① 2014 年 1 月 9 日，上市公司奥赛康公布网下申购结果，发行市盈率 67 倍，老股转让募集资金近 32 亿元，远高于新股募集金额 7.84 亿元。

内地投资者开"炒"香港股票

2014 年 3 月末出台的"国六条"余热未消，4 月份的日历也才翻过没几页，中国资本市场又迎来一剂"强心针"。

4 月 10 日，中国证监会与香港证券及期货事务监察委员会发布联合公告，宣布开展沪港股票市场交易互联互通机制试点（以下简称"沪港通"），并明确"沪港通"正式启动需要 6 个月准备时间。

释义

作为沪港股票市场交易的互联互通机制，"沪港通"指上海证券交易所和香港联合交易所允许两地投资者通过当地证券公司（或经纪商），买卖规定范围内对方交易所上市的股票。其包括沪股通和港股通两部分。

沪股通，是指投资者委托香港经纪商，经由香港联合交易所设立的证券交易服务公司，向上海证券交易所进行申报（买卖盘传递），买卖规定范围内的上海证券交易所上市的股票。

港股通，是指投资者委托内地证券公司，经由上海证券交易所设立的证券交易服务公司，向香港联合交易所进行申报（买卖盘传递），买卖规定范围内的香港联合交易所上市的股票。

试点初期，沪股通总额度 3000 亿元，每日额度为 130 亿元；港股通总额度为 2500 亿元，每日额度为 105 亿元。双方可根据试点情况对投资额度进行调整。

彰显重要意义

"内地人也能炒香港股票了！"这是很多投资者听闻"沪港通"启动试点后的第一反应。但此举意义何止于此。

国泰君安证券首席经济学家林采宜指出，"沪港通"有利于 A 股市场交易规则和投资理念与国际市场接轨。中国资本市场对外开放从

20 世纪 90 年代起步，但目前对外开放程度相当有限，除了近几年的 QFII① 和 RQFII② 以外，海外投资者参与中国资本市场途径有限。"沪港通"会使更多海外投资者可以不用审批直接参与国内资本市场。相对来说，海外投资者更为成熟，在投资上的理性和价值判断都会对国内市场波动形成影响。同时，沪港直通车是双向的，必定会带来中国证券登记结算有限责任公司和香港中央结算公司，以及包括沪港两个市场交易规则之间逐渐接轨。

　　林采宜认为，"沪港通"为香港离岸人民币创造重要的回流渠道，可促进香港离岸人民币业务进一步发展。2004 年至 2014 年，香港离岸人民币业务规模仅 1 万亿元存款和 3000 亿元债券，从全球离岸金融中心发展来说，增速极其缓慢。人民币不断升值，离岸市场为何还做不大？关键在于香港本地缺乏有吸引力的人民币投资品种。而"沪港通"至少可将证券市场的投资渠道打开。

　　林采宜进一步指出，"沪港通"的推进将有利于提高国家外汇储备收益率。中国将近 4 万亿美元的外汇储备，对外是净债权，但对外投资收益反映在国际收支表上却是逆差，原因就在于中国最大的海外投资是直接投资，其次是证券投资和其他。而中国海外投资基本是以官方储备资产为主的对外投资，主要是国债和国际货币基金组织的份额，收益率非常低。因为作为储备资产，放在第一位的是流动性和安全性。"沪港通"实际上开通了境内居民投资海外资产的重要通道。有了这个通道，境内居民企业更愿意持有外汇资产，以证券投资的方式将资产放在海外市场，这也会鼓励国内外汇分流，藏汇于民。同时，给持有外汇的居民开辟投资海外市场的渠道。总体看，对外债权的投资收益率将会明显提高。

---

① Qualified Foreign Institutional Investor，指合格境外机构投资者。
② RMB Qualified Foreign Institutional Investor，指人民币合格境外机构投资者。

紧锣密鼓

随着试点启动后"加速键"被相继摁下，"沪港通"的"马力"逐步提升。

2014 年 6 月 13 日，证监会正式发布《沪港股票市场交易互联互通机制试点若干规定》；10 月 31 日，财政部、国家税务总局和证监会联合下发通知，为推动"沪港通"试点开展，在税收政策方面给予适当优惠；11 月 14 日，财政部、国家税务总局、证监会联合公布"沪港通"试点及 QFII 等税收政策；11 月 17 日上午 9 时 30 分，"沪港通"试点同时在上海和香港两地正式启动，沪股通首笔交易为伊利股份，港股通首笔交易为长江实业。

中国资本市场的又一个新篇章，自此徐徐翻开。

2014 回望

一个克服困难的 7.4%

看似不足的成绩

2014 年，中国经济增速降至 24 年来的最低点，全年增长 7.4%。虽然这种增长速度对大多数国家来说是喜人的，但没有达到政府的预定目标 7.5%。

不过，正如澳新银行中国区首席经济学家刘利刚所言："2014 年的 GDP 数据优于市场预期，几乎实现了目标。这个结果不是太糟。"

穆迪公司分析师陈志雄也称，"经济增长放缓是自然现象，并不一定是经济衰退的信号，中国经济增长放缓与其发展及人口变动都有关系"。

国家统计局局长马建堂对 2014 年的经济增长表示满意，"7.4%是一个克服困难的 7.4%，是一个克服压力的 7.4%。7.4% 符合'新常态'下经济发展增速换挡的客观规律"。

更何况，政府对 2014 年制定的城镇新增就业 1000 万人的目标超额完成；通胀率维持在 2%，为 2009 年以来最低水平；中国对外投资首次突破 1000 亿美元大关，达到 1029 亿美元，比 2013 年增加 14.1%。这些数据都令人欣喜。

在国家统计局官网发布的《2014 年国民经济在新常态下平稳运行》中，对 2014 年有如下表述："国民经济在新常态下保持平稳运行，呈现出增长平稳、结构优化、质量提升、民生改善的良好态势。"

中国成全球经济支柱

尤令人瞩目的是，虽然 2014 年的全年数据，乃中国于 1990 年实现 3.8% 经济增速以来最低的经济增长率，却是 2014 年全球经济的一大支柱。

外媒称，2014 年中国名义 GDP 达到 636463 亿元人民币，排在世界第二位，已远远超过日本，相当于后者的两倍多。

英国《金融时报》网站则称，2014 年中国出现近 1/4 世纪以来的最慢经济增速，但中国已超过美国成为以购买力平价计算的全球最大经济体。今后几年，中国经济增速预计会继续放缓。其中部分原因是中国的经济规模已今非昔比——以绝对数量而言，2014 年 7% 的增长量相当于几年前 10% 的增长量。

其实，中国高层曾表示，中国经济增长目标是灵活的，只要就业形势稳定，不必为经济增长放缓担忧。

总而言之，未来依旧可期。2014 年，再见！

第四章

2015

一定能够顶住经济下行压力

对全球经济而言，2015 年注定是生死攸关的一年。

——国际货币基金组织总裁拉加德（Christine Lagarde）

从经济发展的转型意义来看，2015 年是最关键的一年。从改革不断深化的角度来看，2015 年也是最重要的一年，所以注定了它的不平凡。

——国务院参事、CCEF 主席夏斌

中国经济以拔得头筹之势进入 2015 年，并很可能长时间执此牛耳，即使不能永久保持。中国已经回到了它在人类历史上大多数时间里所占据的地位。

——诺贝尔经济学奖得主约瑟夫·斯蒂格利茨（Joseph E. Stiglitz）

《关于促进互联网金融健康发展的指导意见》，开启了中国互联网金融行业规范发展的新起点。

——陆金所董事长兼 CEO 计葵生

科技创新板可以说是中国资本市场上首个真正意义上的注册制。

——上海股权托管交易中心党委书记、总经理张云峰

本章导图

《关于做好个人征信业务准备工作的通知》 ——1月—— 我国个人征信业务的市场化闸门正式开启

《关于中信银行等27家银行开办信贷资产证券化业务资格的批复》 ——1月—— 推动我国信贷资产证券化业务落地

股票期权上市 ——2月—— 填补国内证券交易所产品空白,拉开场内期权市场发展序幕

中国版"以房养老"破冰 ——3月—— 保险业尝试服务老龄化,改善老年人的晚年生活

《大额存单管理暂行办法》 ——6月—— 进一步助推利率市场化改革

《中华人民共和国商业银行法修正案(草案)》 ——6月—— 存贷比监管改革迈出实质步伐

《关于积极推进"互联网+"行动的指导意见》 ——7月—— 构筑经济社会发展新优势和新动能的重要举措

《关于促进互联网金融健康发展的指导意见》 ——7月—— 中国互联网金融自此进入"有法可依"的规范发展新纪元

《基本养老保险基金投资管理办法》 ——8月—— 批准养老金入市,深刻影响资本市场

上海"科技创新板"开盘 ——12月—— 进一步完善上海多层次资本市场体系、推进上海自贸区和国际金融中心建设

2015
预　判

注定是生死攸关的一年

时间的"车轮"驶入 2015 年。在金融危机进入"七年之痒"，全球经济增长仍未复原至危机前水平的情况下，新一年的前景似乎愈显扑朔迷离。

分化将加剧

市场普遍预计，尽管 2015 年全球经济大格局基本确定为：全面性的、平稳的、温和的复苏；发生系统性金融风险、经济危机的可能性不大，但是，各个国家及区域间的分化将明显呈现。

2014 年 12 月 29 日，英国《金融时报》发表安联集团首席经济顾问穆罕默德·埃尔－埃利安（Mohamed El-Erian）的分析文章称，随着发达世界内部在经济和政策上的差异化日益加剧，新兴经济体间的差距也将逐渐拉大。韩国等国如能推进各自的结构性改革，将进一步提高其全球经济地位；在另一端，俄罗斯和委内瑞拉则将面对衰退、通胀和金融不稳定的多重威胁。

文章认为："美国将在 2015 年继续稳步复苏，提高未来经济起飞的概率，这将有助于解决遗留的举债过重的问题。美联储会觉得既有能力，也愿意，让非常规货币政策继续渐进有序地回归常态，在最近退出量化宽松的基础上，将提供不那么激进的前瞻性政策指引，并从 2015 年年中开始加息。"

文章称：相比之下，"对欧洲和日本来说，增长停滞和围绕某些国家较长期债务格局的挥之不去的担忧，将会挑战此类国家的经济基线。它们的央行将被迫进一步推出实验性货币政策，尤其是鉴于相关经济体的风险天平由于种种经济、地缘政治、国内及地区政治因素而偏向下行趋势"。

不确定性将大增

联合国则在《2015 年世界经济形势与展望》报告中提出，未来两年全球经济面临众多风险和不确定性因素，包括：美联储提高利率给金融市场和新兴经济体带来不确定性，欧元区经济仍然存在脆弱性，新兴经济体增长继续下行，地缘政治与武装冲突，埃博拉病毒进一步扩散，等等。

这倒应了"股神"巴菲特（Warren E. Buffett）那句名言："未来唯一确定的就是不确定。"

IMF 总裁拉加德（Christine Lagarde）更是多次提醒，对全球经济而言，2015 年注定是生死攸关的一年。

2015
远　瞩

一定能够顶住经济下行压力

全球大局如斯，2015 年中国经济会向何处去？彼时，市场因 2014 年中国经济增速放缓，以致对其能否在 2015 年重新加速产生了隐忧。有些学者甚至悲观地认为，拉动中国经济增长的投资、出口和消费都出现萎缩迹象，加之虚拟市场不断"吞噬"实体经济，中国经济发展未来有可能加速下滑。

直面挑战

其实，决策层并不讳言 2015 年面临的问题。

"投资增长乏力，新的消费热点不多，国际市场没有大的起色，稳增长难度加大，一些领域仍存在风险隐患。工业产品价格持续下降，生产要素成本上升，小微企业融资难融资贵问题突出，企业生产经营困难增多。经济发展方式比较粗放，创新能力不足，产能过剩问题突出……"2015 年 3 月 5 日，国务院总理李克强在第十二届全国人民代表大会第三次会议上作政府工作报告时直言，我国经济下行压力还在加大，发展中深层次矛盾凸显，2015 年面临的困难可能比 2014 年更大。

但李克强同时指出，我国仍有巨大的潜力、韧性和回旋余地。新型工业化、信息化、城镇化、农业现代化持续推进，发展基础日益雄厚，改革红利正在释放，宏观调控积累了丰富经验。

2015 年"我们要把握好总体要求，着眼于保持中高速增长和迈向中高端水平'双目标'，坚持稳政策稳预期和促改革调结构'双结合'，打造大众创业、万众创新和增加公共产品、公共服务'双引擎'，推动发展调速不减势、量增质更优，实现中国经济提质增效升级"。李克强称，中国有 13 亿人口、9 亿劳动力资源，人民勤劳而智慧，蕴藏着无穷的创造力。"千千万万个市场细胞活跃起来，必将汇聚成发展的巨大动能，一定能够顶住经济下行压力，让中国经济始终充满勃勃生机。"

看到潜力

"从经济发展转型和改革两个维度同时思考，2015 年将是关键的一年，也是不平凡的一年。"国务院参事、CCEF 主席夏斌认为，面对经济增速换挡，既要正视转折中的困难，也要看到增长的潜力。

夏斌表示，中国巨量人口下的消费阶层和城乡发展差距的空间，中国的高储蓄率，制度红利空间，以及经过改革开放 35 年历练的劳动大军，决定了中国经济仍可在大国经济体中保持相对较高的增长率，加之在简政放权、发展新行业和新领域方面已进行一系列改革和创新，产业结构、需求结构、区域结构、收入分配结构等，正朝着好的方向进行结构调整。因此，要坚持全面深化改革不动摇，不犯战略性的决策失误，2014 年和 2015 年会在今后 20 年、50 年甚至 100 年的中国历史记忆中凸显其转折意义。而且时间越长，看得越清。

诺贝尔经济学奖得主约瑟夫·施蒂格利茨（Joseph E. Stiglitz），更是在美国《名利场》杂志 2015 年 1 月号发表题为《中国世纪》的文章称："2014 年是美国能够号称自己是全球第一大经济体的最后一年。中国经济以拔得头筹之势进入 2015 年，并很可能长时间执此牛耳，即使不能永久保持。中国已经回到了它在人类历史上大多数时间里所占据的地位。"

这无疑是对中国经济前景作出的最佳预言。

中国未来重在做好三件事

当然，对中国经济发展持有信心是一回事，直面问题则是另一回事。要真实感受经济"冷暖"，GDP 作为能较全面反映和衡量一个国家或地区经济发展总体状况的重要指标，或许是"最好的温度计"。

经济增长有底无高度

2014 年末，中国社会科学院将 2015 年中国 GDP 增速的预测下调至 7%；中国人民大学在题为《步入"新常态"攻坚期的中国宏观经济》的报告中预计，2015 年 GDP 增速将在 7.2%。

摩根大通亦预测，2015 年中国经济增长将由 2014 年的 7.4% 放缓至 7.2%。

"在经济再平衡的过程中，2015 年（中国）的经济增长格局可能不会有太大变化。"摩根大通中国首席经济学家朱海斌表示，"拖累（中国）经济增长的主要因素有房地产投资增速持续放缓，以及一部分制造业部门的产能过剩。"

花旗银行在《2015 年中国经济展望》中称，自 1970 年以来，中国经济增长平均以七年为一个周期，从 2007 年开始的过去一个周期中，GDP 增速已减半，从 14% 左右回落至 7% 左右。2014 年处于两个周期的节点，中国关于经济新常态的思维或预示另一个周期的开始。预计新周期（2015—2021 年）中国经济增长将趋于相对稳定，在 6% 至 7% 范围内小幅波动。

民生证券首席经济学家邱晓华、副总裁管清友在合著的《新常态经济：中国经济新变局》（中信出版社 2015 年 5 月版）一书中称，2015 年中国经济，政策托底可保增长底线，企求更高增长不可能，也无必要。总的看，2015 年中国经济增长有底无高度。为什么有底？这是因为从短周期经济运行看，政府有足够的调控力量和政策空间，也有足够的物质和行政手段托底，因此不会出现断崖式下滑。"领导人的共识就是必须守住经济增长底线，在这个前提下，增速的波动可以接受。这个底线是多少？也就是说 2015 年经济预期增长速度目标会是多少？现在看来，GDP 增速 7% 左右是底线。这一共识有助于决策层能够很快形成对经济有效管理的决策，不至于丧失政策的时效性，可以及时化解经济运行的突出矛盾。"

需要注意的是，回溯 2014 年 12 月召开的中央经济工作会议，"稳中求进"连续第四年成为中国经济工作总基调；"努力保持经济稳定增长"被列为 2015 年中国五大经济任务之首；"一带一路"、京津冀协同发展、长江经济带，首度并列成为中国优化经济发展空间格局的三大战略。

会议明确，2015 年要坚持以提高经济发展质量和效益为中心，主动适应经济发展新常态，保持经济运行在合理区间，把转方式调结构放到更加重要的位置；要努力做到调速不减势、量增质更优。

这说明中国越来越认识到，虽然经济快速增长，各项建设取得巨大成就，却也付出巨大的资源和环境代价。虽然自 20 世纪 80 年代初以来，中国 GDP 平均增速达到 9.8%，美国仅为 2.7%，但"以量求胜"的阶段已经结束，中国经济要进入"以质求胜"新阶段，要的是增长中高速、质量效益中高端、实实在在惠及百姓的 GDP。

换句话说，2015 年的中国经济已不唯 GDP 论。当然，这不等于不谋发展，不等于没有发展的压力，而是压力更大了、要求更高了、任务更重了。

新增长动力何在

新的一年，中国经济发展的新增长动力何在？

花旗银行中国区首席经济学家沈明高的看法是，不能指望像过去那样可以找到单一的、新的增长动力把整个经济带动起来，未来经济增长动力必须多元化。

"多元化的增长动力，可能具有明显的波动性。"沈明高举例，中国的汇率形成机制比较僵硬，增加其弹性，短期内或会导致人民币贬值，但将来可能还会升值。新的增长动力并不总是对经济增长形成支持，可能某一阶段是支持，另一阶段却有负面作用。在新常态下发掘新的经济增长动力，从政府和市场角度来说，应当容忍经济波动幅度扩大，提高经济的灵活性。"适当容忍经济增速放缓，本身就是一种红利。对于低增长红利，我们要欢迎，而不是人为将经济增速保持在一个不可持续的水平。"

做好三件事

沈明高进一步提出，要推动经济增长，中国未来重在做好三件事。

一是增加有效需求。"全球金融危机后，国际贸易复苏没有与经济复苏同步，即存在一定程度的去全球化现象。中国制造业占全球制造业比重达22%，如果保持过去十年的中国制造业增速，若干年后，全球大部分制造业将会在中国。但这是不可能的，因为过去制造业高速增长的时代很难再复制，所以要适当降低制造业增速，要提高质量，并增加国内需求。"沈明高表示，国内需求存在被扭曲和被抑制的情形，怎样增加有效需求是最基本红利，不应舍弃它而去追求其他更长期目标，因为后者对当下GDP的帮助有限。

二是提高投资效率。沈明高指出，必须抑制无效和低效信贷需求，走中央政府加杠杆、地方政府去杠杆的道路。同时，国企也会逐步去杠杆。中国非金融企业债务占GDP的比重乃全球最高之一，一个原因就是国企资产太重。过去企业论英雄主要看资产规模，不是看投资回报。如果未来以投资效率做评价，国有企业改革将是必然，希望这个速度能加快。"未来实体经济中，地方政府和国企的融资冲动被适当抑制，一部分国有经济退出，给民营经济的蛋糕可能就会大一些，民企的资金成本才有可能逐步下降。"

三是加快创新。"创新是一个非常长期的过程。怎样保护知识产权、提高人力资本、增加税收激励，这三个因素都是创新必备的条件。"沈明高称。

2015
首 席 说

把改革开放扎实推向纵深

"把改革开放扎实推向纵深。改革开放是推动发展的制胜法宝。必须以经济体制改革为重点全面深化改革，统筹兼顾，真抓实干，在牵动全局的改革上取得新突破，增强发展新动能。"这是 2015 年《政府工作报告》定下的"主基调"。

自党的十一届三中全会拉开改革帷幕以来，至 2015 年，中国已在改革征途上跋涉 36 个年头，极大释放经济发展潜能，一跃成为全球第二大经济体。然而，以 2008 年国际金融危机爆发为界，全球经济进入深度调整期。受国际市场萎缩及国内一系列结构问题双重挤压，中国经济曾令全球瞩目的两位数增长画上句号。

鉴于 2015 年既是"十二五"规划收官之年，也是"十三五"规划编制之年，中国能否在未来几年完成经济转型、社会转型、政府转型，事关能否成功跨越"中等收入陷阱"、实现 2020 年全面建成小康社会目标，以及顺利推进中华民族伟大复兴进程。这是改革被重新置于"重中之重"的根本原因。

对于这道名为"改革"的深刻命题，CCEF 专家们做了深度思考。

银河证券首席经济学家潘向东表示，2015 年最有可能的改革有两项，一是地方国企改革，二是价格改革。"但我最期待金融改革。金融改革一动，整个转型就随之而来。"

海通证券首席经济学家李迅雷同样期待金融改革，"我希望放松金融管制，打破审批，让直接融资规模得到进一步扩大"。同时，他也期盼地方政府改革，比如地方政府融资平台去掉后，新的预算法怎样使地方政府在支出上更加公开透明，以及让地方政府为公共服务和社会福利做工作，而不是招商引资。

摩根大通中国首席经济学家朱海斌认为，金融改革方面，一个是存款保险制度，另一个是资本市场进一步开放，包括股市 IPO 由审批制转为注册制、上市公司退出机制，以及自贸区改革的推进，尤其负面清单的进一步缩短都是非常重要的举措。此外，2015 年是推进资源产品价格改革非常好的一个时间窗口，诸如水、电、气、交通等，看能不能抓住低通胀的机会，向前推一大步。

财政改革挑战何在

"我更期待 2014 年已经破题的改革，在 2015 年平稳扎实落地。"兴业银行首席经济学家鲁政委表示，包括农村土地流转、存款保险制度、"一带一路"等几项改革，都期待年内能有切实落地的措施。

鲁政委特别就《预算法》修订指出，历史研究表明，财政问题是理解一切制度变革的基础，规范的财政是真正划分清楚政府和市场边界，让市场起决定作用的根基，所以该法修订对未来的改革具有里程碑意义。"但挑战在于，地方政府行为能否真正做到规范，以及规范后，以往由地方政府融资平台支撑的投资怎样平稳对接。尤其短期内，靠 PPP[①] 和特许经营权能否吸引到足够的民间资金。"

---

① Public-Private Partnership，又称 PPP 模式，即政府和社会资本合作，是公共基础设施中的一种项目运作模式。

广发证券首席经济学家刘煜辉分析，财政改革的关键在地方政府，后者要将账务上报，会涉及整个利益的调整，对市场的冲击和产生的风险比较大。

多项改革齐头并进

国泰君安证券首席经济学家林采宜认为，2015年首先是投融资体系改革。"如果说，过去十来年中国经济高速增长是靠信贷体系支撑，未来二十年就是创业的时代。这是一个股权融资机制，我们有多层次的资本市场，有新三板、创业板，还有各种各样的股权市场，它们支撑了中国企业的创业发展。也就是说中国企业的资产负债表，相对来说负债率偏高，把它降低是我们将来的希望。目前注册制是众望所归。这一块阻力比较小。"

"其次是社会保障体系改革，即政府如何调整财政支出。"林采宜表示，美国、日本和欧盟等发达经济体的医疗、卫生、教育、社保等财政支出都超过一半以上，国内目前只有30%多。所以，政府要考虑如何增加医疗保障和卫生社保。

瑞银证券中国首席经济学家汪涛认为，为了稳增长，预计决策层将加速推动有利于增长、能够扩大内需的改革，包括进一步简政放权，推行"负面清单"管理；加快中小城镇户籍改革；进一步扩大养老和医保覆盖范围，使异地结算和转移更加便利；进一步降低社会资本和外资进入公共事业和服务业的门槛，以及加快包括农地流转在内的农村改革。

2015
金融市场改革五箭连发
个人征信业务市场化"开闸"

说起2015年改革大潮中的金融市场化改革，当年伊始就迈开了大步！

1 月初，央行发布《关于做好个人征信业务准备工作的通知》（以下简称《通知》），要求芝麻信用、腾讯征信、深圳前海征信、鹏元征信、中诚信征信、中智诚征信、拉卡拉信用、北京华道征信等 8 家机构做好个人征信业务的准备工作（为期 6 个月）。此举意味着，我国个人征信业务的市场化闸门正式开启。

可持续发展之必需

顾名思义，个人征信业就是收集个人信用信息、提供个人征信服务的行业。

一直以来，我国提供个人征信服务的权威机构是央行征信中心及其下属的上海资信公司。其中，前者作为央行直属事业单位，专门负责我国企业和个人信用信息基础数据库的建设、运行和维护。

经过多年发展，央行运行的金融信用信息基础数据库，即央行征信系统，成为国内金融领域乃至整个市场经济的重要基础设施。截至 2014 年 10 月末，央行征信系统收录 1963 万户企业及其他组织和 8.5 亿自然人的数据；覆盖大部分从事信贷业务的机构，对信贷市场覆盖率达 90% 以上。除了作为核心信息的信贷信息，征信系统还采集一些数据基础好、对金融机构评估风险有帮助的非银行信息，如社保信息、公积金信息、环保信息、法院信息、公用事业信息等。同时，信用报告查询终端已基本覆盖金融机构所有的信贷业务网点，仅 2014 年前 10 个月，企业和个人征信系统的查询量就分别达到 8398 万次和 3.27 亿次。

不过，鉴于我国经济生活中存在大量失信行为，从长远和可持续发展角度看，中国征信体系建设需要一个发达的征信市场，建立社会征信体系不能依靠市场漫长的自我发育过程，政府的推动与培育必不可少。

注入更多互联网元素

央行在《通知》中提出，8 家机构要严格按照《征信业管理条例》

和《征信机构管理办法》进行准备和完善，达到相关法律法规要求，切实做到依法合规。

从首批机构名单不难看出，监管层有意向征信行业注入更多互联网元素。因为互联网金融领域风生水起的"三马"——阿里、腾讯、平安，均各获一席，可见《通知》出台的一个重要背景与互联网金融崛起有关。毕竟互联网金融业务的发展离不开征信这一重要的基础工具。个人征信市场被看作互联网金融领域的"蓝海"，互联网大数据机构可依靠技术手段，以电子商务、社交网络为平台采集信息，提供信用信息服务，成为新型征信机构。而名单中的另5家，皆系多年从事征信业务的老牌征信机构。

虽然《通知》并不意味着牌照发放，也不等于可以合格开展业务，但能够确定的是，我国征信系统格局将以央行征信中心为主导，建设多层次征信机构的市场体系。征信中心是国家层面的，负责全国统一信用信息基础数据库的建设、运行和管理，主要负责防范金融风险及银行等传统金融的消费信贷服务。多层次的征信机构则在互联网金融等新兴领域发挥作用。

值得一提的是，根据中银国际发布的互联网金融行业研究报告《互联网金融行业周资讯（2015.11.30—12.04）》，自2014年8月央行开放企业征信牌照，此后陆续有三批34家第三方企业获得了企业征信牌照（截至该研报发布），我国征信体系建设只差个人征信开放这"临门一脚"。

银行信贷资产证券化"落地"

这一边，央行为个人征信业务市场化"开闸"。另一边，银监会也于2015年1月13日下发《关于中信银行等27家银行开办信贷资产证券化业务资格的批复》（以下简称《批复》），正式推动我国信贷资产证券化业务落地。

银监会在《批复》中明确，核准的27家银行开办资产证券化业务，应严格遵守《金融机构信贷资产证券化试点监督管理办法》，履行相应备案登记程序，有效防范各类风险。这是信贷资产证券备案制项目的实质性启动。

10 年历程

回首 2005 年我国资产证券化启动试点，至 2015 年初已走过近 10 年，其间，国家开发银行、中国建设银行、中国工商银行等发行了多款信贷支持类证券。受 2008 年国际金融危机爆发影响，试点一度暂停，2012 年 5 月方才重启。2013 年 8 月，国务院常务会议提出进一步扩大信贷资产证券化试点规模，再度将该项目引入发展快车道。

2014 年 11 月，银监会下发《关于信贷资产证券化备案登记工作流程的通知》称，为加大金融支持实体经济力度，加快推进信贷资产证券化工作，根据金融监管协调部际联席第四次会议和银监会 2014 年第 8 次主席会议的决定，信贷资产证券化业务将由审批制改为业务备案制。

2014 年全年，银行间共发行 65 单，总规模 2770 亿元的资产证券化产品。而 2012 年、2013 年发行规模分别仅为 5 单 192.62 亿元、6 单 157 亿元。

中诚信国际发布研报预测，2015 年全年发行总规模在 4000 亿元至 5000 亿元，其中，城商行和农商行在发行单数上将占据半壁江山，交易所市场的资产证券化产品发行规模将呈爆发式增长。

势在必行

在业内专家看来，处于经济增速放缓的新常态下，中国金融体系面临一定风险，加速推动存量金融资产证券化，将为经济稳定发展提供新动力。

2014 年，中国国际经济交流中心副研究员黄志龙曾在接受媒体专访时表示，在国内外经济环境下，推进存量资产证券化势在必行。

从宏观上看，中央货币政策主要的思路还是盘活存量，最主要途径就是推进存量资产证券化。从银行业来看，因为是持有存量信贷资产最大的机构，其最大风险就是存量风险和负债存在严重的期权错配问题[①]，而资产证券化是扩大整个流动性供应的主要途径。从企业和居民的角度看，企业面临融资难、融资成本高等问题，要通过资产证券化来解决。

招商证券称，信贷资产证券化的核心是将流动性差的贷款转化为流动性好的标准资产，并对信用风险重新划分，实现发起机构的风险缓释。就目前银行体系80万亿元表内贷款[②]而言，证券化加速将打开银行腾出信贷额度支持实体经济并优化信贷结构的空间。同时，通过信贷出表[③]转移风险，银行体系不良贷款压力将减轻，也有利于促进银行经营模式从资产持有向资产交易转变。此外，在资产证券化过程中，银行除了作为发起人之外，一般还充当贷款管理机构和资金保管机构等角色，收取保管费和管理费等，增加中间业务收入。

步伐更快

事实上，2014年国务院曾在常务会议中指出，融资成本高仍是突出问题，要进一步有针对性地进行缓解，包括增加存贷比指标弹性、运用信贷资产证券化等方式盘活资金存量等十方面措施，以促进创新创业、带动群众收入提高。

1月8日在北京举行的2015年人民银行工作会议也强调，"金融市场创新发展加快"，"信贷资产证券化试点进一步扩大"。

不难想见，作为"盘活存量"大方向上的重要一步，结合有利的政策和市场环境，资产证券化即将迎来更显身手的春天。

---

① 指没有对期权进行正确估值和选择"行使价"以及量。
② 指正常贷款，能正常收本收息，其收入的利息和本金核算纳入了表内会计科目。
③ 指银行将资产负债表内的贷款，用资产证券化等方式变为表外贷款。

2015 年 4 月 3 日，央行发布"7 号文"，宣布已取得监管部门相关业务资格，发行过信贷资产支持证券且能按规定披露信息的受托机构和发起机构可以向中国人民银行申请注册，并在注册有效期内自主分期发行信贷资产支持证券。

5 月 13 日，国务院常务会议决定，新增 5000 亿元信贷资产证券化试点规模；5 月 15 日，银行间市场交易商协会发布《个人汽车贷款资产支持证券信息披露指引（试行）》和《个人住房抵押贷款资产支持证券信息披露指引（试行）》。

正如中金公司宏观研究团队在一份研报中指出，"中国资产支持证券化出现爆发式增长。随着市场制度的不断完善，监管方式由审批制转为备案制，未来几年资产证券化的发展步伐将会加快"。

中国版"以房养老"终"破冰"

提起"以房养老"，很多人耳熟能详，这是指老年人将名下有完全产权的房屋抵押给险企，继续拥有房屋占有权、使用权、收益权和经抵押权人同意的处分权，并按约定条件领取养老金直至身故。而后，保险公司获得抵押房产处分权，处分所得将优先用于偿付养老保险相关费用。换言之，"以房养老"就是让不动产"动"起来，通过长期、持续、稳定的现金流入，改善老年人的晚年生活。

作为保险业服务老龄化的一种尝试，"以房养老"于 2015 年在国内正式"破冰"。

"破冰"不易

这一年的 3 月 23 日，保监会正式批复幸福人寿《关于〈幸福房来宝老年人住房反向抵押养老保险（A 款）〉保险条款和保险费率审批的请示》，该产品购买人规定为年龄在 60 周岁（含）至 85 周岁（含）之间的自然人，既可以作为主险合同的投保人，也可以是被保险人。保险金额包括主险合同的基本养老保险金额以及养老保险金额，其中，前者由投保人与险企约定并在保单上载明，该金额基于所抵押房屋的评估价值，并在考虑折扣、长期预期增值、预期被保险人平均生存年限、利率、终身给付成本等因素后确定，一经确定不能再做变更。

"破冰"前，"以房养老"在国内已提出多年，却因住房产权、养老习惯等问题，一直没有真正实践。

回溯 2013 年 9 月，国务院在《关于加快发展养老服务业的若干意见》中，提出开展老年人住房反向抵押养老保险试点。

2014 年 6 月 23 日，保监会公布《关于开展老年人住房反向抵押养老保险试点的指导意见》，宣布是年 7 月 1 日至 2016 年 6 月 30 日，在北京、上海、广州和武汉四地，面向 60 岁以上、拥有房屋独立产权的老年人启动试点工作。

直至 2015 年，在多家开展"以房养老"产品研究的险企中，幸福人寿首家递交具体试点方案，并成功拿到"准生证"。

值得一提的是，幸福人寿董事长孟晓苏早在 2003 年就建议在国内开展"以房养老"，被业界视为首倡者。2014 年，他在接受媒体采访时提出，"以房养老"适用于具备"三高"特征的人群（指高房价地区、高潜质房屋、高素质人群的"三高"老人群体）。这主要是考虑在试点期间打消保险公司的顾虑："高房价城市""高潜质房屋"是为了减轻保险公司的担忧，"高素质老人"则是为了避免老人受骗。

审慎实施

保险精算领域专家认为，国内约有占老龄人口 10% 的无子女家庭和"失独家庭"本来就没有传承房产的需要与可能，他们或将是"以房养老"的目标人群，但具体实施须防风险。

南开大学风险管理与保险系教授朱铭来表示，发达国家的反向抵押好处是把风险转移给保险公司，随着物价适当调整，房屋的科学估价、长寿风险由保险公司承担，最后按照大数法则，根据老年人生命长短的平均水平，以房养老保险是可以经营的。但国内保险公司是否具备这种风险分散的精算技术，比如产品量化、房屋价值估算、长寿风险的计算等都存在诸多不确定性。

想来也是考虑到风险，2015年审批时，保监会要求幸福人寿加强销售管理，明确说明"房来宝"的保险责任、责任免除、合同解除等事项，确保消费者正确理解。同时，一般保险产品只设10天犹豫期，而"房来宝"长达30天，给予投保人充分"反悔权"，用意不言而喻。

"以房养老"在国内"破冰"后，有没有获得超预期的市场反响？很遗憾，尽管2015年幸福人寿成为"先锋官"，而后成立的中国银保监会也于2018年8月8日发布《关于扩大老年人住房反向抵押养老保险开展范围的通知》，但从现在可查询到的银保监会统计数据看，截至2019年8月末，"以房养老"逾5年实质性试点运作，只"缘得"区区126件有效保单，市场反应冷清。

问题出在哪里？用幸福人寿方面的话来说，"以房养老"推广难，既难在传统观念束缚，也难在业务复杂，风险多。

此言非虚。一则，国人固有的"养儿防老、资产后传"观念，确非一时就能转变。二则，"以房养老"跨房地产市场、金融、财税等多个行业，存续时间久，除了长寿风险和利率风险，还要考虑房价波动风险、房产处置风险、法律风险，难免使保险公司畏首畏尾。

继续前行

那么，"以房养老"究竟是不是解决养老问题的一帖良方？当然是！中国养老金融50人论坛发布的《养老金融蓝皮书：中国养老金融发展报告（2017）》指出，我国城镇老年人住房拥有率为75.7%，"以房养老"市场规模可达2200亿元。可见，"以房养老"虽小众，但需求潜力不容小觑，关键还得"破难前行"。

对监管部门来说，须加紧从立法层面完善制度对接，如民政部、人社部、司法部、国土资源部、住房和城乡建设部、银保监会等部门，应结合试点中发现的问题，协作推进"以房养老"相关配套政策的制定及落地。对险企来说，无须顾虑重重。银保监会已表态，支持商业保险机构针对"以房养老"探索创新。既然监管部门"撑腰"，险企更当积极向前，有效满足社会养老需求。

相信在多方施策、各方合力下，"以房养老"保险产品的设计初衷会得以实现，"以房养老"的窘境终将被化解，不致成为市场上的过客。

利率市场化制度改革棋至收官

2015 年 6 月 2 日，央行再出"大招"——通过公布并实施《大额存单管理暂行办法》（以下简称《暂行办法》），大大拓宽存款类金融机构负债产品市场化定价范围，进一步助推利率市场化改革。

条件成熟

所谓大额存单，是由银行业存款类金融机构面向非金融机构投资人发行的记账式大额存款凭证，可以转让、质押，是有流动性的存款。其计入一般性存款，需缴准和纳入存贷比考核，可作为银行主动负债管理工具①。

根据《暂行办法》，银行业存款类金融机构可以向个人、非金融企业、机关团体等投资人发行大额存单，个人投资者认购大额存单起点金额不低于 30 万元，机构投资者认购大额存单起点金额不低于

---

① 指银行在可容忍的风险限额内为实现既定经营目标，而对自身整体表内外资产和负债，进行统一计划、运作、管控的过程，以及前瞻性地选择业务决策的管理体系。

1000万元。大额存单期限包括1个月、3个月、6个月、9个月、1年、18个月、2年、3年、5年共9个品种。

同时，央行不再对大额存单的利率作出规定，而是由银行自行确定，可分为固定利率和浮动利率。其中，固定利率存单采用票面年化收益率形式计息，浮动利率存单以上海银行间同业拆借利率（Shibor）为浮动利率基准计息。在利息支取上，可分阶段支取和存单到期后一次性还本付息。

央行有关负责人彼时称，除存款利率外的所有利率管制已全面放开，存款利率浮动区间上限也已扩大到基准利率的1.5倍，金融机构自主定价能力显著提升，分层有序、差异化竞争的存款定价格局基本形成，"推出大额存单的条件和时机已经成熟"。

优势独到

央行负责人话音刚落，工、农、中、建、交等五大行，以及中信、浦发、招商、兴业等四家股份制银行纷纷宣布，定于2015年6月15日发行首批大额存单。

《人民日报》刊文指出，大额存单之所以在短时间内聚起高人气，归根到底，在于其从诞生之日起就被注入了强大的市场化基因。

一方面，大额存单具有良好的流动性，不断变化的交易价格为市场参与者提供定价参考依据。根据《暂行办法》，大额存单既可通过第三方平台转让，也可根据条款约定提前支取和赎回，还可用于办理质押。活跃的交易，在满足投资者流动性需求的同时，也将传递准确的市场信号。

另一方面，之前的各种新金融产品，往往会经历审批、审核，再逐步放开的过程。而大额存单的发行机构只需于每年首期发行前，向央行备案年度发行计划。至于具体什么时间发行、发行多少，机构有相当大的自主空间，可根据市场情况和自身经营需要择机而定。这样的发行机制，决定了大额存单从一开始就实现了较高程度的市场化。

重大标志

除了实现收益性、流动性和安全性的有机结合，拓宽民众投资渠道，且凭借相对灵活的市场利率定价，对银行存款起到稳定效果外，大额存单更积极的意义在于敲响利率市场化的"收兵锣"。

早在《2002年中国货币政策执行报告》中，央行公布我国利率市场化改革的总体思路是：先外币、后本币；先贷款、后存款；先长期、大额，后短期、小额。时至2015年，债券和同业拆借市场已非常接近完全的市场化定价，人民币贷款利率也于2013年7月全面放开。由此，存款利率放开被业界广泛视为利率市场化的"最后一公里"。而大额存单落地，表明存款利率市场化又向前迈进一大步。

"这是一个具备发现存款实际利率功能的强大工具，比起同业存单，它会成为更重要的负债边际成本衡量工具，也会进入内部资金转移定价 ① 指标利率，从而对资产利率施加影响。"平安证券固定收益部副总经理石磊表示，这是利率市场化进程的重大标志，比存款利率上限浮动重要得多。

中国农业银行战略规划部高级宏观分析师袁江认为，随着大额存单的推出，存款利率浮动空间会被逐步打开。

中国社科院金融研究所副所长殷剑峰直言，大额可转让存单作为利率市场化的重要催化剂，能更好地让市场在资金利率上发挥作用。

兴业银行首席经济学家鲁政委表示，大额存单是培育未来存款利率市场化定价的参照，是彻底解除存款利率管制的倒数第二步。它丰富了金融市场的投资工具谱系，有助于银行在利率市场化压力下采用透明规范的手段稳定负债。未来大额存单将成为银行负债的主要组成部分之一，有助于存款人在享受限额内存款保险的情况下，提高存款的流动性。

---

① 指商业银行内部资金中心与业务经营单位按照一定规则全额有偿转移资金，达到核算业务资金成本或收益等目的的一种内部经营管理模式。

最精辟的观点，或来自国泰君安证券首席经济学家林采宜："作为一种有价证券，大额存单可以通过第三方平台转让，并可以用于办理质押业务，包括但不限于质押贷款、质押融资等。作为一种无风险、高流动性的金融产品，大额存单不仅扩大了商业银行对存款类产品的定价权，而且完善了信贷产品的收益率曲线，为资金的合理定价提供了市场化基础，我国历时近30年的利率市场化改革终于步入收官阶段。"

75% 存贷比红线成历史

2015年6月24日，国务院常务会议通过《中华人民共和国商业银行法修正案（草案）》，其中删除贷款余额与存款余额比例不得超过75%的规定，将存贷比由法定监管指标转为流动性监测指标。此举标志着中国银行业实施多年的75%存贷比红线将成历史，存贷比监管改革迈出实质步伐。

防止银行过度扩张

存贷比又称贷存比，指商业银行贷款余额与存款余额的比例。20世纪90年代初，存款不足长期困扰我国银行业，商业银行主要依靠从央行借钱（再贷款）来进行贷款扩张，长期处于贷差状态，即存贷比大于100%。

1994年，我国通胀率高达24%，而紧缩信贷是反通胀的主要手段。基于这一背景，1995年颁行的《商业银行法》将存贷比作为银行主要的流动性风险监管指标之一，并规定"贷款余额与存款余额的比例不得超过75%"。自1998年起，首先面向国有商业银行实施这一制度。

很长时间内，商业银行主要靠息差赢利。存款多、贷款少，即银行付出的存款成本多，收到的贷款利息少，赢利差，反之则赢利能力好。而矛盾的是，若银行一味追求利润，就会无止境放贷。但从储户资金安全角度来说，银行需要支付央行的存款准备金，还要支付日常的资金支取和结算，这就要求其不能无止境放贷。于是，存贷比就作为防止银行过度扩张的指标而出现。

副作用凸显

虽然存贷比在一定程度上对银行经营行为进行了约束，但随着利率市场化推进，存贷比指标的副作用凸显，最典型的莫过于高息揽储。为达到75%的红线，银行不得不加大吸存力度，尤其以月末、季末、年末等考核时点为甚。

根据银监会的统计数据，2014年12月末，有271家商业银行存贷比在70%以上，其中86家超过75%。从当月日均存贷比看，股份制商业银行为72.42%，接近法定上限；外资银行为78.16%、村镇银行为88.29%，均突破法定上限。

中国社科院金融研究所银行研究室主任曾刚表示，存贷比已不能准确地反映银行业真实的流动性状况。因为银行的业务已不再局限于单纯的存款和贷款，资金来源和使用多元化，存贷比甚至对银行发展形成约束。"存贷比上限监管隐藏着这样一个原则，即商业银行各类资金来源中，只有存款才可以发放贷款。商业银行资本金、发债、同业拆借等资金来源再多，也不能用来放贷。这种背景下，存贷比作为流动性监管指标的意义大幅减弱，并逐渐异化成了对银行信贷规模的约束，因此适当的改革与调整已势在必行。"

曾刚称，存贷比的取消会放开银行在资产端和负债端的束缚，主动负债在银行资金来源中所占的比重将越来越高。银行的发展模式将不再千篇一律，差异化发展将会呈现。同时，将使银行的信贷投放能力得以释放，加大对实体经济的服务力度。此外，存贷比不做强制性要求，有助于建设符合国际标准的新的流动性监管体系。

正式取消

2015 年 6 月 24 日召开的国务院常务会议，决定迈出存贷比监管改革新步伐，引来一片喝彩。

星展集团执行总裁高博德表示，取消存贷比显然是一个很积极的信号，对于外资银行来说也是如此。存贷比取消，存款可以得到更高效率使用，同时利润会提高。此外，"银行行政管理成本过去是很高的，现在随着行政管理成本的缩小，整个银行的运营效率会更高"。

大华银行高级经济师全德健认为，中国取消针对银行的存贷比75% 红线硬性规定正当其时，否则，各大银行在面对新时代竞争时将会束手束脚。与此相应地，通过联合使用软性存贷比指标以及其他内部审慎监管措施，将会为银行业务经营和风险管控提供更多的灵活性。

2015 年 8 月 29 日，《全国人民代表大会常务委员会关于修改〈中华人民共和国商业银行法〉的决定》，由第十二届全国人大常务委员会第十六次会议通过，自同年 10 月 1 日起施行。具体修改如下：一是删去第三十九条第一款第二项"贷款余额与存款余额的比例不得超过百分之七十五"；二是删去第七十五条第三项"未遵守资本充足率、存贷比例、资产流动性比例、同一借款人贷款比例和国务院银行业监督管理机构有关资产负债比例管理的其他规定的"中的"存贷比例"。

至此，75% 存贷比红线被正式"擦除"。

2015
资本市场改革三招齐出

国内资本市场迈入全新期权时代

2015 年 2 月 9 日上午，伴随着中共中央政治局委员、上海市委书记韩正和中国证监会党委书记、主席肖钢共同敲响的开市锣声，国内资本市场期盼已久的新衍生品——股票期权正式上市。经证监会批准，上海证券交易所（以下简称"上交所"）以上证 50ETF^① 为标的，开展期权交易试点。

填补交易所产品空白

作为我国资本市场首个上市期权产品，上证 50ETF 期权填补了国内证券交易所的产品空白，不仅使上交所成为境内第一家产品线横跨现货与衍生品市场的综合型交易所，也标志着国内资本市场有了更灵活的风险管理工具，多层次资本市场建设取得新进展，并拉开场内期权市场发展的序幕，给机构和投资者带来产品创新爆发与投资的新选择。

当然，试点落地前，少不了一连串紧锣密鼓的准备工作。

2015 年 1 月 9 日，证监会发布《股票期权交易试点管理办法》《证券期货经营机构参与股票期权交易试点指引》。其后，上交所陆续发布《股票期权试点交易规则》《股票期权试点投资者适当性管理指引》《股票期权试点做市商业务指引》《股票期权交易取消审核委员会暂行规定》；中国证券登记结算有限责任公司（以下简称"中国结算"）发布《关于上海证券交易所股票期权试点结算规则》；上交所和中国结算联合发布《股票期权试点风险控制管理办法》《关于股票期权结算价格计算方法的通知》。上交所并就证券公司、期货公司具体开展股票期权业务、做市商业务^②、风险控制等核心问题，发布了多项指南性文件。

2 月 3 日，随着上交所发布《股票期权持仓限额管理业务指引》，

---

① ETF，Exchange Traded Fund，即交易型开放式指数基金。
② 指在证券市场上，由具备一定实力和信誉的独立证券经营法人作为特许交易商，不断向公众投资者报出某些特定证券的买卖价格（即双向报价），并在该价位上接受公众投资者的买卖要求，以其自有资金和证券与投资者进行证券交易。

终于形成从规则到指引再到指南等一系列股票期权管理规范框架。

2月9日"首秀"，上证50ETF的表现不负众望：全天总成交量18843张，其中认购期权11320张，认沽①期权7523张；权利金成交额0.287亿元，成交名义价值4.318亿元；全天未平仓合约数②11720张。市场成交情况符合预期。

历史发展之必然

股票期权2015年来华前，在国外已有40多年历史，最早可追溯到芝加哥期权交易所（CBOE）正式成立的1973年，而后逐步发展为全球交易最活跃的衍生品类型。在境外，股票期权作为一种基础金融衍生工具，早已为广大投资者接受，并被广泛应用于风险管理和投资管理等诸多领域。

上交所总经理黄红元指出，管理风险的工具大致有四项：风险分散、风险对冲、风险规避、风险转移。其中，风险分散功能在资本市场中已有基金管理的组合投资方法；风险对冲有股指期货③；风险规避有担保。但具有风险转移功能的金融工具只有期权。"资本市场没有期权，就像实体经济没有保险一样。从这个角度看，资本市场走向成熟，风险管理尤其是股票期权这种工具，还要进一步完备。"

"任何一个大国的崛起，必然离不开一个发达健全的资本市场。而资本市场的发展壮大又离不开'风险管理'四个字。目前，全球排名前20位的交易所中，除我国沪深交易所外，均有股票期权产品。中国资本市场要成熟，要具有国际竞争力，必须完善风险管理工具，这是历史发展的必然。"黄红元称。

---

① 指在约定的未来日期出售约定的标的物。
② 指在某一交收月份期货市场中未通过抵消或交收套现的合约数。
③ 指以股价指数为标的物的标准化期货合约，双方约定在未来的某个特定日期，可以按照事先确定的股价指数的大小，进行标的指数的买卖，到期后通过现金结算差价来进行交割。

对于股票期权落地国内资本市场，CCEF 的专家同样予以极大肯定。

中金公司首席经济学家梁红认为，长期以来，由于缺乏相应工具，国内的投资决策一直被限制在一个相对原始的范围内。事实上，对多空^①方向的判断、对标的涨跌幅度的判断、对市场波动率的判断、对行情短期走势和长期走势的判断，均可通过使用相应期权组合的方法转换为投资决策。从这个意义上看，期权引入的过程，实际也是帮助 A 股投资转向精细化、专业化的过程。

CCEF 理事长、交通银行首席经济学家连平指出，期权可以提供更多观察市场的视角。"期权的价格和成交量往往蕴含大量重要信息，投资者即便不参与股票期权投资，也可从中获得市场对相关标的证券未来波动或走势的预期信息。"

"期权还有助于提供一个更高效、低成本的现货证券市场。"连平称，股票期权有助于提高现货市场流动性，降低买卖价差等交易成本，且有助于壮大 ETF 等现货市场规模，为投资者提供便捷、成本低、透明度高的资产配置工具。

上证 50ETF 股票期权的推出，意味着国内投资者从此走上运用期权，多策略、立体化投资之路。这一历史性时刻，也标志着国内资本市场自此迈入全新的期权时代。

养老金入市方案尘埃落定

2015 年 8 月 23 日，国务院印发《基本养老保险基金投资管理办法》（以下简称《管理办法》），批准养老金入市。

此前，人社部、财政部曾于同年 6 月 29 日公布《管理办法》的《征求意见稿》，收到反馈意见 1000 余条，热点集中在养老金投资股市问题，有的建议投资股票类资产的比例应适当提高，也有建议降低相关比例，

---

① "多"是看涨，是买入；"空"是看跌，是卖出。

甚至"不允许投资股市"。与《征求意见稿》相比，《管理办法》中有关养老金入市上限、投资范围等核心内容并未修改，且明确养老金投资股票、股票基金、混合基金、股票型养老金产品的比例，合计不得高于养老基金资产净值的30%。此外，养老金还可参与国家重大工程和重大项目建设投资；国有重点企业改制、上市，养老金可以进行股权投资。

入市金额巨大

民生证券分析，根据统计公报，2014年末城镇职工基本养老保险基金累计结存3.18万亿元，加上城乡居民养老保险基金累计结存3845亿元，全国基本养老保险滚存①超过3.5万亿元。按照30%的比例，养老基金可以进入股市的金额约为1.05万亿元。

武汉科技大学金融证券研究所所长董登新认为，按照30%净值估算，投资于股票、股票基金、混合基金、股票型养老金产品的养老基金规模约为4500亿元。他表示，"各省养老基金委托投资时，需进一步细化各类标的投资比例，初期在二级市场直接投资的比重可能会进一步限制，以控制风险，估计权益类投资中，直接投资股票的仅在10%左右"。

国金证券首席策略分析师李立峰表示，养老金是百姓的保命钱，政府一直对投资运营持审慎态度，实际操作中会远低于30%上限。如同企业年金和全国社保基金的投资比例上限分别为30%和40%，但实践中遵循的界限大都低于此，毕竟具体操作是由各个市场的投资主体完成，他们也会根据市场状况调整投资比例，并非完全根据上限比例进行投资。

优化投资者结构

对于养老金入市的时点，由于并非政府直接操作，而是授权委托

---

① 指把上一期结存的利息或盈余和本金一起滚入下一期的新账中。

市场机构具体运作，业内普遍认为何时入市需继续观察，最快要一年后。对于养老金入市影响，业内多认为是引入长线投资者，优化市场投资者结构。

星石投资创始人、首席执行官杨玲认为，尽管有多大规模入市、入市具体时间、以何种方式入市都还不清楚，但养老金入市肯定有助于提振投资者信心、稳定市场预期。而且，养老金入市会给 A 股带来源源不断的资金，使 A 股长期走牛的确定性增强。

"我国养老金进行市场化投资运营，必将使资本市场长期性资金明显增加，这对股市短期投机心理将是一个巨大的抗衡力量，有利于减少股指波动的幅度，遏制频发大起大落。"中国社科院世界社保研究中心主任郑秉文分析称，"今后我国资本市场的投资理念将发生变化，养老金作为重要的机构投资者，具有很强的低风险偏好，追求长期稳定收益，且会有源源不断的资金注入，很少频繁换手，将开启价值投资的'开关'，牵引追求长期收益性的投资理念。"

上海"科技创新板"鸣锣开盘

2015 年 12 月 28 日，随着上海市委副书记、市长杨雄敲响开市锣，上海股权托管交易中心"科技创新板"正式开盘。

定位明确

"科技创新板"定位为服务科技型、创新型中小微企业的专业化市场板块，为上交所等相关多层次资本市场孵化培育企业资源。与上海股权托管交易中心市场板块相比，更突出企业的科技创新属性；与相关多层次资本市场相比，向初创期科技型、创新型企业延伸，扩大服务覆盖面，错位发展。

在服务对象上，"科技创新板"重点面向尚未进入成熟期但具有较好的成长潜力，且满足有关规范性及具有较为显著的"四新"（新技术、新业态、新模式、新产业）经济特征的科技型、创新型中小微企业提供服务。

在服务内容上，"科技创新板"更注重利用互联网综合金融服务平台为挂牌企业提供融资等多元化金融服务，促进间接融资与直接融资以"投贷联动""投保联动"等方式加强对科技型、创新型中小微企业的服务。

在服务方式上，"科技创新板"挂牌企业采取非公开发行股份方式进行融资，股份交易采取协议转让方式，根据国家统一部署，适时探索有利于活跃市场交易和提升市场功能的交易制度。同时，建立完善与"科技创新板"相适应的登记结算系统。在合作方式上，"科技创新板"在横向上与传统及新兴金融业态紧密联动，纵向上与"战略新兴板"等多层次资本市场有效对接。

上海市委常委、常务副市长屠光绍在开盘仪式上指出，"科技创新板建设既是上海国际金融中心建设的重要内容，也是金融支持科技创新中心建设的重要举措，将致力于为科技型、创新型中小微实体企业，提供融资、交易、重组并购等综合金融服务"。

屠光绍强调，应从自身建设、参与主体及环境营造三个方面推动"科技创新板"可持续发展，不断提升服务企业的能力，在上海科技创新中心、国际金融中心建设中发挥应有作用。

"科技创新板"首批挂牌企业共 27 家，其中科技型企业 21 家，创新型企业 6 家；19 家企业处于初创期，其余 8 家企业步入成长期。区域分布上，张江一区 22 园内企业共 20 家，其中 10 家位于张江核心园。行业上，分布于互联网、生物医药、再生资源、3D 打印等 13 个新兴行业。首批挂牌企业平均股本 1944 万元，2014 年平均营业收入 2272 万元，平均净利润 123 万元，盈利企业约占 70%。

意义明显

上海市金融服务办公室主任郑杨指出，在上海股权托管交易中心设立"科技创新板"的原因主要有两方面，"首先，这是贯彻落实科创中心建设的一项重要举措，对进一步完善上海多层次资本市场体系、推进上海自贸试验区和国际金融中心建设具有重要意义"。

郑杨表示，《进一步推进中国（上海）自由贸易试验区金融开放创新试点 加快上海国际金融中心建设方案》《关于加快建设具有全球影响力的科技创新中心的意见》《关于促进金融服务创新支持上海科技创新中心建设的实施意见》等文件，都对"科技创新板"建设提出明确要求。证监会《关于支持上海市加快建设具有全球影响力的科技创新中心的实施意见》，也明确支持上海市开设服务中小微科技创新企业专板。

"其次，这是为了贯彻落实国家创新驱动发展战略，充分发挥多层次资本市场在推进上海建设具有全球影响力的科技创新中心中的重要作用，有效缓解科技型、创新型中小微企业融资难问题，助力'大众创业、万众创新'。"郑杨称，"科技创新板"还将试点一系列制度改革与创新，以提升融资、交易、并购、投资退出等功能，实现科技型、创新型中小微企业与资本市场的有效对接。

在上海股权托管交易中心党委书记、总经理张云峰看来，对我国多层次资本市场而言，上海股权托管交易中心科技创新板最大的贡献在于率先探索注册制，因为其要求推荐机构投资挂牌公司并锁定若干年及发行新股时包销股份，确保了推荐机构不会造假和有效控制新股发行节奏，否则遭受损失的就是推荐机构自己。

"科技创新板可以说是中国资本市场上，首个真正意义的注册制。"张云峰如是称。

2015
互联网改革行动两部曲

小小的"+"带来无限遐想空间

2015 年 7 月 4 日，经李克强总理签批，国务院印发《关于积极推进"互联网+"行动的指导意见》（以下简称《指导意见》），明确未来三年及十年"互联网+"发展目标。

11 项重点行动计划

《指导意见》部署了 11 项重点行动计划："互联网+"创业创新、协同制造、现代农业、智慧能源、普惠金融、益民服务、高效物流、电子商务、便捷交通、绿色生态、人工智能等，不仅涵盖制造业、农业等具体产业，也涉及环境、养老、医疗等与百姓生活息息相关的领域。譬如，"互联网+便民服务"提出推广跨地区医保结算等应用；"互联网+健康养老"提出鼓励提供长期个人健康管理；"互联网+在线医疗"提出推动医疗数据跨医院共享；"互联网+普惠金融"提出探索推进互联网金融云服务平台建设，鼓励金融机构利用互联网拓宽服务覆盖面，拓展互联网金融服务创新的深度和广度等。

根据《指导意见》，到 2018 年，互联网与经济社会各领域的融合发展进一步深化，基于互联网的新业态成为新的经济增长动力，互联网支撑大众创业、万众创新的作用进一步增强，互联网成为提供公共服务的重要手段，网络经济与实体经济协同互动的发展格局基本形成。到 2025 年，"互联网+"新经济形态初步形成，"互联网+"成为我国经济社会创新发展的重要驱动力量。

重在如何相加

对于《指导意见》的落地，《光明日报》刊文称："这是推动互联网由消费领域向生产领域拓展，加速提升产业发展水平，增强各行业创新能力，构筑经济社会发展新优势和新动能的重要举措。"

在中国电子信息产业发展研究院院长罗文看来，《指导意见》的出台将推动生产制造模式变革和产业组织创新。智能制造将成为新型生产方式，制造业服务化将成为产业发展新趋势。

东华大学校长蒋昌俊认为，从互联网信息服务的需求看，国民经济的可持续发展急需这样的技术支持，互联网经济对中国 GDP 总量的贡献将从 7% 上升到 22%。同时，互联网信息服务也是我国创新发展的内在需求。

不过，"政府 + 互联网"的关键或许并非简单地应用信息技术、互联网技术去搜集足够多的信息，而是重在如何"相加"。

北京大学光华管理学院院长蔡洪滨认为，"政府 + 互联网"关键在于政府如何转型并积极推动制度创新。"互联网时代最本质的特征是知识经济，所以政府的新型竞争模式是人力资源竞争，而不再仅仅是土地、资源的争夺战。这种竞争模式分为三部分，一是人力资本投资，比如投资教育；二是人才竞争，通过提高环境、医疗、住房等条件吸引人才；三是人才聚集，像硅谷一样汇聚创新型小企业和年轻人"。

推动中国经济扬帆远行

随着《指导意见》落地，一个小小的加号给予人们无限遐想空间，点燃了创业者的梦想。时至今日，网络已深入影响个人和社会生产生活的方方面面，推动中国经济扬帆远行。

在传统服务业领域，随着互联网全面渗透，线上与线下融合，无论产业结构、组织形式，还是资源配置和布局都已发生深刻变革。

在制造业领域，互联网与工业深度融合成为传统制造业转型升级的有力抓手。在互联网技术的支持下，传统制造业在产品的研发设计、制造生产、经营管理及市场销售等各个环节都得到优化和升级，企业的生产效率、产品质量、服务能力获得极大提高。

更不用说"互联网 +"给消费者带来前所未有的流畅体验。现在只要拥有一部手机和网络，动动手指就能足不出户点餐、预约专车接驾、购物送货上门，真正享受定制化、个性化的高端服务。

可以说，2015 年 7 月 4 日播下的一粒政策"种子"，今已开出万千朵花。

中国互联网金融有了"基本法"

2015 年，国内互联网金融正处于迅速发展的进程中。但与此同时，一些问题和风险业已暴露：行业发展"缺门槛、缺规则、缺监管"；客户资金安全存在隐患，发生多起经营者"卷款跑路"事件；从业机构内控制度不健全，经营风险堪忧；信用体系和金融消费者保护机制不健全，从业机构信息安全水平有待提高；等等。

是年 7 月 18 日，野蛮生长的中国互联网金融终于有了"基本法"！

明确措施

当日，人民银行等十部委联合制定并发布《关于促进互联网金融健康发展的指导意见》（以下简称《指导意见》）。自此，中国互联网金融在一定程度上进入有法可依的规范发展新纪元。

按照"鼓励创新、防范风险、趋利避害、健康发展"的总体要求，《指导意见》提出一系列政策措施，而其核心内容，乃立足于支持互联网金融发展基础上的监管和管理，即支持互联网金融发展是第一位。

从整体看，支持互联网金融发展的优惠政策占近 1/3。在第一条"鼓励创新，支持互联网金融稳步发展"中，提出 6 项措施：积极鼓励互联网金融平台、产品和服务创新；鼓励从业机构相互合作，实现优势互补；拓宽从业机构融资渠道，改善融资环境；相关政府部门要坚持简政放权，提供优质服务，营造有利于互联网金融发展的良好制度环境；落实和完善有关财税政策；推动信用基础设施建设，培育互联网金融配套服务体系；等等。

"若深入研究《指导意见》，会发现其中很多表述都不陌生。"北京市互联网金融行业协会会长唐宁表示，过往 9 年行业的发展有很多积累，很多的行业最佳实践落地。监管者也做了大量市场调研，对于市场发展的脉搏、如何处理发展和规范之间的关系，考虑都非常到位。

作用凸显

快钱董事长兼 CEO 关国光认为，《指导意见》将对整个互联网金融的创新起到极大促进作用，不仅对金融产品、业务、组织和服务等多方面会产生深刻影响，也将进一步提升金融服务的质量和效率，推动构建一个丰富且多层次的金融体系，促进互联网金融健康发展。

值得注意的是，此前互联网金融特别是 P2P 行业，一直因为没有经营门槛和标准而鱼龙混杂，有些问题平台甚至本身就在诈骗。《指导意见》就此明确，互联网金融的主要业态包括互联网支付、网络借贷、股权众筹融资、互联网基金销售、互联网保险、互联网信托和互联网消费金融等。

在陆金所董事长兼 CEO 计葵生看来，《指导意见》最重要的是对互联网金融各业态的业务边界的界定和基本业务规则的规定。例如，其规定个体网络借贷业务及相关从业机构应坚持平台功能，股权众筹应定位于服务小微企业和创新创业企业，信托公司不能将产品销售给风险承受能力不相配的客户等。通过对这些业务边界的界定，实际也就划定了互联网金融创新风险底线，有助于互联网金融行业避免过度创新，防范金融风险，避免给投资者以及社会稳定带来危害。

计葵生表示，《指导意见》对互联网金融企业提出的基本业务规则，可以最大限度筛除掉不合格的互联网金融平台，行业的平台运营模式及服务标准也会在严格要求下向更加健康的方向转变。"因此，《指导意见》的出台对互联网金融行业长久发展非常有利，它让真正有实力、模式健康、运营规范的企业更好地服务市场、保护投资者，同时让不合格的企业被淘汰。"

其后的事实证明，《指导意见》既对促进金融包容具有重要意义，为大众创业、万众创新打开大门，同时也在满足小微企业、中低收入阶层投融资需求，提升金融服务质量和效率，引导民间金融走向规范等方面发挥了更大作用。

正如点融网共同创始人、联合首席执行官郭宇航所言，这是一份"牵一发而动全身"的《指导意见》，可谓我国在互联网金融监管道路上迈出的重要一步。

2015
回　望

对国际社会唱衰中国经济作出有力回应

达成预期目标

是年年初，《政府工作报告》为 2015 年经济社会发展定下主要预期目标：国内生产总值增长 7% 左右，居民消费价格涨幅 3% 左右，城镇新增就业 1000 万人以上，城镇登记失业率 4.5% 以内，进出口增长 6% 左右，国际收支基本平衡，居民收入增长与经济发展同步……

历经一年披荆斩棘，2015 年中国经济发展最终交出怎样的"成绩单"？国家统计局的数据显示，2015 年全年 GDP 为 67.67 万亿元，同比增长 6.9%，达到 7% 左右的预期增长目标，在世界主要经济体中位居前列。《政府工作报告》确定的 25 项量化指标任务中，有 24 项如期完成，其中 15 项超额完成。

具体看，2015 年全年全面盘活中央财政存量资金 2370 亿元、中央预算内投资实际下达 5211 亿元；实际完成铁路投资 8238 亿元，新投产铁路里程 9531 公里；新开工 28 个重大水利工程项目，在建工程投资规模保持在 8000 亿元以上；保障性安居工程、棚户区改造、农村危房改造分别安排 783 万套、601 万套和 468 万户；全年粮食总产量 6.21 亿吨，比政府工作报告部署的目标多 0.71 亿吨；全国城镇新增就业 1312 万人；城乡居民基本医保财政补助标准、新农合人均补助标准等均有所提升，完成年度目标……

"这份成绩单再次表明，中国经济稳中向好的态势没有改变。它给国际社会唱衰中国经济作出了有力回应，增强了发展的信心。"国务院发展研究中心宏观经济研究部研究员张立群如是称。

成绩来之不易

在困难和挑战面前，中国经济取得这样一份成绩着实不易。

正如2015年9月10日，国务院总理李克强在第九届夏季达沃斯论坛上特别致辞时所言，尽管经济下行压力较大，但中国没有超发货币，没有搞大规模强刺激，主要依靠改革增强经济活力，既稳定了经济，也为下一步调控留下空间。

"现在中国经济的走势是缓中趋稳、稳中向好，但稳中有难，总体上机遇大于挑战。正是大众的创业创新精神和热情，使我们增强了克服时艰的信心。"李克强彼时称，"我们说中国经济未来向好、更好，并不是盲目乐观，而是有基础、有条件、有动力的。一方面，中国经济有巨大潜力和内在韧性。另一方面，中国推进结构性改革正在源源不断释放改革红利。"

显然，作为第二大经济体的中国，于2015年的砥砺奋进中站上新高度，为世界经济的灰暗色调增添了一抹"中国红"！

2016

在应对挑战中前进，没有过不去的坎

2016 年 GDP 增长的预期目标，也就是 6.5%—7% 的区间。
我们回顾一下，采用区间的这种方式，体现了创新宏观调控、
把握区间调控的新思路。

——国家发展和改革委员会主任徐绍史

建立一个良好的互联网金融生态，促进行业良性健康发展，
需要搭建行政监管和行业自律有机结合的互联网金融管理
体制，中国互联网金融协会是其中的重要组成部分。

——中国人民银行副行长潘功胜

加入 SDR 以后，资本项下人民币国际化会加快发展，并有
助于提升人民币国际储备货币地位，进而带动境外各类机构
包括央行类机构、商业性金融机构以及其他机构对人民币配
置的需求。

——CCEF 理事长、交通银行首席经济学家连平

在新形势下，证监会将以"深港通"为基础，继续推进与更
多亚洲资本市场的互联互通，并着力推进与欧洲各个市场之
间的共同发展。

——证监会副主席方星海

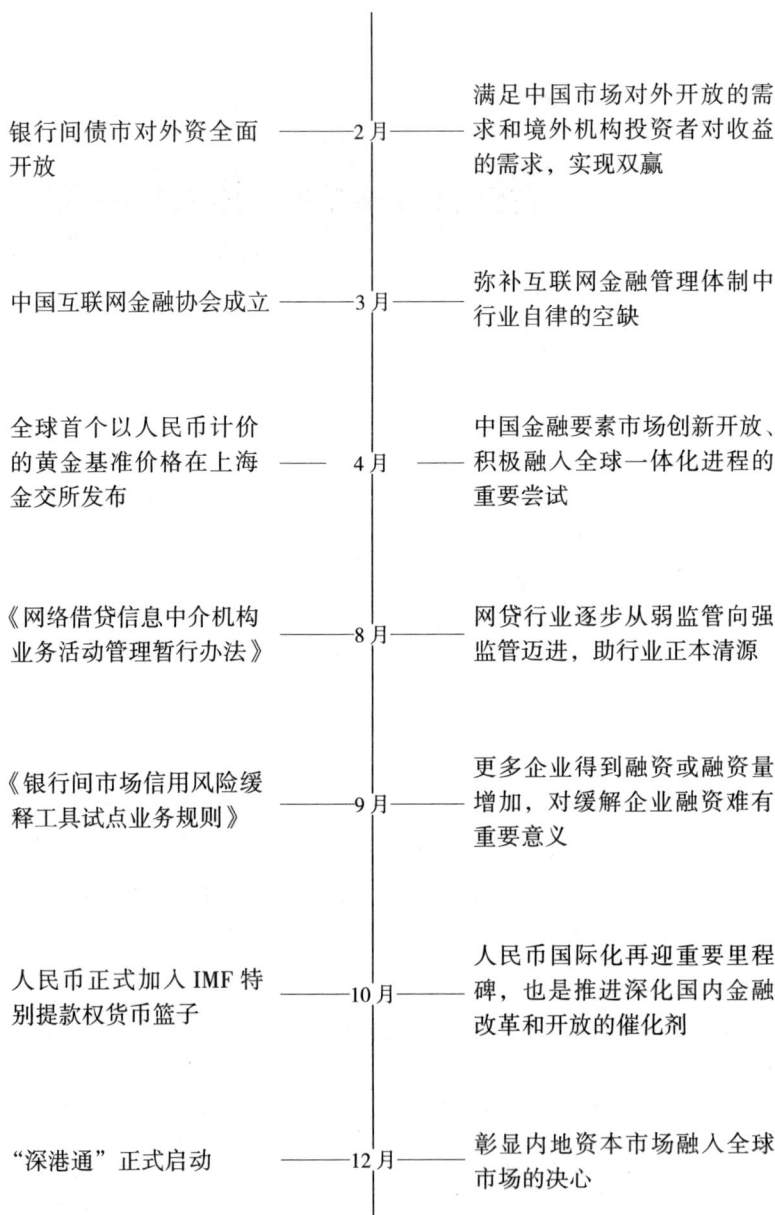

本章导图

银行间债市对外资全面开放 ——2月—— 满足中国市场对外开放的需求和境外机构投资者对收益的需求,实现双赢

中国互联网金融协会成立 ——3月—— 弥补互联网金融管理体制中行业自律的空缺

全球首个以人民币计价的黄金基准价格在上海金交所发布 ——4月—— 中国金融要素市场创新开放、积极融入全球一体化进程的重要尝试

《网络借贷信息中介机构业务活动管理暂行办法》 ——8月—— 网贷行业逐步从弱监管向强监管迈进,助行业正本清源

《银行间市场信用风险缓释工具试点业务规则》 ——9月—— 更多企业得到融资或融资量增加,对缓解企业融资难有重要意义

人民币正式加入IMF特别提款权货币篮子 ——10月—— 人民币国际化再迎重要里程碑,也是推进深化国内金融改革和开放的催化剂

"深港通"正式启动 ——12月—— 彰显内地资本市场融入全球市场的决心

2016
预　　判

没有过不去的坎

站在 2016 年的年头，从权威机构的预测来看，世界经济前景"喜忧参半"。

两大世界组织"喜忧交加"

比如联合国，其在 2016 年《世界经济形势与展望》报告中"喜"称，受益于更加协调的财政及货币政策，2016 年和 2017 年世界经济将出现温和回暖，预计增长率分别为 2.9%、3.2%。

但联合国"忧"的是，2016 年世界经济面临五大困境，分别是：宏观经济不确定持续；大宗商品价格走低和贸易疲软；汇率和资本流动波动加剧；投资生产增长停滞；金融与实体经济活动走势分离。

又如世界银行，其在 2016 年首期《全球经济展望》报告中"喜"称，随着发达经济体增长逐渐加快，世界经济增速应能从 2015 年的 2.4% 温和回升至 2.9%。但令其"忧"的是，主要新兴市场国家增长乏力将拖累 2016 年世界经济增长。

"大型新兴经济体的增长放缓速度快于预期，可能产生全球性的后果。"世界银行高级副行长兼首席经济学家考什克·巴苏（Kaushik Basu）指出，前景面临的风险还包括围绕美联储紧缩周期产生的金融压力，以及地缘政治紧张加剧。

中国直面严峻经济形势

显然，2016 年的世界经济前景"让人捏一把汗"。对中国来说，这意味着经济发展的外部环境不甚乐观。那么，内部环境又是如何？

国家发改委经济研究所课题组的报告称，2016 年我国投资增长可能降至 9% 左右。其中，制造业投资增速可能下降 1.5%，房地产投资可能降至零增长，基础设施投资增长可能回落 2%。投资增速下滑之外，消费或将进入个位数增长。

"2016 年，我国经济受结构性和周期性因素双重影响，预计下行压力继续加大。"瑞银证券中国首席经济学家汪涛认为，受人口老龄化、资源环境压力等因素影响，我国经济潜在增速逐渐下降，之前长期积累的结构问题亦突出显现。同时，前十几年拉动经济的最重要引擎——房地产建设正在经历去库存。它的下行，使相关传统工业也面临痛苦的调整。

"预计政府会增加财政支出、加大基础设施投资力度，并通过简政放权、减税等各类促增长措施，支持服务业和新兴产业发展，还会进一步放松房地产政策。尽管如此，房地产建设量持续下滑、工业和采矿业产能过剩，可能会进一步拖累工业需求和固定资产投资，即政策支持恐难完全抵消强大的下行压力"。汪涛预计，2016 年中国实际GDP 增速将进一步放缓至 6.2%。

财新智库首席经济学家何帆指出："2016 年，随着美联储进入加息周期，全球市场动荡或进一步加剧。（中国）政府应重视短期外部风险，实施预调微调的宏观经济政策组合，避免经济出现断崖式下跌，同时继续推进供给侧改革，尽早释放改革红利。"

看来，2016 年我国经济发展面临的挑战还是要用两个字概括——严峻。但那又怎样！正如国务院总理李克强在这一年的年初所言："困难和挑战并不可怕。中国的发展从来都是在应对挑战中前进，没有过不去的坎！"

2016
首席说

中国经济做什么、怎么做

决策层发声

2016 年 1 月 4 日，《人民日报》头版头条及要闻二版整版，刊发中央权威人士论经济文章《供给侧结构性改革引领新常态》。

文章称，处于转型期的中国，经济发展长期向好的基本面没有变，经济韧性好、潜力足、回旋余地大的基本特征没有变，经济持续增长的良好支撑基础和条件没有变，经济结构调整优化的前进态势没有变。"但在前进的道路上，我们必须破除长期积累的一些结构性、体制性、素质性突出矛盾和问题。这些突出矛盾和问题近期主要表现为'四降一升'，即经济增速下降、工业品价格下降、实体企业盈利下降、财政收入增幅下降、经济风险发生概率上升。"

文章指出，2016 年战略上要着眼于打好持久战，坚持稳中求进，把握好节奏和力度；战术上要抓住关键点，致力于打好歼灭战，主要是抓好去产能、去库存、去杠杆、降成本、补短板"五大重点任务"。

"2016 年是非常困难的一年，是深度结构调整的一年。中央权威人士的文章明确了新一年总体方案的思路。"国务院参事、CCEF 主席夏斌认为，尽管五大重点任务非常艰巨，但权威人士指明加快供给侧结构性改革，必须实施"五大政策支柱"：宏观政策要稳、产业政策要准、微观政策要活、改革政策要实、社会政策要托底。"这些政策支持如何配合、如何协调、如何落实，以及对每一个机构投资者而言，如何配置资产皆至关重要。"

人民币如何真正浮动

不仅是夏斌，CCEF 旗下诸多专家都对 2016 年中国经济"做什么"以及"怎么做"深为关切。1 月 9 日，"首席"们齐聚一堂，纵论经济热点，以期"拨云见日"，向市场传递正确分析宏观经济形势的思路。

针对此前，人民币连续 8 天贬值的现象，澳新银行中国区首席经济学家刘利刚认为，人民币确实有贬值压力，但央行应该是希望人民币出现更大的浮动，而不是贬值。在不久的将来，人民币会有一个更加波动的汇率。在此过程中，政策决策者不应该让人民币形成一个单向贬值的预期。

"在资本流出的大趋势下，国内资本市场向海外开放的力度能不能加大？比如2015年末央行已允许海外央行、主权基金①直接进入中国债市买人民币债券。下一步，是不是海外的机构投资人、养老基金也能更容易地进入中国债市买人民币债券？这样一来，虽然我们有资本流出压力，但随着资本账户开放，资本流入也会产生，这样双向的资本流动才会使人民币真正浮动起来。"刘利刚称。

在 CCEF 理事长、交通银行首席经济学家连平看来，央行不会推行导致人民币大幅度趋势性贬值的政策。"贬值对资本市场有影响，反过来资本市场对贬值也有影响。这种情况下，如果推行持续大幅度贬值政策，境内人民币的资产价格会随之不断下降，房地产市场、资本市场、金融市场及其他投资市场都会受到巨大影响，这无异于自我摧毁。"

连平认为，未来一两年内人民币存在贬值的可能性，但不会大幅贬值，央行会将汇率波动控制 5% 左右。"两三年后，我们手里还有 1 万亿美元的外汇储备，改革的效应逐步显现，市场稳定下来，汇率相对也会稳定。"

摩根大通中国首席经济学家朱海斌表示，从 2016 年全球市场判断来看，新兴市场经济的脆弱度更高，一旦人民币对美元加速贬值，其他新兴国家货币可能也会对美元贬值，形成汇率风险。

"我建议更快引入一揽子货币，一个新的'锚'。"朱海斌提出，人民币汇率的一揽子汇率是相对稳定的，如果未来央行能够透明地告诉市场，目标在于维持这一揽子汇率稳定，可以给予市场更清晰的信号。

---

① 是由政府控制与支配，以宏观经济发展为目标的官方投资基金。来源于特定税收、预算分配、国家保障系统或资源收入和国际收支盈余。由股票、债券、房地产或其他相关外汇金融工具等金融资产组成。

制造双向弹性波动

东方证券首席经济学家邵宇表示，可以把中国的外汇储备视为全球最大的对冲基金①和主权基金，最高时是 4 万亿美元，2016 年年初是 3.4 万亿美元。而除了其他因素之外，人民币相对高估给国际对冲基金造成机会，使对冲基金做空套利成为人民币贬值的一个重要原因。要在战术上如何化解这股力量，最好的办法是让对手摸不清方向，制造双向弹性波动。

邵宇指出："作为全球最大的对冲基金的管理人，我们一定要非常当心，因为汇率一方面是经济问题，但在战略层次上，更多是国家的博弈。我们要入 SDR②，更想要中欧、中美之间货币互换。如果达成利益交换，我们可以少贬值一点。如果美联储不断升值，中国不断贬值，就是经济危机模式。"

做好"三去一降一补"

针对中央权威人士在《人民日报》刊文提出，2016 年要抓好去产能、去库存、去杠杆、降成本、补短板"五大重点任务"，中信证券中国首席经济学家诸建芳表示，去产能怎么去？标准怎么定？这里面有技术性的标准。

"通过行业准入的标准，通过环保、资源的稀缺性成本加上去，达不到自然要去掉。同时，要有更多助推措施，因为去产能、去库存、去杠杆意味着经济增速要有更大的容忍度。财政上，很大一部分会用到几大任务当中，比如通过财力的支持，对'僵尸'企业的失

---

① 指金融期货和金融期权等金融衍生工具与金融组织结合后，以营利为目的的金融基金。它是投资基金的一种形式，意为"风险对冲过的基金"。

② Special Drawing Right，特别提款权，是国际货币基金组织根据会员国认缴的份额分配的，可用于偿还国际货币基金组织债务、弥补会员国政府之间国际收支逆差的一种账面资产。

业人员进行一定的安置、培训，坏账、不良资产的处置都需要财力支持，这部分2016年可能会加强。"诸建芳称。

财新智库莫尼塔首席经济学家沈明高提出，三个"去"能不能推动，很大程度取决于两点，一是GDP增长目标到底是多少；二是"三去一降一补"，用政策语言来总结，即：结构调整要减一块（指去产能）；逆周期政策要补一块（指补上"逆周期政策"）；改革创新要增一块（指增加"改革创新"）。

沈明高表示，三个"去"是减法，一个"补"是加法。减法跟加法连在一起，中间是逆周期政策，降成本。"降成本有很多做法，降息也是一种减法，但这些减法都是以某些人的成本提高为代价。比如地方政府的债务置换，这个成本就转移到银行。所以，货币政策可以调整不同总量之间的东西，但没有免费的午餐。更重要的是，如果要降成本，要'三去'同时进行，带来很多风险。最终来讲，供给侧改革成败并不在于能不能去产能，而在于能不能通过改革带来增量，为'三去'创造一个环境。只有在一个比较新鲜的环境里，产能调整库存、去杠杆才可能有实质性进展。"

银河证券首席经济学家潘向东表示，去库存、去产能关系到政府作为。过去政府觉得什么都能做到，所以经济实现高速发展。但调结构的同时，政府对经济干预的模式也要发生改变，不要过度干预经济体，要做的事情就是适应经济转型进行改革。"从这个角度说，我们提倡供给端改革。但仅仅是供给端改革吗？需求端不改？改革跟去产能、去库存应该紧密联系在一起。政府应该制定一个标准，让市场去解决问题。"

潘向东称，经济下行过程中，中央财税紧张，与其降税，不如进行税制改革。比如在消费环节征税，降低在生产环节征税。所以不仅供给环节，需求环节也需要改革，改变去产能、去库存的结构，而不是政府去干预。

"政府希望维持经济增长，不再继续下滑。但从需求角度来说，已经没有更大的需求增量能够满足产能。在去产能的情况下，无论怎么做，最终体现为固定资产投资增速放慢。"野村证券中国区首席经济学家赵扬指出，去产能具体的做法虽然是政府主导，但最终要依赖市场。在调节产能过剩的过程中，应充分发挥市场机制，进一步改革开放，更多对内开放，向私人资本开放。这样一来，教育、医疗、环保等很多不足就可以弥补起来。

资产配置有讲究

针对 2016 年如何进行资产配置，长江养老保险首席经济学家俞平康强调，经济下行风险积聚的过程，正是长期投资者的春天。

"投资风险在 2016 年的中国分成两波，一个是外部风险，另一个是内部的供给侧改革导致经济结构调整所带来的机遇和风险。但事实上，有风险也有机遇。不论长期投资还是短期投资，本身都一样，只不过在二级市场会提前透支一些预期。"俞平康称："我们关注旧的、传统的产业如何转型升级。而相比于中国，美国的产业结构最大不同在于金融产业非常发达，为传统产业输送资本，同时技术服务业非常发达，为传统产业输送技术。只要给中国市场增长开放一点空间，长期投资者就能迎来春天，因为有巨大的内需，中国经济还是有希望的。"

2016
金融市场"三阳开泰"

银行间债市对外资全面开放

2016 年 2 月 24 日，央行发布公告，在中华人民共和国境外依法注册成立的商业银行、保险公司、证券公司、基金管理公司及其他资产管理机构等各类金融机构，依法合规面向客户发行的投资产品，以及养老基金、慈善基金、捐赠基金等中国人民银行认可的其他中长期机构投资者，均可投资银行间债券市场。QFII、RQFII 投资银行间债券市场参照该公告执行。

前期政策延续

彼时，我国债券市场对外开放正在稳步推进。2015 年，人民币加入 SDR 货币篮子等工作取得重大进展，全球机构投资者对包括债券在内的人民币资产的投资需求日益增加。这一年 6 月，进入银行间市场的境外清算行[①] 获准参与债券回购业务，进一步提高了境外机构参与我国债市的积极性。7 月，央行允许境外央行、国际金融组织、主权财富基金运用人民币投资银行间债市。

2016 年 2 月 14 日，央行发布《全国银行间债券市场柜台业务管理办法》，允许符合条件的个人投资者参与银行间债市，规定年收入不低于 50 万元，名下金融资产不少于 300 万元，具有两年以上证券投资经验的个人投资者，可投资柜台业务的全部债券品种和交易品种。

"央行新政（银行间债市对外资全面开放）实际是前期政策的延续。"国泰君安固定收益部研究主管周文渊表示，中国金融市场进一步开放是大趋势，新政既满足中国市场对外开放的需求，也满足了境外机构投资者对收益的需求，实现双赢。

市场空间广阔

债市是境外机构获取人民币资产最便利、流动性最好的方式，海外对人民币债券的投资需求及所占比重不断提高。统计数据显示，截至 2015 年 7 月末，银行间市场境外投资者数量已增至 261 家，持仓量达 6121.84 亿元，已占全市场托管总量的 1.9% 左右。

虽然银行间债市开放进一步扩大，但横向比较，境外机构持仓规模仅占全市场债券存量的 1.9%，即使是境外机构投资比重较高的国

---

① 海外能直接参加票据交换所进行票据清算的银行。

债和政策性金融债，持仓占比也仅为 2.77% 和 2.43%，从存量上看对债市影响较小。

有债券分析师称，参与主体的增加意味着资金供给增加，对债市很有必要。一方面，债市面临地方债扩容；另一方面，面临企业债发行量加大，金融债发行规模越来越大，需要较多资金支持。参与主体增加后，资金增加，逻辑上可能带来债券收益率进一步下行，从而压低社会融资成本。

招商银行资产管理部高级分析师刘东亮表示，中国债市中外资比例远低于美国等成熟市场，未来市场空间十分广阔。

"央行新规对人民币国际化及利率市场化有重要意义。"申万宏源证券固定收益总部首席分析师范为表示，对外来说，进一步开放债市是对人民币国际化的支撑。除了在国外贸易上使用人民币外，境外金融机构更需要有人民币投资的渠道。虽然股市也是投资渠道之一，但股市波动率较大，不利于为境外人民币机构投资者提供稳定收益。相对而言，国内债市稳定，对境外机构投资者的吸引力更大。对内来说，进一步开放债市有助于利率市场化的形成。我国债市国际化程度相对较低，而从风险方面来说，债市风险比股市小很多，更应在国际市场上为投资者开放投资通道。

随着人民币加入 SDR，其国际化进程不断深入，而进一步推动银行间债市对外开放，有利于人民币国际化进程的稳步推进。引入境外机构到银行间债市进行投资，为境外人民币资金提供更高收益的投资机会，有利于增强人民币在境外的吸引力，有利于推动人民币由国际结算货币逐步发展成为国际投资货币，符合人民币国际化战略的整体要求。

"上海金"沪上起航，驶向全球

2016 年 4 月 19 日，全球首个以人民币计价的黄金基准价格在上海黄金交易所发布，首个"上海金"基准价定格于 256.92 元 / 克。

"上海金"是指以人民币计价、在上海交割、标准重量为 1000 克且成色不低于 99.99% 的金锭，通过上海黄金交易所定价交易平台的系统实现的交易。其基准价指"上海金"在上海黄金交易所指定的定价交易平台通过"以价询量"的集中交易方式，在达到市场量价平衡后，最终形成的人民币基准价格。

金市改革开放有序推进

作为一种极具信用的资产，黄金被各国央行视作"定盘星"。彼时，国际上拥有黄金定价权的是伦敦和纽约两大交易所，其中，国际黄金期货定价中心在纽约（纽约商品交易所，COMEX），现货定价中心在伦敦（伦敦金银市场协会，LBMA）。伦敦和纽约一直是黄金的重要交易市场，再加上多年积累，无论规则制定还是交易习惯的形成都占有较大优势。国际市场广泛使用 1919 年起由伦敦黄金市场定价公司每天发布两次的伦敦黄金定盘价（London Gold Fixing Price）。

作为中国金融市场的重要组成部分，黄金市场对于进一步深化金融市场功能，维护金融稳定和安全具有重要意义。根据党中央和国务院关于加快金融体制改革、扩大金融业双向开放的总体部署，我国黄金市场的改革开放进程也有序推进。

而随着中国黄金市场不断开放，以中国等为代表的亚太地区逐渐成为全球重要的黄金生产和消费区域，全球投资者对于以人民币作为基准价格的黄金产品的交易和价格风险管理需求不断增长。

正如央行副行长潘功胜所言，推出"上海金"定价机制，既是中国金融要素市场创新开放、积极融入全球一体化进程的重要尝试，也是中国顺应国际黄金市场深刻变革和全球黄金市场"西金东移"发展趋势的必然要求，将为全球投资者提供一个公允的、可交易的人民币黄金基准价格，为黄金市场参与者提供良好的风险管理和创新工具，有利于进一步完善人民币黄金市场的价格形成机制，加快推进中国黄金市场国际化进程。

"西金东移"仍系主旋律

"无论对于金交所自身发展，还是中国黄金市场国际化，'上海金'基准价的启动都是一个里程碑。该定价机制为由伦敦、纽约和上海共同构建的全球黄金交易市场夯实基础，也意味着'西金东移'继续成为市场主旋律。"世界黄金协会首席执行官施安霖（Aram Shishmanian）表示，为了使"上海金"定价机制稳定发展，要努力确保在该交易机制下的交易成本尽量降低，通过集中清算减小交易风险，提高定价透明度以及拓展参与交易的客户。

中国建设银行副行长庞秀生表示，建立"上海金"集中定价机制，推动了人民币国际化及各国金融机构、矿产商、贸易商之间的广泛合作。"'上海金'是在中国的市场，参考国际通行规则，用人民币交易出来的价格，是国内黄金衍生产品发展的基础。预计人民币报价的黄金价格与伦敦、纽约等多个市场黄金报价，将共同构建国际黄金定价的新体系。"

事实上，"上海金"集中定价的推出恰逢其时。IMF 于 2015 年 11 月决定将人民币纳入 SDR 货币篮子，人民币将与美元、欧元、日元、英镑一样具有储备货币的地位。在这个关键时点上，黄金交易的货币转换伴随着人民币国际使用份额的提升，必定深刻影响人民币的"出海旅程"。

2016 年 4 月 19 日，随着全球的最大黄金生产和消费国有了自己的基准价，世界黄金市场从此开始倾听"中国声音"，"上海金"自此成为有望与"伦敦金""纽约金"共具话语权的国际黄金市场的"东方势力"！

中国版 CDS 给市场带来什么

2016 年 9 月 23 日，中国银行间市场交易商协会正式发布《银行间市场信用风险缓释工具试点业务规则》（以下简称《业务规则》）及相关配套文件，在原有两项产品的基础上，推出包括信用违约互换（Credit Default Swap，CDS）在内的两项新产品。

这个被称作中国版 CDS 的《业务规则》，会给市场带来怎样的影响？

CDS 的由来

用来对冲信用风险的金融衍生产品 CDS，诞生于 1993 年的美国。是年，埃克森石油公司因为一艘油轮发生原油泄漏事故，面临 50 亿美元的罚款，遂向摩根大通要求贷款。然而，该笔贷款不仅利润极低，且会占用摩根大通的信用额度，更要为此留出一大笔资本储备金。

为解决问题，摩根大通向欧洲重建与发展银行提出，每年向该行支付一定的费用，而该行将承担埃克森公司这笔贷款的信贷风险。换句话说，如果埃克森石油公司无法偿还贷款，由欧洲重建与发展银行承担摩根大通的损失。若埃克森石油公司履约，欧洲重建与发展银行会有不错的收益。这就是 CDS 的首次运用。

结果表明，摩根大通既获得利息收入，转移信用风险，又节省了资本金。同时，埃克森石油公司获得了贷款，欧洲重建与发展银行也获得相应的保险收入。作为信用违约互换运用的首次创新，此事得到市场参与者和监管当局认可，以参考公司为实体的 CDS 产品很快出现在美国金融市场上。

1996 年 8 月，美联储正式允许美国银行使用信用衍生品，并统一银行根据信用风险转移的情况来降低资本储备，最低程度可降低到风险资产的 1.6%，也就是认可了银行利用 CDS 解放储备金的做法。

著名经济学家宋清辉表示，从风险缓释方面而言，CDS 可看作一种风险对冲、管理流动性风险的工具。

CDS 诞生的初衷是风险管理，而随着信用违约互换的发展，另一个投资功能也逐渐衍生出来。在海外，CDS 常常被对冲基金、投资银行等用于对赌某家公司未来是否会破产，而交易者并不真的持有该公司债券。因此，CDS 成了一些金融机构投机和套利的工具。

中国版 CDS 正当其时

早在 2010 年 10 月，中国银行间市场交易商协会已在央行指导下，组织起草并发布《银行间市场信用风险缓释工具试点业务指引》（以下简称《指引》），推出信用风险缓释合约、信用风险缓释凭证[①]两项产品，填补了我国信用衍生产品市场的空白。

至 2016 年下半年，随着我国供给侧改革和"三去一降一补"措施深入落实推进，债市信用风险事件逐渐增多，市场参与者对信用风险缓释工具等信用风险管理工具的需求不断增加。Wind（金融数据和分析工具服务商）的统计数据显示，截至 2016 年 8 月初，年内已有 39 只债券兑付违约，涉及 19 家发行主体，违约金额高达 249.11 亿元。不论违约债券数量还是违约金额，均已达 2015 年全年的两倍。因此，债市各类投资者对于风险缓释产品的需求与日俱增。

在此背景下，中国银行间市场交易商协会在央行指导下，组织市场成员成立工作组对《指引》进行了修订完善。

"市场从没有像现在一样，需要对冲信用风险的产品。"一位资深市场分析人士彼时称，CDS 有助于在违约案例飙升后缓解忧虑，并帮助投资者更快地察觉风险较高的企业。

中信证券固定收益部首席分析师明明认为，从长远看，CDS 有利于规范信用评级，推动以高收益债为基础资产的资管产品的发展。

的确，2016 年在我国债市快速扩张、债券违约案例明显增多的背景下，推出 CDS 正当其时，既可使 CDS 买方在付出"保费"后实现风险转移，也可使 CDS 卖方在承担担保责任的同时，获取相应的

---

① 指由标的实体以外的机构创设的，为凭证持有人就标的债务提供信用风险保护的，可交易流通的有价凭证。

"保费"收益，从而使更多企业得到融资或融资量增加，对于缓解企业融资难具有重要意义。

担忧大可不必

不过，国内市场一些声音质疑 CDS，认为其是造成 2008 年金融危机的重要推手。因危机之前，美国以 CDS 为主的场外交易市场无集中竞价、无公开交易信息、无监管法律，疯狂的资金吹大了泡沫，并最终走向破灭。

其实担忧大可不必，因为中国银行间市场交易商协会在《指引》中推出的 CDS 及 CLN① 两款新产品，充分吸取美国次贷危机的教训，为避免产品在场外市场无序发展，加强了交易报备和标准产品的集中清算，对交易商进行分层管理，在杠杆限制上，核心交易商为 5 倍杠杆，一般交易商为 1 倍杠杆。

再者，中国银行间市场交易商协会发布的《业务规则》，对市场参与者、信用风险缓释工具的交易清算、凭证类产品的创设备案、信息披露及报备、风险控制与管理也都做了明确规定。通过信用风险缓释合约、信用风险缓释凭证、信用违约互换、信用联结票据的产品指引，明确具体产品的管理要求。

《业务规则》的修订发布和相关创新产品的推出，对于丰富债务融资工具市场的信用风险管理手段、完善信用风险市场化分担机制具有重要意义。一方面，其为投资者提供信用风险保护和对冲工具，进一步完善信用风险分散分担机制；另一方面，有助于完善信用风险的价格形成机制，提高市场信用定价水平，促进市场参与者主动管理信用风险，提高商业银行资本管理能力。此外，实现信用风险的合理配置，有力维护了宏观经济金融稳定。

---

① Credit-linked Notes，信用联结票据，是信用衍生产品的证券化形式，指将信用衍生产品证券转变为融资形式。

2016
资本市场再树两块里程碑

人民币正式"入篮"SDR

2016 年 10 月 1 日，人民币正式加入 SDR 货币篮子，使人民币国际化再迎重要里程碑！

"入篮"有坚实基础

为应对全球储备资产不足问题，作为一种新型国际储备资产的 SDR 于 1969 年 7 月应运而生。1974 年，IMF 决定以一篮子货币来定义 SDR 的价值，即以美元表示 SDR 的价值，是将各篮子货币对美元的汇率乘以其权重进行加总。

最初，IMF 选择 16 个在世界贸易中所占份额超过 1% 的成员国的货币组成货币篮子。到 1981 年，SDR 货币篮子简化为只包含美元、英镑、日元、德国马克和法国法郎等五种当时的主要储备货币。1999 年欧元诞生后，欧元取代德国马克和法国法郎，篮子货币由五种缩减为四种。

而后，随着中国经济和人民币国际地位的不断提升，国际上建议将人民币纳入 SDR 的声音日益增强。2015 年，适逢 IMF 五年一次的 SDR 审查，人民币加入 SDR 面临历史性机遇。党中央、国务院高瞻远瞩、审时度势，及时作出了推动人民币加入 SDR 的重要战略部署，相关工作随即全面展开。中国人民银行会同多个部门与 IMF 密切配合，就 SDR 审查标准、数据、操作等问题开展深入交流与合作，解决了一系列技术难题，为人民币"入篮"奠定坚实基础。

基于各方普遍共识，2015 年 11 月 30 日，IMF 执行董事会认定人民币为可自由使用货币，决定将之纳入 SDR 货币篮子，并定于 2016 年 10 月 1 日正式生效。

有史以来"首个新增"

随着人民币跨境金融交易稳步扩大，金融市场的双向开放进程明显加快。境外机构投资境内的银行间债市和银行间外汇市场，境内市场主体财政部、银行和企业到境外发行人民币债券，境外各类主体到境内发行熊猫债①，"沪港通"平稳起步。

与此同时，我国与国际银行间合作逐步深化。截至 2016 年上半年，央行与 35 个境外银行签订双边本币互换协议；全国外汇交易市场已实现人民币对澳元、欧元、英镑直接交易，区域市场银行柜台实现人民币对泰铢等周边国家交易。此外，人民币基础设施进一步完善，建立了人民币资金跨境收付管理系统。

数据显示，截至 2016 年 8 月，人民币是第五大支付货币，市场占有率是 1.86%。2015 年整个跨境人民币收付金额同比增长 21.7%，占中国大陆同期本外币跨境收支比重达 28.7%。有超过 17 万家企业、124 家中资银行和 61 家外资银行开展跨境人民币业务，境外人民币覆盖全球超过 190 多个国家。

时至 2016 年 10 月 1 日，人民币正式成为 SDR 货币篮子中的一员，并系有史以来第一个新增的 SDR 篮子货币。人民币"入篮"后，SDR 货币篮子包括美元、欧元、人民币、日元和英镑五种货币，其权重分别为 41.73%、30.93%、10.92%、8.33% 和 8.09%。

极具深远意义

人民币加入 SDR 的重要意义不言而喻。对世界来说，反映了国际金融体系朝着更合理、均衡和公平的方向发展，并将推动国际货币体系进一步完善。对中国来说，此举既为人民币国际化注入新动力，也有利于促进国内进一步改革开放。

---

① 指境外和多边金融机构等在华发行的人民币债券。

德意志联邦银行市场司副司长埃内尔·阿什（Henner Asche）表示，"人民币加入由美元、欧元、英镑、日元等发达经济体货币组成的 SDR，成为 IMF 的脉搏，表明了人民币在国际贸易中的地位逐步上升"。

IMF 总裁拉加德指出："人民币加入 SDR 反映了中国货币、外汇和金融体系改革取得的进展，并认可了中国在放开和改善其金融市场基础设施方面取得的成就。在具备适当保障的情况下，这些举措的继续和深化将使国际货币和金融体系更加强健，进而会对中国经济增长和稳定及全球经济提供支持。"

并非一劳永逸

在中国人民银行金融研究所副所长卜永祥看来，虽然人民币加入 SDR 是中国改革开放 30 年的必然结果，人民币国际储备货币地位正式得到认定，国际社会官方及国外企业和个人持有人民币的意愿得到很大提高，但"加入 SDR 以后，国际社会对人民币资产配置需求增加了，中国作为一个国际储备货币发行国也必须承担相应的责任"。

中国人民银行国际司国际清算银行处处长刘晔表示，人民币"入篮"并非一劳永逸，而是中国金融改革开放的新起点。"应该看到我们跟世界成熟市场差距较大，'入篮'意味着国际社会对中国今后在金融经济领域各个方面有很多期许"。

"加入 SDR 后，资本项下人民币国际化会加快发展，有助于提升人民币国际储备货币地位，进而带动境外各类机构包括央行类机构、商业性金融机构及其他机构对人民币配置的需求。"CCEF 理事长、交通银行首席经济学家连平指出，"同时，人民币'入篮'SDR 也是推进深化国内金融改革和开放的催化剂，包括资本和金融账户的开放、股票和债券市场的开放、增强人民币汇率弹性等，这样反过来会推进人民币快速发展。"

内地与香港资本市场"全面通车"

2016 年 12 月 5 日上午，"深港通"开通仪式在深圳证券交易所和香港交易所举行。由此，香港、深圳、上海三大交易所奠定一个共同市场的框架，彰显内地资本市场融入全球市场的决心。

成功首秀

"深港通"启动首日，运行顺畅，交易平稳。数据显示，截至收盘，深股通方面，每日额度 130 亿元，其中买入 26.69 亿元，使用额度 27.11 亿元，当日剩余额度 102.89 亿元；港股通方面，每日额度 105 亿元，其中买入 9.02 亿港元（人民币 8.23 亿元），卖出 0.21 亿港元（人民币 0.18 亿元），使用额度 8.50 亿元，当日剩余额度 96.50 亿元。

具体看，深股通方面，标的股票中有 464 只发生交易，其中主板 169 只、中小板 247 只、创业板 48 只，交易金额分别为 14.78 亿元、9.76 亿元、2.15 亿元。港股通方面，标的股票中有 348 只发生交易，其中恒生综合大型股 78 只、恒生综合中型股 151 只、恒生综合小型股 99 只、不在指数内的 A+H 股 20 只，交易金额分别为 0.43 亿港元（人民币 0.38 亿元）、3.15 亿港元（人民币 2.79 亿元）、5.12 亿港元（人民币 4.54 亿元）、0.52 亿港元（人民币 0.46 亿元）。

对于香港意义深远

回溯 2014 年 11 月 17 日，"沪港通"的开启标志着内地资本市场国际化迈出重要一步。截至 2016 年 11 月 16 日"两周年"，"沪港通"累计交易金额达 3.48 万亿元，为资本市场进一步开放提供了可复制、可推广的样本。

在"沪港通"基础上，"深港通"不仅取消总交易额度限制，且投资标的更加丰富，涵盖交易型开放式基金以及诸多新兴行业、创业板股票等，进一步强化内地与香港之间互联互通，为投资者的"引进来"和"走出去"提供更通畅的渠道。

对境外投资者而言，"深港通"的开通可提供除 QFII 及 RQFII 之外，更灵活投资内地市场的渠道；对内地投资者而言，在 2016 年人民币相对美元贬值、全球不确定因素增多的背景下，"深港通"成为其满足中长期海外资产配置需求的重要出口。

从资本市场的角度看，"深港通"进一步推进内地与香港金融市场互联互通。

一方面，内地市场可充分借鉴香港的金融发展经验，吸引长期资金投资内地 A 股市场。虽然短期内"北上"资金可能有限，但新进入的境外资金将丰富深市的投资者结构，为内地资本市场长期健康有序发展注入信心与力量。正如证监会副主席方星海所言："'深港通'的主要目的不在于吸引外资，而在于吸引更多外资机构投资者进入。"

另一方面，"深港通"进一步强化香港"超级联系人"的作用，有利于巩固香港国际金融中心的地位。香港交易所行政总裁李小加撰文指出："'深港通'的启动对于香港意义深远。互联互通机制的不断延伸，可以推动香港从以往的国际集资中心进一步发展成为一个全球财富管理中心。通过香港，内地投资者可以足不出户投资世界，海外投资者也可以投资更广阔的中国市场。未来，我们将坚定不移地践行互联互通这一长期战略，使之覆盖更多资产类别，提升香港市场的竞争力，令香港的国际金融中心地位更加巩固。"

为我国资本市场开放给予新思路

相较于投资渠道的拓宽和市场的互联互通，"深港通""沪港通"的更大意义，在于为我国资本市场开放提供了一种新思路。

数据显示，截至 2016 年 12 月，沪港深三大交易所合并市值逾 70 万亿元，成交额直逼纽交所，未来三大市场必将在监管制度、交易机制、产品创新等方面借鉴融合，并在有限放开的情况下，逐步形成一系列行之有效的跨境监管和沟通制度。

2016 年时，我国已与多国签署人民币外币双边挂牌直接交易协议，并厘定交易额度，在此基础上，通过复制"沪港通""深港通"的经验，可在兼顾风险防范的同时，有效推进我国资本市场开放。

当时方星海曾表态，"证监会将以'深港通'为基础，继续推进与更多亚洲资本市场的互联互通，并着力推进与欧洲各个市场之间的共同发展。目前沪港通已经取得了阶段性成果，下一步将继续推进。与法国和德国的资本市场之间也有很多议题可以推进，中欧在新的变局下推进经济金融合作有非常广泛的基础"。

而今回望 2016 年 12 月 5 日，能够清楚地看到"深港通"不仅成为继"沪港通"后，内地资本市场开放进程中又一个里程碑，更成为我国资本市场在国际金融舞台上的作用和地位进一步提升的新起点。"沪港通"与"深港通"好比两条川流不息的河流，汇集内地、香港、全球市场的资本、技术、信息、智慧、文化，切实惠及了内地、香港、全球的经济发展。

2016
互联网领域迎两枚"重磅炸弹"

首个"国字号"互金自律组织诞生

2014 年 7 月，人民银行等十部委联合印发的《关于促进互联网金融健康发展的指导意见》提出，人民银行会同有关部门，组建中国互联网金融协会。

2016 年 3 月 25 日，经国务院批准，中国互联网金融协会在上海正式挂牌成立，并召开第一次会员代表大会。由此，该协会成为我国互联网金融领域首个"国字号"自律组织，同时也是中国第一个承担特殊职能的全国性行业协会。

明确三大职能

"制订互联网金融经营管理规则和行业标准；明确自律惩戒机制；强化守法、诚信、自律意识。"这是中国互联网金融协会明确的三大职能。

"近三年未发生重大违法违规事件；经营互联网金融业务的网络平台在电信主管部门备案；经营期间未出现过重大经营事故或重大违约事件；股东和管理层无不良记录且具备一定的金融知识和从业经验……"这是中国互联网金融协会的入会基本条件。

从中国互联网金融协会首批会员的构成来看，437 家会员中，银行机构 84 家，证券、基金、期货公司 44 家，保险公司 17 家，来自其他互联网金融新兴企业及研究、服务机构 292 家。

弥补行业自律空缺

鉴于传统金融与新型金融竞合已是大势所趋，中国互联网金融协会的成立既有利于二者融合发展，更有利于互联网成为金融行业的基础架构，以及提升金融业竞争力的重要动力。

不止于此。若将 2013 年定义为互联网金融的"元年"，2015 年则是互联网金融从野蛮生长走向规范发展的关键之年。是年，《关于促进互联网金融健康发展的指导意见》《非银行支付机构网络支付业务管理办法》《网络借贷信息中介机构业务活动管理暂行办法（征求意见稿）》《推进普惠金融发展规划（2016—2020 年）》等政策、文件相继出台，为互联网金融的规范发展搭建了行政监管的制度基础。

2016 年中国互联网金融协会的成立，直接弥补互联网金融管理体制中行业自律的空缺，可谓互联网金融告别"野蛮生长"的标志性事件。随着协会进一步彰显自律功能，不仅互联网金融行业的公信力得以提升，成为维护金融消费者权益的重要力量，且在机构和监管部门之间建起沟通的桥梁，促进双方充分交流。如此一来，监管部门可以提高效率，企业也可在明确政策底线的前提下积极创新，实现市场的进化和突破，对互联网金融行业的健康发展起到积极作用。

央行副行长潘功胜指出："行业自律有利于营造效率更高、方式更灵活的监管环境，提高监管的弹性和有效性。建立一个良好的互联网金融业态，促进行业良性健康发展，需要搭建一个行政监管和行业自律有机结合的互联网金融管理体制，中国互联网金融协会是其中的重要组成部分。"

事实上，挂牌之际，中国互联网金融协会已完成网站系统、会员管理系统等基础设施建设，并启动面向全行业的互联网金融服务平台的规划研究，推动行业数据采集与信息共享，以配合央行具体承担互联网金融统计和风险监测预警系统的开发和运行工作。当时，协会已基本完成风险监测预警系统（一期）的建设，并在此基础上形成了网络借贷行业风险监测预警情况报告。

逐步回归金融本质

站在 2016 年的这一刻，展望"十三五"，随着供给侧改革、产业结构调整持续深化，我国经济发展方式将进一步从投资驱动转为消费与创新驱动，金融行业的服务对象也将由地方政府、大中型企业，向创新型企业、个人消费者转变。在此过程中，互联网金融行业与长尾客户①的需求有天然契合度，将成为助推经济方式转变的重要力量。但此前，因局部风险持续暴露，互联网金融面临变局，这从政府工作报告对互联网金融表述的变化可见一斑。

2014 年政府工作报告首次提出"促进互联网金融健康发展"，2015 年政府工作报告继续表态"促进互联网金融健康发展"，2016 年 3 月 5 日发布的政府工作报告提出"规范发展互联网金融"。可见，

---

① 指个人所拥有的、能支配的资产规模往往较小，但该群体总数庞大。

随着互联网金融监管体系逐渐完善，互联网金融领域将迎来结构性调整，逐步回归金融本质，进入新的发展阶段。

当然，尽管逐渐告别野蛮生长，互联网金融行业仍面临多方面压力与挑战。譬如，随着宏观经济下行压力增大，商业银行不良率[①]逐渐上升。与之相比，互联网金融企业基于差异化的市场定位，将涉足风险更大的领域，坏账率[②]也将更高，资产端风控难度不言而喻。

故而，2016年中国互联网金融协会的成立只是互联网金融规范发展的起点，接下来还需要更多基础设施，包括征信、支付、大数据等相关制度体系的建设和完善，进一步为互联网金融行业保驾护航。

网贷新规为行业正本清源

2016年8月24日，银监会、工信部、公安部、国家互联网信息办公室联合发布《网络借贷信息中介机构业务活动管理暂行办法》（以下简称《办法》），在网贷业内投下一枚"深水炸弹"。

野蛮生长问题多

根据银监会的不完全统计，截至2016年6月末，正常运营的网贷机构超2300家，较2014年末增长近50%；借贷余额超过6000亿元，较2014年猛增约500%。

网贷行业的野蛮生长带来诸多问题，有关P2P平台跑路的负面新闻频现，严重阻碍行业健康发展。更关键的是，不少网贷平台的贷款模式并非小额、高频，而是专注于大额借款，有悖普惠金融的初衷；更有甚者异化为信用中介，存在自融[③]、违规放贷、设立资金池、期限

---

① 指不良贷款占比。
② 坏账指由于债务人破产、解散以及其他各种原因，使应收账款无法收回所造成的损失。而坏账率就是坏账额占总赊销总额的比率。
③ 指利用具有关联关系的企业为自己或其他关联方进行融资。

拆分、大量线下营销等行为，偏离了信息中介定位，以及依托互联网服务小微的本质。

监管趋严用猛药

所谓"沉疴用猛药"。四部委联合出台的《办法》体现出监管趋严的思路。

一方面，《办法》搭建对网贷行业监管的基本框架，明确网贷机构谁来管、谁来负责以及怎么管。其明确，银监会及其派出机构负责制定网络借贷信息中介机构业务活动监督管理制度，并实施行为监管；各省级人民政府负责本辖区网络借贷信息中介机构的机构监管；中国互联网金融协会从事网络借贷行业自律管理。

网贷之家首席研究员、盈灿咨询总经理马骏认为，《办法》实行双负责制，由银监会和银监局对P2P平台作行为监管，地方金融办作机构监管，这是穿透式监管的一种体现。

另一方面，《办法》进一步明确网贷机构的信息中介地位，并通过"十三项"禁止类行为的负面清单，严格规范网贷机构作为信息中介可以从事的业务范围和经营模式，以有效引导一些网贷机构由信用中介向信息中介回归。

根据《办法》，网贷机构不得吸收公众存款，网络借贷信息中介机构不得从事自融，不得为出借人提供担保或保本保息；禁止网贷机构发售金融理财产品；规定网贷机构具体金额应当以小额为主；要求银行金融机构对网贷客户资金实行第三方存管；对网贷业务活动实行负面清单管理，不得开展类资产证券化等形式的债权转让等行为；允许网贷机构引入第三方机构进行担保或与保险公司开展业务合作，将尽快发布网贷客户资金第三方存管、网贷机构备案等配套制度。

与《征求意见稿》相比，《办法》对网贷平台的禁止行为由12条增至13条，其中新增"（不得开展）类资产证券化业务或实现以打包资产、证券化资产、信托资产、基金份额等形式的债权转让行为"。同时，《办法》对《征求意见稿》重点提出的几点作了修改调整，更符合市场实际情况和需求。

一方面，《征求意见稿》第 25 条规定，网络借贷信息中介机构不得以任何形式代出借人行使决策。每一融资项目的出借决策均应当由出借人作出并确认。而《办法》第 25 条规定"未经出借人授权，网络借贷信息中介机构不得以任何形式代出借人行使决策"。可见，《办法》通过添加"未经出借人授权"，放宽了信息中介机构代出借人形式决策的限制。

另一方面，《办法》明确不用工商更名，只需在经营范围中实质明确网络借贷信息中介，而《征求意见稿》规定须在公司名称中带有"网络借贷信息中介"字样。

网贷业终将告别野蛮时代

更值得关注的是，《办法》明确同一自然人在同一网络借贷信息中介机构平台的借款余额上限不超过人民币 20 万元；同一法人或其他组织在同一网络借贷信息中介机构平台的借款余额上限不超过人民币 100 万元；同一自然人在不同网络借贷信息中介机构平台借款总余额不超过人民币 100 万元；同一法人或其他组织在不同网络借贷信息中介机构平台借款总余额不超过人民币 500 万元。

对此，银监会银行业普惠金融工作部主任李均锋称，主要基于如下考虑：第一，互联网金融尤其是 P2P，定位就是要解决传统金融机构中不能被覆盖，或者不能得到很好的便利化融资服务的这类投资人和这类借款人的需求。经过大量分析，这类需求都是小额，而不是上亿元大额的；第二，互联网技术无法解决大额借款的风控。没有实地调查和风险控制，单靠网上的信息搜集、大数据处理，解决不了大额资金需求风控问题；第三，从国际惯例来看，美国和英国也对借款额度作出了相应的限制。

互联网金融平台海融易 CEO 王伟表示，之所以以 20 万元、100 万元为借款上限，是为了与刑事法律中非法集资有关规定衔接。"最高人民法院关于非法集资的司法解释规定，个人非法吸收或者变相吸收公众存款，数额在 20 万元以上的；单位非法吸收或者变相吸收公众存款，数额在 100 万元以上的应当追究刑事责任。"

加速行业正本清源

拍拍贷总裁胡宏辉指出，《办法》的出台将使大批制度套利[①]平台退出，行业集中度大幅加强。同时，借贷限额控制会对相当部分的平台造成影响，特别是以企业贷为主的平台。加上联合存管[②]被否定，很多不合规平台会被淘汰。

中国电子商务研究中心互联网金融部助理分析师陈莉分析，"整体看，平台应主动按照监管要求合理调整业务，适应新政给市场带来的冲击。平台中涉及房产、汽车抵押等大额贷款项目面临调整，此后必须转型，消费信贷有望成为主要发展方向。老平台转型压力加大，中小微资产端竞争加剧，着重小额业务的平台需要创新技术，适应大平台转型的竞争局面"。

毋庸置疑，《办法》意味着网贷行业逐步从弱监管向强监管迈进，"小而乱"的参与者将被清理出局，有助于行业正本清源。而随着更多配套措施落地，网贷行业终将彻底告别野蛮时代，进入规范发展的新阶段。

---

① 指利用制度中价格决定机制和价格体系的不完善，通过非生产性的活动获取利益。

② 即"银行资金账户体系＋第三方支付"存管模式，由银行提供账户，但支付环节由第三方支付完成。

2016 回望

中高速的成绩难能可贵

2016 年中国经济发展摘得几许硕果？揭开谜底前，我们先看一下这年年初确定的经济增长目标。

经济增长目标缘何下调

2016 年 3 月 5 日发布的政府工作报告，首次将经济增长目标从 2015 年的"7% 左右"下调为"6.5% 至 7%"。对此，李克强总理解读称，"经济增长预期目标定为 6.5% 至 7%，考虑了与全面建成小康社会目标相衔接，考虑了推进结构性改革的需要，也有利于稳定和引导市场预期。稳增长主要是为了保就业、惠民生，有 6.5% 至 7% 的增速就能够实现比较充分的就业。"

国家发展和改革委员会主任徐绍史指出，2016 年 GDP 增长的预期目标采用区间的方式，体现创新宏观调控、把握区间调控的新思路。"总体看，一是体现积极主动的工作导向，向市场、向社会传递信心，有利于稳定预期，坚定信心；二是扩大可以接受的经济增速弹性范围，且与我国的经济增长潜力相吻合，有利于整个目标的实现。"

GDP 首次突破 70 万亿元

那么，2016 年中国经济增长最终"谜底"几何？

根据国家统计局发布的数据，2016 年 GDP 首次突破 70 万亿元，比上年增长 6.7%。同期，全国居民人均可支配收入 23821 元，比上年名义增长[①]8.4%。扣除价格因素后，实际增长 6.3%。尽管全国居民人均可支配收入实际增速略低于 GDP 总量增速，但从可比角度观察，

---

① 即货币口径，是用人民币计算的增长比例，体现收入的钱数上的变化。

扣除人口总量自然增长因素后，2016 年人均 GDP 实际增速为 6.1%，全国居民人均可支配收入的实际增速高于人均 GDP 实际增速 0.2 个百分点。

在经济面临较大下行压力的背景下，居民收入保持稳定增长，对"促消费"和"稳增长"起到支撑作用。2016 年，我国社会消费品零售总额突破 33 万亿元，扣除价格因素后，实际增长 9.6%，高出 GDP 增速 2.9 个百分点；最终消费支出对经济增长的贡献率为 64.6%，高出 2015 年 4.9 个百分点。可以说，消费对经济增长的"稳定器"和"压舱石"作用日益增强。

更重要的是，居民收入增速与 GDP 增速保持同步，乃至跑赢 GDP 增速，是提升居民"获得感"，实现广大人民群众"中国梦"的关键所在。

中共十八大报告提出"两个翻番"目标，即到 2020 年，实现国内生产总值和城乡居民人均收入比 2010 年翻一番。据国家统计局分析，2011 年至 2016 年，全国居民人均可支配收入名义增长 11301 元，扣除物价水平，累计实际增长 62.6%。按此测算，未来 4 年只要居民收入年均实际增速在 5.33% 以上，"到 2020 年，居民收入比 2010 年翻番"的目标就可实现。

成绩难能可贵

面对错综复杂的国内外经济环境，2016 年中国经济以推进供给侧结构性改革为主线，适度扩大总需求，妥善应对风险挑战，引导形成良好社会预期，国民经济运行缓中趋稳、稳中向好，实现了"十三五"良好开局。

世界银行此前预测，2016 年全球经济增速在 2.4% 左右。而按照 2010 年美元不变价①计算，2016 年中国经济增长对世界经济增长的贡

---

① 指采用币值固定、购买力相等的美元作为计量单位。

献率达到 33.2%，仍居全球之首。

国家统计局局长宁吉喆指出，2016 年经济增速 6.7%，处于合理运行区间，也处在 6.5% 到 7% 的预期区间，是中高速增长，在世界范围内还是比较高的速度。"作为世界第二大经济体，我们的经济总量已经达到 11 万亿美元，每增长一个百分点都是很大的数量。所以中高速的成绩，特别是还伴随着经济结构优化、发展方式转变、新动能成长，是非常难能可贵的。"

第六章

2017

中国贡献约占三成！

美国特朗普政府的贸易政策尚未完全确立，这是全球经济复苏的一个重大风险。

——加拿大丰业银行首席经济学家让－弗朗索瓦·佩罗（Jean-Francois Perrault）

中央的决策只要守住两条底线：第一，坚决不发生全国性、系统性的金融性风险；第二，不能出现整个社会接受不了的高失业率。"守住底线，改革为先"，中国经济仍是大有希望的。

——国务院参事、CCEF 主席夏斌

"债券通"便利境外投资者参与内地市场，只要更多人加入，投资者结构自然更多元化，从而不断扩大市场的广度和深度，为内地债市纳入全球主要债券指数铺路。

——汇丰银行大中华区行政总裁黄碧娟

MSCI 宣布将 A 股纳入 MSCI 新兴市场指数，顺应了国际主流机构投资者的投资需求，对国际资本的流动格局将产生深远影响。

——上海证券交易所资本市场研究所所长施东辉

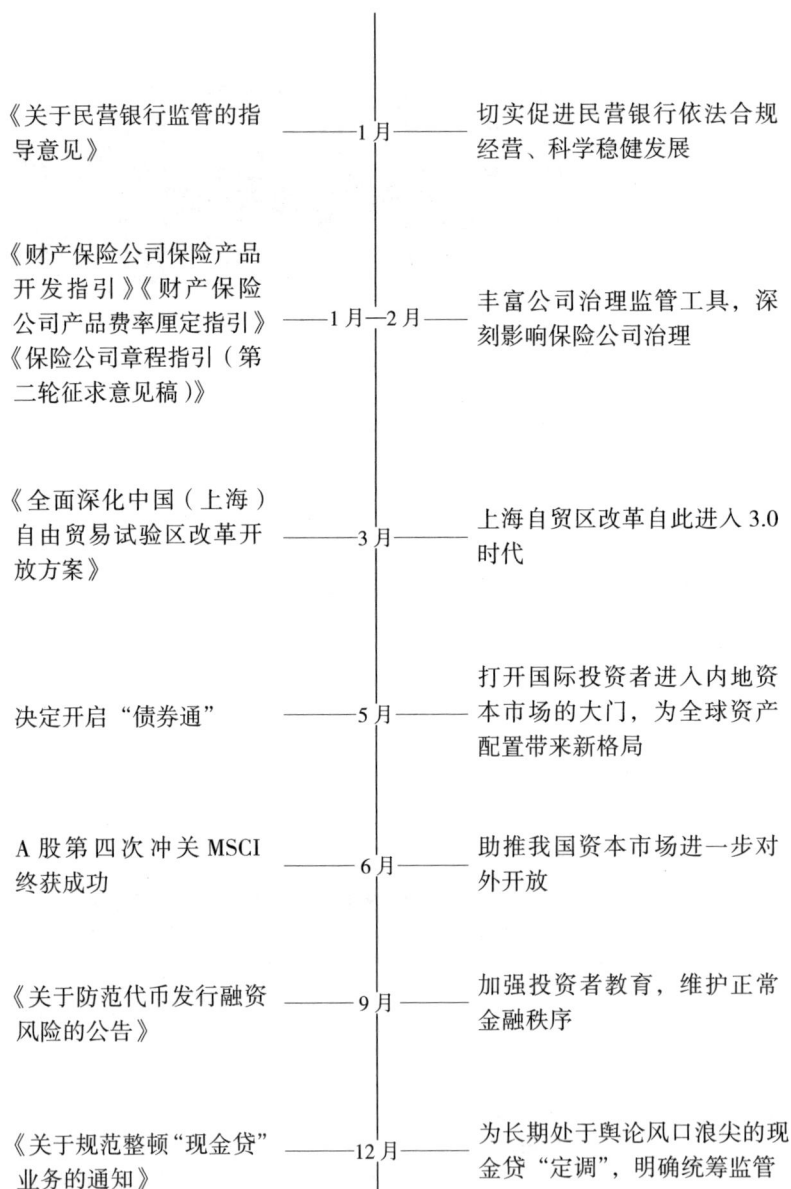

本章导图

《关于民营银行监管的指导意见》 ——1月—— 切实促进民营银行依法合规经营、科学稳健发展

《财产保险公司保险产品开发指引》《财产保险公司产品费率厘定指引》《保险公司章程指引(第二轮征求意见稿)》 ——1月—2月—— 丰富公司治理监管工具,深刻影响保险公司治理

《全面深化中国(上海)自由贸易试验区改革开放方案》 ——3月—— 上海自贸区改革自此进入3.0时代

决定开启"债券通" ——5月—— 打开国际投资者进入内地资本市场的大门,为全球资产配置带来新格局

A股第四次冲关MSCI终获成功 ——6月—— 助推我国资本市场进一步对外开放

《关于防范代币发行融资风险的公告》 ——9月—— 加强投资者教育,维护正常金融秩序

《关于规范整顿"现金贷"业务的通知》 ——12月—— 为长期处于舆论风口浪尖的现金贷"定调",明确统筹监管

2017
预 判

高枕无忧，为时尚早

2017 年伊始，一个人的出现直接影响专家们对于全球经济前景的观感。他的名字叫：唐纳德·特朗普（Donald Trump）。

逆全球化趋势凸显

是年 1 月 20 日，共和党人特朗普在华盛顿国会山宣誓就职，成为美国第 45 任总统。就职不到两周，他接连发布行政命令——退出"跨太平洋伙伴关系协定"（TPP）、废除前总统奥巴马（Barack Obama）的清洁能源计划、宣布修建美墨边境墙、禁止 7 个伊斯兰国家公民入境、无限期停止接受叙利亚难民……

一时间，美国乃至世界舆论哗然。这些备受争议的举措之所以令人不安，重要原因在于其所代表的逆全球化趋势。

回溯爆发金融危机的 2008 年到 2015 年，全球贸易平均增长率仅 2.2%，远低于 2002 年至 2007 年 7% 的平均增长率；全球贸易增速与全球 GDP 增速之差持续接近于零，意味着贸易活动对经济增长的支撑作用持续下降。

这种情况下，以 2016 年 6 月英国全民公投决定"脱欧"为拐点，逆全球化思潮实质升级为国家意志的转向。而 2017 年特朗普当选美国总统，及其执政后新政引发的激烈震荡，则反映美国在全球化过程中的割裂状态。随着裂痕渐显，不仅各国之间的"零和博弈"或将升级，民粹主义也将冲击全球政治稳定与共识。

专家警示风险

IMF 前首席经济学家、印度央行行长拉格拉姆·拉詹（Raghuram

Rajan）认为，民粹主义的崛起，源于对就业前景和收入停滞的担忧，其所引发的政策将更强调直接效应，而淡化长期或意外后果。拉詹预计，民粹主义抬头将从货币政策、欧洲银行业、地缘政治和中国经济增长前景等方面造成短期风险。

"2017 年全球经济反弹力度有限。"全球最大公募基金管理公司先锋领航的亚太区首席经济学家王黔直言，"去杠杆、劳动生产率增长放缓都是全球经济中长期增长低迷的原因。而另一个非常重要的限制就是民粹主义上行。"

在王黔看来，民粹主义看重现在重于未来，出台的政策未必对长远有益。"全球化背景下，美国一些地区随着资本产业转移，当地民众失去工作，觉得自己是全球化的受害者。而实际上，1948 年以来，美国失去的工作只有 13% 源于全球化，87% 是由于技术进步。特朗普号召制造业搬回美国，但搬回美国后，更可能大量使用机器人，未必会制造多少就业岗位。未来几年，随着反全球化、民粹主义不断上升，意味着全球人力资本和技术流动都会放缓甚至停滞，这也会造成全球经济增速下降。"

加拿大丰业银行首席经济学家让 - 弗朗索瓦·佩罗（Jean-Francois Perrault）亦对 2017 年全球经济前景忧心忡忡。他指出："美国特朗普政府的贸易政策尚未完全确立，这是全球经济复苏的重大风险。虽然我们似乎正在进入一个更强大、更持久的全球复苏阶段，但现在就觉得高枕无忧，为时尚早。"

2017
首席说

CCEF 倾力拨云见日

其实，更早预见 2017 年全球经济前景"迷雾重重"者，是 CCEF 旗下专家。是年 1 月 7 日，CCEF 在沪举办名为"拨云见日——全球经济的迷途与变局"的主题论坛，围绕一系列热点话题展开深入解读。

来自美国的不确定因素

"特朗普的政策可能不会像我们期望的那样，有更好的刺激性作用，但美国经济的结构变化可能比过去更缓慢。"对于美国新任总统，花旗集团经济学家威廉姆·李（William Lee）认为，特朗普希望私营领域自己找资金进行基础设施投资。但在美国很少能够赢利，并需与各级政府的预算规划一致。所以，特朗普的政策可能无法满足市场及人民的期望。同时，美国的税收改革有很多不确定性，并不会促进更多的开支、更多的投资，或者产生更多分红，对美国经济影响难料。

"特朗普上台会改变贸易规则，他说在这种新的规则下，中国是货币操纵国。如果你满足我的要求，我就不对你进行制裁。他可能会要求保护知识产权、对中国国内增长的市场获得更多准入、会要求更多出口保护。那么，特朗普会给中国提供什么？他会说我建议你销售更多高价值产品，给美国公司更多市场准入，美国也会给你更多市场准入"。威廉姆·李称，特朗普会提供这种所谓的"双赢"方式，提出很多谈判的棋子，目的就是提高美国国内的收入和就业。"但这种双赢是否会带来全球就业增长和就业收入？那就是一个问题了"。

瑞银证券中国首席经济学家汪涛认为，特朗普可能带来贸易战和地缘政治关系紧张，这是一个不确定因素。但特朗普若要打贸易战，制定15%、30%的高关税，中方有很多反制选项，比如把出口成本抬得非常高，并让人民币贬值多一点。"相较于中国境内的稳增长，国际上存在非常巨大的不确定性。但中国是全球化的受益者，因此愿意继续推进贸易与自由化，也会跟美国协商投资协定。如果中美企业更多走入对方的市场，双方应该都会欢迎。"

长江养老保险首席经济学家俞平康指出，美国从全球贸易中获益后，在国内未进行公平分配，导致民怨四起，其内部贫富分化、差距持续扩大，激发民粹主义，转嫁到全球化和反全球化。而欧洲的问题在于，各国没有均衡享受到全球化带来的好处，这种矛盾的激化也激发民粹主义，被一些政客利用，变成反全球化思潮。"这就预示着中国应该更关注社会各阶层发展，特别是中下阶层的生活状况，通过医疗、住房、教育、社保等福利措施，使全社会共同致富，在奔向小康的道路上共同前进。"

各项政策需协同发力

根据中共中央政治局召开的 2017 年中央经济工作会议，2017 年是实施"十三五"规划的重要一年，也是推进供给侧结构性改革的深化之年。就此，会议提出"统筹推进稳增长、促改革、调结构、惠民生、防风险各项工作"，并强调"稳中求进"的工作总基调是治国理政的重要原则。

"稳中求进需要各项政策协同发挥效力。"CCEF 理事长、交通银行首席经济学家连平建议，从信贷政策、货币政策、汇率政策、国际收支政策等四个方面支持 2017 年中国经济稳中求进。"信贷政策要保持平稳和审慎，并增加针对性。结合降杠杆、防通胀等要求，对实际信贷增速做一定程度调节。货币政策应在稳健中性的基调下增强灵活性。汇率政策应保持汇率波动幅度，控制在合理区间。至于国际收支政策，未来主要任务还是要管住资本和金融账户下的逆差，使逆差规模保持一个基本的平衡。"

汪涛表示，稳中求进的"稳"首先是稳增长，其次是不出任何金融风险，最后是防止泡沫。而稳中求进的"进"，主要包括继续推进在国企、金融、财税等领域改革、在去过剩产能和国企改革混合所有制方面的改革。

摩根士丹利中国区首席经济学家邢自强认为，稳中求进的"进"主要体现在改革进展方面，一是体现防范金融风险和控制资产泡沫；

二是体现在对产权的进一步完善和改革；三是体现在开放。他同时提出，如果外部环境有巨大变化，国内政策可能有必要去提振经济，避免对出口和 GDP 产生影响。

"怎么实现稳的目标？非常重要的就是稳信心，首要紧迫是稳企业的信心。"汇丰银行中国首席经济学家屈宏斌表示，减税并不能百分百确保提振企业信心，还要配合其他方面措施。企业信心提高，民间投资上去，开始有所改善，中国经济面临的困局就比较容易走出去。"信心好了，国内投资慢慢上来，可以弥补房地产调整带来的缺口。当大家看好国内经济，流出也就少了。"

中国经济运行面临四个不确定性

在特朗普就任美国总统、"黑天鹅"① 频出、民粹主义抬头趋势下，2017 年全球经济确实面临更多不确定性。在此背景下，作为全球最大的新兴经济体和长期引领全球增长的最重要引擎之一，中国经济前景几何，成为各界瞩目焦点。

中国经济或将温和调整

"2016 年 GDP 增长是比较积极的信号，但不足以改变 2017 年中国经济增长持续放缓的趋势，包括国内去杠杆化和经济重组，改革、全球经济增长和贸易方面的不确定性，以及投资流量转向在内的一系列因素，将给中国经济带来下行压力。"大华银行高级经济师全德健表示，"但鉴于个人收入增长和私人消费能力增加将有助于保持经济增势，中国经济'硬着陆'可能性很小。预计 2017 年中国经济增长将逐步降至 6.6%，但仍在 6.5% 至 7% 的增长目标区间内。"

申万宏源证券研究所首席宏观分析师李慧勇认为，2017 年中国

---

① 指难以预测，但突然发生时会引起连锁反应，带来巨大负面影响的小概率事件，存在于自然、经济、政治等各个领域。

经济仍面临风险，但经济发展和宏观政策都有空间，最终大概率依旧"有惊无险"，预计全年增长 6.5%。

"2017 年中国经济增长是一个温和的调整，预计 GDP 增速在 6.4%。"汪涛表示，中央经济工作会议提出"稳中有进"主线，不是说经济增长保到 6.7%，而是增长不能有大幅下滑，但不见得会继续上升。

先锋领航亚太区首席经济学家王黔预计，2017 年中国经济增长 6.3%，这主要考虑到经济结构性问题，如过剩产能、房地产市场、人口老龄化、劳动生产率下降等因素。若经济增长放缓，实际给政策制定者更多空间，以控制金融风险，甚至推行一定程度的改革。"2017 年中国经济的最大风险之一是资本外流。如果能控制住，无论是财政政策还是货币政策，都会有更多灵活性。而未来中国经济的走向，一是取决于政策工具对短期经济增长和金融风险的把控；二是取决于结构性改革的前景。"

CCEF 理事长、交通银行首席经济学家连平指出，2017 年世界经济复杂多变，中国经济运行面临四个不确定性：一是特朗普新政带来的不确定性，预计会就汇率和贸易问题向中国施压；二是在美联储继续加息背景下，资本外流和汇率贬值可能继续相互推动，引发潜在风险；三是民间投资虽趋稳小升，增长动力却仍不足；四是房地产市场降温过快，可能给经济增长带来下行压力。

但总体上，连平对 2017 年中国经济形势持乐观态度，预计增速在 6.5% 左右。"中国经济潜在增长能力依然很大，重要的是增长质量的提升。在'十三五'期间保证年均经济增长 6.5% 的基础上，加大结构调整力度，推进经济梯度转移，缩小区域发展差距，增强发掘新人口红利的能力，是提升经济增长质量的重点。"

四个重点需要关注

国务院参事、CCEF 主席夏斌指出，2017 年中国经济的调整转型逻辑未变，但市场处理的过程很艰难，需要一个过程，真正有力度的三"去"工作 2016 年才开始，完成的任务仅仅是钢铁、煤炭两个领域的部分过剩产能。同时，PPI^① 由负转正刚刚开始，真正企稳还需观察一段时间。此外，占中国投资份额 60% 的民间投资，2016 年末增长 10% 左右，积极性及投资预期明显不高。货币政策也还未回归常态。

夏斌认为，基于 2016 年中央经济工作会议，2017 年要关注四个重点：

第一，国际上的黑天鹅，如特朗普。此外，法国、德国、意大利、荷兰选举的倾向是同一类型的黑天鹅。针对国际社会比以往任何年份更突出的不确定性，中国要以静制动，充分未雨绸缪。

第二，人民币汇率预期表现。这个问题实际反映中国企业和人们对中国经济增长和稳定的预期，对国企改革和市场出清的预期。尽管中国经济增长的长预期很好，但体现为时间上的"长期"由一个个"短期"联结组成，"短期"过不去，"长期"不存在。中央要关注引导市场预期，必须及时出台引导市场预期的改革措施和化解风险的措施。

第三，"房子是用来住的，不是用来炒的"。这是中央就国人长期困惑的房地产市场如何建立健康发展长效机制的内容，第一次作出明确表态和定位。换句话说，房地产健康发展长效机制的建立是围绕消费品为导向，要削弱其金融资产属性。这些问题又会衍生税收问题，人地挂钩的城市土地供应问题，地方政府的土地财政问题，第二套、第三套甚至更多持房的贷款和税收政策问题。这一系列政策包括哪些内容？何时出台？分几年出台？这都是亟须关注的。

---

① Producer Price Index，生产者物价指数，是衡量工业企业产品出厂价格变动趋势和变动程度的指数，是反映某一时期生产领域价格变动情况的重要经济指标，也是制定有关经济政策和国民经济核算的重要依据。

第四，中央经济工作会议提出"稳中求进"的工作总基调。既要确保经济运行的基本稳定，又"要在关键领域有所进取"。所谓关键领域，包括"下决心处置一批风险点"，如P2P互联网金融、市场上各类非法交易所、各类投资贷款公司；包括继续推进产能过剩行业的去产能，要重组、破产一批企业；包括要处理部分三、四线城市的房子高库存和银行不良贷款。这一系列工作如果做不好，都会给经济稳定带来不可轻视的负面影响。掌握稳中求进的辩证方法至关重要，要真正看懂中国2017年经济转型调整，系统性风险问题必须关注。

2017
金融市场改革"三枪齐鸣"

民营银行监管打响"发令枪"

随着中国经济发展的"专列"驶入2017年，经济、金融领域各项行动迅速展开。1月5日，银监会印发《关于民营银行监管的指导意见》（以下简称《意见》），打响金融市场改革的"第一枪"。

明确具体要求

《意见》提出民营监管工作的总体要求，明确坚持审慎监管与创新发展并重，全程监管、创新监管和协同监管相统一，统一监管和差异化监管相结合，试点经验和常态化设立相衔接等原则，并提出了四项具体要求。

一是明确发展定位。坚持金融服务实体经济的总要求，突出民营银行有别于传统银行的发展特色，要求民营银行明确差异化发展战略，坚持特色经营，为实体经济特别是中小微企业、"三农"和社区，以及"大众创业、万众创新"提供更有针对性、更加便利的金融服务，提高普惠金融服务水平。

二是推动创新发展。坚持鼓励与规范并重、创新与防险并举，加强监管服务，推动监管创新，在依法合规、风险可控前提下，支持民营银行开展业务、服务、流程和管理创新，注重监管政策的激励相容[①]，对特色经营和提供普惠金融服务成效显著的，实行监管正向激励措施。

三是强化审慎监管。针对民营银行关联交易管理、股权管理、股东监管等重点领域提出监管要求，强化银行自我约束、市场约束和监管约束，引导民营银行股东为银行增信，形成股东关心银行发展以及银行有效管理风险的良性机制，提高民营银行可持续发展能力。

四是落实监管责任。明确属地监管责任，加强监管联动，提高市场准入、非现场监管和现场检查等日常监管工作有效性，加强监管部门与地方各级政府在民营银行风险处置过程中的信息共享和沟通协作，配合地方各级政府建立有关协调机制，及时有效防范和处置风险。

特色发展之路

回溯 2014 年，银监会批准前海微众银行、天津金城银行、温州民商银行、浙江网商银行、上海华瑞银行筹建。

随着《关于促进民营银行发展的指导意见》于 2015 年 6 月出台，民营银行组建由试点转为常态化设立。截至 2017 年年初，包括前述 5 家试点银行在内，银监会共批准筹建 17 家民营银行，意味着民营金融步入改革发展的机遇期。

虽与传统银行相比，民营银行的资产规模和设立数量仍系"小巫见大巫"，但其最核心优势在于身为开拓者，而非转型者。"民营发起＋民营管理"的激励机制与风险管理文化更为市场化，既能开拓传统银行未有效覆盖的客户群体，亦可利用股东在供应链上下游的信息

---

① 指在存在道德风险的非对称信息市场中，如何保证拥有信息优势的一方即代理人，按照契约的另一方即委托人的意愿行动，从而使双方都能趋向于效用最大化的制度安排。

优势深耕客户的多元化需求。更重要的是，小微企业与民营银行有天然基因上的契合，从资源倾斜的角度看，民营银行必然能比传统银行做得更深入。

譬如，针对温州小微企业"无物可押、无人愿保"的情况，温州民商银行利用企业现金流量跟踪、企业信用行为轨迹、贷款用途控制等多种方式突破担保瓶颈，发放以信用为主的组合担保贷款，截至2016年末累计发放信用贷款335笔，共计2.87亿元。又如，重庆富民银行定位"服务小微企业的普惠金融银行"，提出"扶微助创，实体互联，立足两江，辐射库区"的经营模式，成为重庆市首家以小微、"三农"经济体和其他金融弱势群体为核心服务主体，支持"大众创业、万众创新"的银行机构。

可以说，民营银行结合区域经济特点和股东资源优势，正在或者已经探索出多条有别于传统银行的特色发展之路，在我国金融体系中找到一席之地。

当然，开拓必定伴随着风险，尤其是在风险外溢性很强的金融领域，任何改革和创新都应审慎推进。故而2017年伊始，银监会发布《关于民营银行监管的指导意见》紧密围绕"引导科学发展"和"严守风险底线"两个核心目标，提出明确发展定位、推动创新发展、强化审慎监管、落实监管责任等具体要求，目的是提高监管工作的科学化、精细化水平；提高民营银行竞争能力和抗风险能力，保障民营银行安全高效运行和整体稳定。

随着监管不断完善，其后至今，我们看到民营银行成为中国金融体系的重要组成部分，给实体经济特别是小微、"三农"等经济体提供更多金融资源，切实成为供给侧结构性改革中一股不可或缺的动力源。

对上市公司不务正业说"不"

2017年2月17日，证监会对《上市公司非公开发行股票实施细则》部分条件进行修订（以下简称"修订版《细则》"），并发布《发行监管问答——关于引导规范上市公司融资行为的监管要求》（以下简称《监管问答》），对上市公司非公开发行规模、时间间隔等作出规定。

上市公司不务正业

作为上市公司获得资金的重要渠道之一，再融资在促进社会资本形成、支持实体经济发展中发挥了重要作用。但就此前市场运行情况看，上市公司巨额再融资及随之而来的大股东任性减持套利，成了影响资本市场健康运行的"出血点"。

数据显示，2016 年 A 股 IPO 首发募集资金规模约 1865 亿元，而上市公司通过定增①、配股②等方式进行的再融资金额高达 1.97 万亿元，相当于 IPO 募资规模的 10 倍。

更值得关注的是，巨额再融资之际，部分上市公司拼凑项目"圈钱"，导致募资到位后无法按计划投入，造成不同程度闲置，甚至有公司为了再融资而"突击"使用前次所募资金。因不能按计划使用，为求中短期回报，不少上市公司用巨额资金购买理财产品。据统计，2016 年超过 700 家上市公司累计购买理财产品逾 7000 亿元，约占同年上市公司再融资额的 50%。

上市公司"不务正业"的行为，反映其并不缺钱。而过度融资不仅降低资本市场的资源配置效率，扭曲合理定价机制，损害中小投资者利益，更助推资金"脱实向虚"，有损资本市场和实体经济健康发展。

堵住利益输送漏洞

针对上市公司再融资的无序膨胀，修订版《细则》为定价机制、

---

① 即向有限数目的资深机构或个人投资者发行债券或股票等投资产品。

② 即上市公司依照有关法律规定和相应程序，向原股票股东按其持股比例、以低于市价的某一特定价格配售一定数量新发行股票的融资行为。

发行规模、时间间隔等设立硬指标，如取消将董事会决议公告日、股东大会决议公告日作为上市公司非公开发行股票定价基准日的规定，明确定价基准日只能为本次非公开发行股票发行期的首日。

《监管问答》则明确，上市公司申请非公开发行股票的，拟发行股份数量不得超过本次发行前总股本的 20%；上市公司申请增发、配股、非公开发行股票的，本次发行董事会决议日距离前次募集资金到位日原则上不得少于 18 个月。同时，上市公司申请再融资时，除金融类企业外，原则上最近一期末不得存在持有金额较大、期限较长的交易性金融资产①和可供出售的金融资产②、借予他人款项、委托理财等财务性投资情形。

"我们看到过去很长一段时间里，部分企业上市后不安于主业发展，通过资本运作来实现在资本市场套利及过度扩张。新规实施后，限制上市企业再融资规模和频率，有助于把资金用到刀刃上，实现资源的优化配置。"上海中域投资总经理兼投资总监袁鹏涛如是说。

华创证券非银金融行业首席分析师洪锦屏也认为，随着再融资收紧，促使上市公司未来更多根据自身发展阶段和实际扩张需求去考虑融资计划。

国海证券指出，过去上市公司采用低价增发—资产收购—高价减持的套利机制，屡试不爽。其中，大股东或其他定增对象（公募、私募或个人）获得低价增发的筹码，利益诉求一致，使公司股价有了上涨动力，进而通过从一级市场低价收购高估值项目促使股价上涨，最终给二级市场带来巨大减持压力。整个过程中，利益受损最大的就是中小投资者。"虽然新规使短期利益诉求受到严重抑制，却保护了中小投资者利益，把大股东和中小股东的利益绑定在一起。"

修订版《细则》和《监管问答》的发布，有效压缩了上市公司过

---

① 指企业打算通过积极管理和交易以获取利润的债权证券和权益证券。

② 指交易性金融资产和持有至到期投资以外的其他债权证券和权益证券。

度融资的空间，防止"不差钱"的公司在二级市场"圈钱"。若不考虑证监会已受理因素，截至新规落地前，在当时已发布的上市公司非公开发行预案中，192 家公司合计 3489 亿元的预案在融资期限上不符合要求、240 家上市公司合计有 7230 亿元预案不符合"股本不高于 20% 股本比例"要求。

证监会于 2017 年初祭出的这两个"大招"，对企业再融资冲动形成较强约束力，堵住上市公司和相关定增参与者利益输送和分配的漏洞，从而引导资金流向实体经济最需要的地方，进一步优化了国内资本市场的生态环境。

保险监管"三箭连发"

2017 年伊始即"大展拳脚"的，还有"三箭连发"的保监会。

第一支箭——更细致要求财险条款费率开发

《财产保险公司保险产品开发指引》（以下简称《产品开发指引》）。这份由保监会于 1 月 4 日印发并正式实施的文件，首次细化财险公司产品开发原则和禁止性规定，并在《保险法》等法律法规基础上对条款费率开发提出更细致要求。

例如，《产品开发指引》规定保险产品不得违法违规，不得违反保险原理，不得违背社会公序良俗，不得损害社会公共利益和保险消费者合法权益，不得危及公司偿付能力和财务稳健；开发保险产品应坚持保险利益原则、损失补偿原则、诚实信用原则、射幸合同原则、风险定价原则；不得开发对保险标的不具有法律上承认合法利益、无实质内容意义、炒作概念的噱头性产品等 8 类产品。

又如，《产品开发指引》规定，保险产品名称不得使用易引起歧义的词汇，不得曲解保险责任，不得误导消费者，并就保险条款的框架要素和重点条款内容提出指导性意见，对费率的厘定原则和框架进行明确。

此外，《产品开发指引》规范保险公司产品开发组织和制度，强化产品开发主体责任，要求险企成立产品管理委员会或类似机制作为产品管理的最高决策机构；进一步明确产品开发管理流程，指导险企建立涵盖产品全流程的管理制度；要求险企按规定对产品进行评估，及时完善修订保险条款和保险费率，每年清理保险产品；对不再销售的产品及时注销。

《产品开发指引》通过明确政策红线，完善保险产品开发监管制度，有利于引导保险公司强化产品管控、提高产品质量，对于有效释放行业发展活力，更好地保护保险消费者合法权益，推动行业提升服务能力和创新水平具有重要意义。

第二支箭——让财险产品费率厘定有章可循

《财产保险公司产品费率厘定指引》（以下简称《费率厘定指引》）于 1 月 5 日印发，并于 2017 年 2 月 1 日正式实施。保监会此举用意，就是为了使财险产品费率厘定有章可循。

在国际惯例中，偿付能力监管、准备金监管及费率厘定监管是保险精算监管的三驾马车，三者相辅相成，为保险行业提供完善的保障机制。而我国财险产品数量众多、种类繁复，很多由于缺乏历史数据等原因，定价过程存在开发不科学、管控不严格等问题。为此，《费率厘定指引》从三个方面进行规范。

一是对费率的构成和费率厘定的原则等进行规范性描述，对适用范围、费率厘定中相关概念的定义及责任机制进行规范，并规范费率厘定中应遵循的原则，即合理性、公平性和充足性。

二是规范费率厘定的具体流程，包括前期准备、厘定过程、监控与调整。在前期准备阶段，主要对费率厘定中的基础数据方面作出规范要求，包括数据的来源、内容、数据提取和管理机制、数据校验及修正等。还特别要求保险公司将提取数据的方法记录留存，从而为数据提取工作的核验提供保障。

三是对产品费率厘定的监督管理办法作出规定，包括对费率精算报告、费率厘定工作底稿的要求及追责规定，为产品费率厘定监管提供保障。

保监会称，建立和完善保险产品费率厘定的监管，不仅完善产品定价监管制度，推动险企形成融会贯通的精算循环内控机制，防范风险，同时也为险企产品开发和回溯提供完善合理的操作流程，一旦发生产品定价风险事件，即可作为对其追责的重要依据。

第三支箭——对险企治理本源制度作出安排

1月12日，保监会就《保险公司章程指引（第二轮征求意见稿）》（以下简称《章程指引》）公开征求意见。综观这份文件，主要结合保险公司章程制定中的突出问题和公司治理运作中的主要风险，对公司治理本源制度进行安排。

《章程指引》以有效法律和规范性文件为依据，明确保险公司章程的必备条款；明确股东享有董监事提名权及在特定情况下直接向监管部门提供证据和反映问题的权利；明确保险公司发生偿付能力不足、风险事件或重大违规行为时，股东应采取及应配合监管部门采取的措施；明确界定股东大会、董事会职权及授权安排，要求保险公司在章程中制定重大投资、重大资产处置等事项的额度比例；明确股东大会的决议形式、回避原则及表决规则；明确独立董事的提名方式、职责权利、失职情形及相应处罚措施；等等。

《章程指引》还专设"公司治理特殊事项"一章，要求险企明确有关替代和递补机制，以及治理机制失灵时采取的纠正程序及申请指导程序，确保险企在经营失败的情况下能得到有序、有效的处置。

保监会接连射出的"三支箭"，成为防范化解保险公司治理风险、加强公司治理监管刚性约束、丰富公司治理监管工具的切实措施，在完善保险公司治理规则体系建设，提升公司治理的科学性和有效性方面，发挥了积极作用。

2017
资本市场改革两大举措

"债券通"水到渠成

2017 年 5 月 16 日，中国人民银行、香港金融管理局决定，同意中国外汇交易中心暨全国银行间同业拆借中心、中央国债登记结算有限责任公司、银行间市场清算所股份有限公司和香港交易及结算有限公司、香港债务工具中央结算系统开展香港与内地债券市场互联互通合作。

这不仅意味着内地与香港"债券通"的开启"板上钉钉"，也意味着我国金融市场开放又迈出重要一步。

水到渠成

此前，从"沪港通""深港通"，到放宽单家 QFII 投资上限、简化额度审批管理，境外资金进入我国资本市场的渠道愈来愈通畅。债市方面，央行 2016 年发布 3 号公告称，进一步推动银行间债市对外开放，引入更多符合条件的境外机构投资者，并取消额度限制，简化管理流程。2017 年 5 月，有报道称"截至目前，已有 473 家境外投资者入市，总投资余额超过 8000 亿元人民币"。

截至 2017 年 3 月末，我国债市托管量达 65.9 万亿元，居全球第三、亚洲第二；公司信用类债券余额居全球第二、亚洲第一。其中，银行间债市产品序列完整、交易工具丰富，成为我国债市乃至整个金融市场的主体。

不过，与其他开放程度较高的国际市场相比，我国债市仍须进一步全面深化开放。同时，内地与香港金融市场保持良好互动，到 2017 年已有近 200 家在港金融机构进入内地银行间债市投资。作为国际金融中心，香港拥有与国际接轨的金融基础设施和市场体系，许多国际大型机构投资者已接入香港交易结算系统。在此背景下，以两地基础设施互联互通实现内地与香港"债券通"水到渠成。

"'债券通'是国家推动资本账户开放的另一个里程碑。随着'沪港通'和'深港通'的落实，两地股市已基本达到互联互通。债市是资本市场的另一重要组成部分，内地债市的境外投资者持有债券占比不到 2%，参与程度有很大提升空间。"香港金融管理局总裁陈德霖认为，透过"债券通"提供的平台，香港可以为境外投资者进入内地债市提供便利化的窗口，发挥香港作为国际金融中心的角色和资金进出内地的中介功能。

客观上看，实施"债券通"可能在跨境资金流动、投资者保护与市场透明度、基础设施互联、跨境监管执法等方面，面临一定风险与挑战。对此，央行有关负责人称，将通过分步实施、完善相关制度安排、深化监管与执法合作等方式来应对。先实施"北向通"，未来根据两地金融合作总体安排，适时开通"南向通"①。"初期先开通'北向通'，符合我国短期内吸引资本流入的资本项目开放的目标，也有利于内地债市逐步加快与国际债市接轨的步伐。"

而后，央行起草《内地与香港债券市场互联互通合作管理暂行办法》（公开征求意见稿）明确，"北向通"是指香港及其他国家与地区的境外投资者，经由香港与内地基础设施机构之间在交易、托管、结算等方面互联互通的机制安排，投资于内地银行间债券市场。符合中国人民银行要求的境外投资者，可通过"北向通"投资银行间债券市场。

受益良多

2017 年 7 月 3 日，"债券通"正式上线试运行，引来掌声一片。

工银国际首席经济学家程实指出，"债券通"互联互通的措施，打开了国际投资者进入内地资本市场的大门，将为全球资产配置带来

---

① 即香港与内地债券市场互联互通南向合作，指内地机构投资者通过内地与香港基础服务机构连接，投资于香港债券市场的机制安排。

新格局。考虑到中国经济增速以及其债券相对较高的收益率，预期将吸引更多中长期资金投入。

"自从人民币被纳入 SDR 货币篮子，中国债券在全球债券指数的影响日益上升，对中国债券的需求随之增长。随着进入中国银行间债市的渠道不断丰富，预计 2017 年下半年境外投资者持有的中国在岸债券将增加 1000 亿元，年底升至 9500 亿元。"渣打银行（中国）行长、总裁兼副董事长张晓蕾称。

汇丰银行大中华区行政总裁黄碧娟表示，"'债券通'便利境外投资者参与内地市场，只要更多人加入，投资者结构自然更多元化，从而不断扩大市场的广度和深度，为内地债市纳入全球主要债券指数铺路"。

其实，此前的 6 月 30 日，花旗宣布中国已连续 3 个月符合加入"花旗世界国债指数—扩展市场"的条件，于 7 月起将中国纳入该指数，并发布"花旗中国债券指数"和"花旗中国银行间债券指数"两个新债券指数。随着"债券通"落地，更多国际债券指数[①]有望纳入中国市场。

此外，尽管彼时人民币已加入 SDR 货币篮子，但权重偏低，影响力较弱。债市进一步开放，可有效满足境外投资者对人民币资产的配置和流动性需求，为境外人民币构建新的回流机制，提升人民币作为投融资货币的作用，推动人民币国际化发展。

德意志银行中国区总经理、中国董事长高峰指出，外资参与中国境内债市程度的增加，将中长期改善中国国际收支平衡，有助于境内市场投资者结构的多样性、优化债市的流动性和定价机制、提高市场透明度，并增强境内和全球市场基础设施之间的连通。"这些终将推动人民币国际化长期发展。"

---

① 目前有三个主要的国际债券指数，分别是花旗全球国债指数（WGBI）、摩根大通国债－新兴市场指数（JPM GBI-EM）以及巴克莱资本债券综合指数（Barclays Global aggregate index）。

与此前的开放措施相比，"债券通"不局限于二级市场交易，更向境外投资者开放境内一级市场发行，不仅为我国债市引入境外"活水"，增加需求，改善投资者结构，提高市场定价效率，而且可以推动内地债市与国际规则接轨，构建更加健康的人民币债券市场，进一步支持人民币国际化。

A 股四度冲关终"入摩"

在三次与摩根士丹利资本国际公司（MSCI）擦肩而过后，2017 年 6 月 20 日，A 股第四次冲关 MSCI 终获成功。作为全球指数供应商的 MSCI 当日宣布，自 2018 年 6 月起，将把 A 股纳入 MSCI 新兴市场指数[1] 和全球基准指数（ACWI）[2]，初始加入新兴市场指数的 222 只 A 股大盘股，基于 5% 的纳入因子，约占 MSCI 新兴市场指数 0.73% 的权重。

历史性时刻

MSCI 称，此次纳入 A 股的决定在其咨询的国际机构投资者中得到广泛支持。这主要由于中国内地与香港互联互通机制的正面发展，以及中国交易所放宽了对涉及 A 股的全球金融产品进行预先审批的限制。

这一历史性时刻，标志着我国资本市场进行的一系列改革得到国际投资机构认可，不仅成为 A 股国际化进程里程碑，也体现出国际投资者对我国经济、金融市场发展前景的信心。

野村大中华区中国股票研究部主管及首席股票策略师刘鸣镝表示，其实 2016 年，特别是英国"脱欧"和特朗普当选美国总统后，

---

① 摩根士丹利资本国际公司（Morgan Stanley Capital International）编制的证券指数，指数类型包括产业、国家、地区等，范围涵盖全球，是欧美基金经理人投资全球股票市场的重要参考指数。
② 是机构和个人投资者常用作投资选股标准的基准指数之一，也是全球投资组合经理最多采用的投资标的。

更多国际投资人就开始研究跟踪中国股票，主要原因在于 A 股估值低、增长前景好，经济政治社会相对稳定。

2017 年 6 月，金融科技平台真融宝创始人兼董事长吴雅楠接受媒体采访时分析，按照当时权重，A 股市场有望引入约 700 亿元增量资金，相当于沪深两市单日交易额的 1/6。虽然贡献有限，但对于 A 股融入全球股市估值体系有重大示范作用，加快了中国股市的机构化进程。

更深层意义

A 股成功冲关 MSCI 的意义实际不止于此。从中短期看，A 股"入摩"将在提升国际投资者关注度与参与度的同时，助推我国资本市场进一步对外开放。

A 股"入摩"前的 6 月 20 日，中国人民银行行长周小川在"2017 陆家嘴论坛"上指出，"当年我国引入外资银行，最开始期望引入资本。回过头看，国内商业银行从竞争中学到很多，为我国金融业带来产品演变、市场建设、业务模式、管理经验等一系列变化"。同样地，A 股被纳入 MSCI 既为国际投资机构的进入打开一扇门，也将在竞争中为我国经济、金融业带来诸多良性变化。

从长期看，随着人民币国际化进程的深化，以及更多改革开放措施的推出，如取消"沪深股""深港通"每日额度限制、进一步放开全球金融产品预审权等，我国资本市场将真正实现与全球市场的"互联互通"。

正如上海证券交易所资本市场研究所所长施东辉同年 6 月所说，中国已经发展成为世界第二大经济体，内地股市总市值近 8 万亿美元，占全球股市总市值的 10%，是全球第二大股市，国际投资者对配置中国股票的需求日益迫切。"MSCI 将 A 股纳入新兴市场指数，顺应国际主流机构投资者的投资需求，对国际资本的流动格局将产生深远影响。"

2017 大事记

七部委联合叫停 ICO

2017 年 9 月 4 日，中国人民银行、中央网信办、工业和信息化部、工商总局、银监会、证监会、保监会联合发布《关于防范代币发行融资风险的公告》，明确各类代币发行融资活动应当立即停止。

整顿乱象

彼时，国内通过发行代币形式，包括首次代币发行① 进行融资的活动大量涌现，投机炒作盛行，涉嫌从事非法金融活动，严重扰乱经济金融秩序。

七部委公告指出，代币发行融资是指融资主体通过代币的违规发售、流通，向投资者筹集比特币、以太币等所谓"虚拟货币"，本质上是一种未经批准非法公开融资的行为，涉嫌非法发售代币票券、非法发行证券以及非法集资、金融诈骗、传销等违法犯罪活动。

早有征兆

ICO 市场的处境并非全无征兆。2017 年 9 月 2 日，互联网金融风险专项整治工作领导小组办公室向各省市金融办（局）发布《关于对代币发行融资开展清理整顿工作的通知》（以下简称《通知》），明确 ICO 本质上属于未经批准的非法公开融资，涉嫌非法集资、非法发行证券、非法发售代币募集，以及涉及金融诈骗、传销等违法犯罪活动，严重扰乱了经济金融秩序。

该《通知》同时附以全国 60 家 ICO 平台参考名单，要求辖内相

---

① Initial Coin Offering，ICO，指用区块链把使用权和加密货币合二为一，为开发、维护、交换相关产品或者服务的项目进行融资。

关部门立即展开对代币发行融资活动的摸排工作。根据《通知》，已经明确在运营的平台中，北京有 6 家、上海有 8 家、广东地区有 12 家。《通知》要求各地对正在运营的 ICO 平台实行"零报告"，同时应做好辖内 ICO 平台的清理整顿工作，落实对代币发行平台高管约谈监控及其账户监控等措施，保护投资者利益，预防群体性事件。

监管消息公布前后，多个平台主动暂停了 ICO 服务。9 月 2 日，比特币中国在其官网公告，即日起暂停 ICO 币充值与交易业务，并于次日下午 6 点暂停 ICO 币提币业务。9 月 3 日下午，ICOAGE 发布暂停服务公告。更早的是 ICOINFO，8 月底就宣布暂停 ICO 业务，待监管政策出台后再按规范展业。

值得一提的是，国家互联网金融安全技术专家委员会发布的《2017 上半年国内 ICO 发展情况报告》显示，以 2017 年 7 月 19 日零点价格换算，上半年通过 ICO 获得的融资金额已超过传统风险投资（Venture Capital，VC）的投资，ICO 累计融资规模达 26.16 亿元人民币，累计参加人次达 10.5 万。

直接叫停

根据七部委联合发布的《关于防范代币发行融资风险的公告》，代币发行融资中使用的代币或"虚拟货币"不由货币当局发行，不具有法偿性与强制性等货币属性，不具有与货币等同的法律地位，不能也不应作为货币在市场上流通使用。自公告发布之日起，各类代币发行融资活动应当立即停止。任何所谓的代币融资交易平台不得从事法定货币与代币、"虚拟货币"相互之间的兑换业务，不得买卖或作为中央对手方买卖代币或"虚拟货币"，不得为代币或"虚拟货币"提供定价、信息中介等服务。

公告称，各金融机构和非银行支付机构不得直接或间接为代币发行融资和"虚拟货币"提供账户开立、登记、交易、清算、结算等产品或服务，不得承保与代币和"虚拟货币"相关的保险业务或将代币和"虚拟货币"纳入保险责任范围。金融机构和非银行支付机构发现代币发行融资交易违法违规线索的，应当及时向有关部门报告。同时，各类金融行业组织应当做好政策解读，督促会员单位自觉抵制与代币发行融资交易及"虚拟货币"相关的非法金融活动，远离市场乱象，加强投资者教育，共同维护正常金融秩序。

公告还明确，已完成代币发行融资的组织和个人应当作出清退等安排，合理保护投资者权益，妥善处置风险。有关部门将依法严肃查处拒不停止的代币发行融资活动以及已完成的代币发行融资项目中的违法违规行为。对于存在违法违规问题的代币融资交易平台，金融管理部门将提请电信主管部门依法关闭其网站平台及移动 App，提请网信部门对移动 App 在应用商店做下架处置，并提请工商管理部门依法吊销其营业执照。

中国地方金融研究院研究员莫开伟指出，之前 ICO 市场缺乏监管制度和主管部门，暴露大量金融风险隐患。一是以区块链创新幌子欺骗投资者；二是缺乏正规审批渠道，没有严格把关，致使市场上大多数 ICO 项目不靠谱；三是价格被人为操纵，如同过山车，面临暴跌风险，扭曲 ICO 的本来面目和发展初衷。

"ICO 之所以被叫停，缘于其滋生行业泡沫、扰乱金融秩序、侵蚀民众财富等社会危险。因此，监管层必须重拳出击。"莫开伟指出。

重拳整治现金贷师出有名

"具有无场景依托、无指定用途、无客户群体限定、无抵押等特征的'现金贷'业务快速发展，在满足部分群体正常消费信贷需求方面发挥了一定作用，但过度借贷、重复授信、不当催收、畸高利率、侵犯个人隐私等问题十分突出，存在着较大的金融风险和社会风险隐患……"

2017 年 12 月 1 日晚，经由一份央行联合银监会正式下发的《关于规范整顿"现金贷"业务的通知》（以下简称《通知》），监管层终于为长期处于舆论风口浪尖的现金贷定调，明确统筹监管。

庞氏骗局嫌疑

央行行长周小川早就指出："部分互联网企业以普惠金融为名，行庞氏骗局之实，线上线下非法集资多发，交易场所乱批滥设，极易诱发跨区域群体性事件。"此言绝非无中生有，因为确有一些互金企业明里打着"普惠金融"旗号，暗中却反其道行之。一如现金贷，其头顶向来被"庞氏骗局嫌疑"的"光环"笼罩，越来越像一个"坑"。

根据 2015 年最高人民法院发布的《关于审理民间借贷案件适用法律若干问题的规定》，借贷双方约定的利率未超过年利率 24%、出借人请求借款人按照约定的利率支付利息的，人民法院应予以支持；借贷双方约定的利率超过年利率 36%，超过部分的利息约定无效。

但据相关统计，2017 年时，78 家比较知名的现金贷平台，实际平均年化利率为 158%，更有甚者竟达 598%。之所以如此骇人，盖因随意定价、罚息极高等现象普遍存在。如某现金贷产品，借款 1000 元，期限 14 天，要提前收取利息和费用 150 元，到账金额 850 元，到期仍须还 1000 元。算下来，年化利率高达 391%。倘若逾期，每天还要额外收取 2.5% 逾期费。

平日里，"取道"现金贷解决消费、缴税、交话费等"临时周转问题"的，多为在校生、啃老族、失业者等低收入群体。如此"嗜血"利率，现金贷俨然视最高院明令如无物。

2017 年 4 月，银监会发布《关于银行业风险防控工作的指导意见》，明确指出做好现金贷业务活动的清理整顿工作，不得违法高利放贷及暴力催收。但现实是，从深更半夜打电话骚扰谩骂借款人，到威胁将借款人的照片放在网络上传播；从编造谎言或诅咒短信发给借款人的亲友，到还款期未至就强行从借款人账户中扣款，凡此种种，凸显现金贷"和谐"表象之下隐藏暴力涉黑的阴暗面。

除了上述两大罪责，多头借贷、过度授信、风控极差、坏账率极高，种种有关现金贷的负面舆情频发。这种情况下，监管层施以重拳师出有名！

对症施治

针对"嗜血"利率，《通知》要求各类机构以利率和各种费用形式对借款人收取的综合资金成本，应符合最高人民法院关于民间借贷利率的规定，禁止发放或撮合违反法律有关利率规定的贷款。

针对暴力催收，《通知》要求各类机构或委托第三方机构均不得通过暴力、恐吓、侮辱、诽谤、骚扰等方式催收贷款。

针对多头借贷、过度授信，《通知》要求各类机构不得以任何方式诱致借款人过度举债，陷入债务陷阱。不得向无收入来源的借款人发放贷款，单笔贷款的本息费债务总负担应明确设定金额上限，贷款展期次数一般不超过两次。

新政的要义并不止于"整治"，还在于"疏堵结合"。《通知》既就现金贷作出"四无"（无场景依托、无指定用途、无客户群体限定、无抵押）定性，也肯定其"在满足部分群体正常消费信贷需求方面发挥了一定作用"，这意味着监管层不是对现金贷"一刀切"，而是只将那些未经批准从事非法放贷业务的机构列为"精准打击目标"，但若有场景依托、有指定用途、有客户群体限定、有抵押物，则非新政所指向的"现金贷"，还是要通过规范引导，促其回归金融本质，在服务长尾人群方面发挥应有作用，实现良性发展。

值得一提的是，央行副行长潘功胜对《通知》进行解读时表示，监管部门考虑修订2008年出台的小贷公司监管规则（即银监会、央行《关于小额贷款公司试点的指导意见》），不同业态的金融市场应该具有相当的公平性。在互联网金融专项整治的方向上，央行与各部门将实施统筹监管，对普惠金融必须有约束，对于现金贷行业导致的问题，机构纠偏与行为纠偏并重。

当然，包括现金贷在内互联网金融行业的稳健运行，既离不开各领域平台"自重自爱"，合规运营，也离不开监管层正确的政策指引，"赏优罚劣"。《通知》的出台只是一曲前奏，好戏还在后头！

上海自贸区改革进入 3.0 时代

2017 年 3 月 31 日，国务院印发《全面深化中国（上海）自由贸易试验区改革开放方案》（以下简称《方案》），标志着上海自贸区改革进入 3.0 时代。

水到渠成

自 2013 年 9 月 29 日上海自贸区正式挂牌后，"一行三会"等国家有关部门和上海市政府相继发布"金改 51 条"①和"金改 40 条"②，陆续出台自由贸易账户、跨境投融资汇兑便利、人民币跨境使用、利率市场化、外汇管理改革等一系列实施细则，形成了以自由贸易账户系统为基础，以资本项目可兑换、利率市场化、人民币国际化等领域为核心的金融改革制度安排。

截至 2016 年末，上海自贸区共有 51 家金融机构通过分账核算系统验收，累计开立自由贸易账户 6.35 万个，累计办理跨境结算折合人民币约 10.5 万亿元，涉及 118 个国家和地区以及近 2.8 万家境内外企业。企业通过自由贸易账户获得的本外币融资总额折合人民币 8289 亿元，人民币平均利率 3.89%，同时，上海自贸区累计新设立企业 4.2 万户，新设外资企业数占比从挂牌初期的 5% 上升到 20%

---

① 指央行、银监会、保监会、证监会陆续发布的 51 条金融支持自贸区建设的意见和措施，以及 13 个细则文件，主要包括投融资汇兑便利、扩大人民币跨境使用、利率市场化和外汇管理改革四个方面。比如，央行出台的支付机构跨境人民币支付等自贸区政策实施细则，银监会允许获得离岸业务资格的四家中资商业银行授权自贸区内分行开办离岸业务，等等。

② 指《进一步推进中国（上海）自由贸易试验区金融开放创新试点 加快上海国际金融中心建设方案》，共有 6 大板块，40 条内容。

左右。截至 2016 年年底，办结境外投资项目累计 1577 个，自贸区以 10% 的面积创造了浦东 75% 的生产总值，以 2% 的面积创造了上海市 25% 的生产总值。

此外，上海成立自贸试验区金融工作协调推进小组，建立了上海金融综合监管联席会议机制，积极开展金融综合监管试点，努力探索功能监管模式；推出自贸区金融机构和高管准入简化制度，建立了银行业务创新与监管互动机制、航运保险产品注册制，累计注册各类航运保险产品超过 2400 个；建立了跨部门、跨境资金监测分析与应急协调机制，搭建了新型金融业态监测分析平台；并积极研究探索金融服务业对外开放负面清单管理模式。

由此，上海自贸区基本形成了更加开放的金融市场体系和金融机构体系。在金融市场建设方面，设立了上海国际能源交易中心、中欧国际交易所、上海保险交易所、上海票据交易所、中国信托登记公司；启动了"沪港通"，推进了上海黄金交易所国际板、上海股权托管交易中心科技创新板；开展了自贸区铜溢价和人民币动力煤掉期等中央对手方清算业务；等等。

在金融机构发展方面，上海自贸区集聚金砖国家新开发银行、全球清算中央对手方协会（CCP12）、人民币跨境支付系统（CIPS）、中保投资公司、中国互联网金融协会等一批国际性、功能性金融机构和组织，推动设立华瑞银行、东正汽车金融等一批民营金融机构和合资金融机构。至 2017 年年初，上海自贸区共有各类中外资金融机构约 800 家。

推广创新

作为全国金融改革开放"试验田"，上海自贸区形成了一批可复制、可推广的金融创新成果：央行和外汇局将简化经常和直接投资项下跨境人民币结算业务流程、跨境双向人民币资金池、经常项下跨境人民币集中收付汇业务等 15 项措施在全国复制推广；银监会将离岸业务经营授权、区内银行业金融机构和高管准入简化、自贸试验区特色监测报表、自贸试验区业务风险评估指导意见等 4 项措施推广到天津、福建、广东等 3 个自贸试验区；保监会将保险业简政放权等措施复制推广至上述 3 个自贸试验区。

CCEF 理事长、交通银行首席经济学家连平表示，上海自贸区形成的一大批可复制、可推广的改革创新经验，大部分已被第二批自贸区吸收借鉴。第三批自贸区将继续按照上海自贸区的经验，在办事流程、进出口税收政策优惠及金融改革等方面稳步推进，而且第三批自贸区大多位于中西部地区，这为相关改革创新政策最终向全国推广复制提供了载体。此外，为支持上海科创中心建设，2016 年 11 月，央行上海总部将自由贸易账户主体资格拓展到自贸试验区外科创相关企业和海外引进人才，体现了自贸区的示范和溢出效应。

上海市委副书记、市长应勇表示，"结合上海的特点，我们还要重点加强与上海国际金融中心建设的联动，加强与具有全球影响力的科技创新中心建设的联动，加强与浦东新区作为一级地方政府探索开放型经济新体制、打造提升政府治理能力再造区的联动"。

随着自贸区改革 3.0 时代的到来，其后上海自贸区围绕开放与创新为一体的综合改革试验区、开放型经济体系的风险压力测试区、服务"一带一路"市场要素资源配置的功能枢纽，以及提升治理能力的政府再造区等方面，对照国际最高标准，进一步展开试点，不仅继续推动贸易和投资自由化便利化，同时加强同上海国际金融中心和具有全球影响力的科创中心建设的联动，取得了更多可复制、可推广的制度创新成果。

高质量发展与三大变革

2017 年 12 月 18 日至 20 日，中央经济工作会议在北京举行。会议在总结是年经济工作成绩和研判经济形势的基础上，对来年经济工作和改革重点进行具体部署。

重点措词引发关注

会议明确，我国经济发展进入新时代的基本特征，就是已由高速增长阶段转向高质量发展阶段，并提出"推动质量变革、效率变革、动力变革"。这些措词在国际上引发关注。

法国著名经济学家阿列塔（Michel Aglietta）认为，"中共十九大报告强调平衡发展的重要性，体现出中国经济增长正在摆脱'以数字论英雄'的旧观念，向更看重质量的发展理念转变。提高经济增长质量的最重要动力是创新。中国在大数据、机器人、新能源等领域的发展势头迅猛，这为中国未来的发展铺好了路"。

"质量变革、效率变革、动力变革，这三大变革与供给侧结构性改革相衔接，中国将迎来经济增长质量和效率快速提升的时代。"韩国中国经济金融研究所所长全炳瑞表示。

《日本经济新闻》报道则称，中国的中央经济工作会议作出"推动高质量发展是当前和今后一个时期确定发展思路、制定经济政策、实施宏观调控的根本要求"的论断，表明中国告别了过去"以经济增长作为第一目标"的方式。

长期坚持"稳中求进"

此次会议还强调，稳中求进工作总基调是治国理政的重要原则，要长期坚持。"稳"和"进"是辩证统一的，要作为一个整体来把握，把握好工作节奏和力度。要统筹各项政策，加强政策协同。

而 2016 年中央经济工作会议对"稳中求进"的表述为："稳是主基调，稳是大局，在稳的前提下要在关键领域有所进取，在把握好度的前提下奋发有为。"

国家信息中心经济预测部副主任牛犁指出，"近几年，中国整个经济工作的总基调就是稳中求进，这一政策基调上升为治国理政的重要原则，是要长期坚持的重要方法论。对宏观经济来说，就是要保持

政策的稳定性和连续性，不能急转弯、大刹车、猛刺激。只有政策相对稳定、连续，经济才能平稳健康发展。要在经济、社会稳定的基础上，推进结构调整和各项改革取得重大进展"。

在中国社会科学院经济研究所所长高培勇看来，坚持稳中求进工作总基调是治国理政的重要原则，也是做好经济工作的方法论。"'稳'是大局，重点要放在稳住经济运行；'进'是在'稳'的前提下，在关键领域有所进取，重点是深化改革开放和调整结构。'稳'和'进'辩证统一、相互促进。经济社会发展平稳，才能为深化改革打下坚实基础，推动经济迈向高质量发展阶段。"

此外，会议强调今后3年要打好防范化解重大风险、精准脱贫、污染防治三大攻坚战。海通证券首席经济学家姜超表示："防范风险重在防控金融风险，意味着去杠杆仍是重要任务，既控制货币总量，也加强金融监管，促成金融和实体、金融和房地产、金融体系内的良性循环。"

继续保持中高速增长

2017年中央经济工作会议召开之际，是年第三季度的经济数据同期出炉，6.8%的增速意味着中国经济连续第九个季度保持在6.7%—6.9%运行区间内。同时，是年前三季度中国GDP增速达6.9%，不仅远高于欧美日等发达经济体，也超过了金砖伙伴。

"在经济总量的高基数上，在转型升级的强压力下，中国经济还能保持中高速增长，且运行波动如此之小，不仅在世界上独占鳌头，在中国经济发展史上也是罕见的！"国家统计局中国经济景气监测中心副主任潘建成表示。

"过去几年，每到岁末年初，西方一些媒体就会出现唱衰中国经济的言论，可是2017年这种言论少了许多。"荷兰莱顿大学经济史教授理查德·格里菲斯（Richard Griffiths）称，中国经济增速的确有所放缓，西方一些人由此认为中国经济进入下行通道，但这种看法是根据西方经济发展理论和实践经验得出的，并不完全适用于中国发展现状。中国政府对于宏观经济的管理超出很多人的想象，总是能主动改革、及时调整。

"在中国经济稳步发展的现实面前，那些不愿看到中国发展起来的人们，也不得不修正自己偏颇的看法。"格里菲斯如是说。

2017 回望

中国贡献约占三成！

2017 年 12 月 11 日，联合国在纽约总部发布《2018 年世界经济形势与展望》。报告指出，全球经济增长趋强，东亚和南亚仍是世界上最具经济活力的区域，中国 2017 年对全球经济增长贡献约占 1/3。

对世界经济增长贡献 30.2%

联合国在报告中还称，5 年来，中国对世界经济增长的年均贡献率达 30.2%，超过同期美国、欧元区和日本贡献的总和，2017 年中国经济总量占全球的比重达 15%，比 5 年前提高 3.5 个百分点。

"在中国经济增长、强劲的个人消费、较高出口和宽松的宏观经济政策带动下，预计区域经济仍然相对稳定。"报告指出，"展望未来，在强劲内需和宽松的宏观政策带动下，预计中国经济增长速度将保持稳定。"

亚洲开发银行驻中国代表处首席代表本·滨瀚（Ben Bingham）认为，鉴于中国 2017 年以来"强劲的经济表现"，上调增长预测实属情理之中。实际上，过去一年半的趋稳增长势头都令人相当振奋。

渣打银行则表示，由于中国政府强调经济从高速增长向高质量增长转变，预计未来经济增长效率和质量将得到更好的提升。

宏观经济三大超预期

堪比 2017 年世界经济"压舱石"的中国经济，最终交出了怎样的答卷？

根据国家统计局发布的数据，2017 年我国 GDP 总量为 827122 亿元，首次突破 80 万亿元。按可比价格计算，较上年增长 6.9%，增速提高 0.2 个百分点。这也是中国经济增速自 2011 年来首次扭转下行局面，实现企稳回升。

国家统计局局长宁吉喆表示，2017 年以供给侧结构性改革为主线，推动结构优化、动力转换和质量提升，国民经济稳中向好、好于预期，经济活力、动力和潜力不断释放，稳定性、协调性和可持续性明显增强，实现了平稳健康发展。

而且，2017 年我国经济增量超过 8 万亿元，相当于 2016 年排在全球第 14 位国家的经济总量。根据测算，中国对世界经济增长的贡献率在 30% 左右。

"与年初相对悲观的预期相比，2017 年宏观经济超预期之处主要体现在三个方面。"中资国信资产管理公司首席经济学家郑后成指出，一是出口对宏观经济的拉动作用不断增强；二是房地产投资下行幅度持续低于预期；三是消费对经济发展的基础性作用不断体现。

的确，经历令人惊喜的超预期反弹后，2017 年中国经济完成平稳收官。总体看，得益于中长期投资和消费偏好被激活，供给侧改革的政策定力被巩固，带动内生增长的超预期筑底，彼时中国经济已具备坚实的增长新韧性，稳健迈入高质量发展的新时代！

2018

安不忘危，兴不忘忧

必须严肃对待各种风险，只有团结一致，才能有足够的资源和创新力量防范风险。

——世界经济论坛创始人兼执行主席
克劳斯·施瓦布（Klaus Schwab）

抑制地方过度负债所要求的体制机制改革会更加复杂……要公布地方政府的资产负债表，提高政府隐性负债的透明度。

——中国金融学会绿色金融专业委员会主任马骏

组建中国银行保险监督管理委员会，迈出了建立统筹协调的金融监管体系重要的第一步。

——CCEF 理事长、交通银行首席经济学家连平

中国不愿意打贸易战，贸易战没有赢家。但中国也不怕贸易战！

——商务部部长钟山

世界近代史表明，经济强国必然是金融强国。我国要从经济大国迈向经济强国，掌握国际金融交易规则的话语权至关重要，而金融法治环境是其中的基本要素和重要保障。

——最高人民法院院长周强

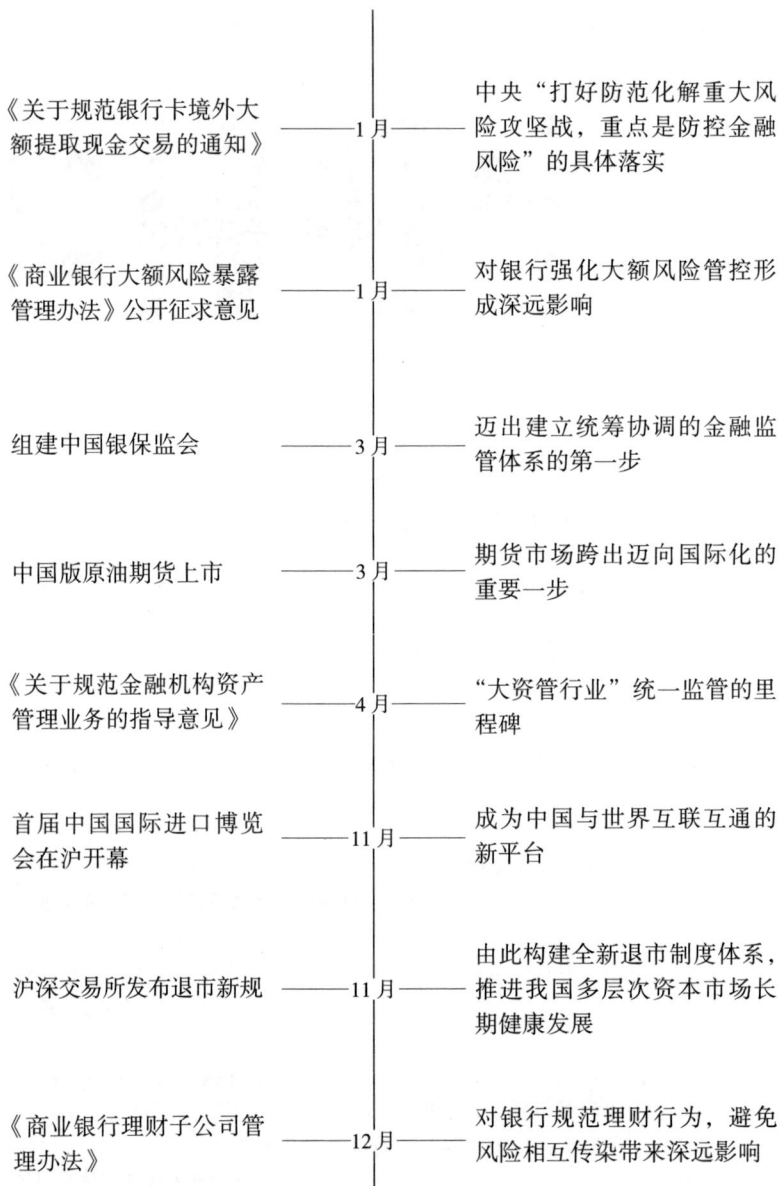

本章导图

《关于规范银行卡境外大额提取现金交易的通知》 ——1月—— 中央"打好防范化解重大风险攻坚战，重点是防控金融风险"的具体落实

《商业银行大额风险暴露管理办法》公开征求意见 ——1月—— 对银行强化大额风险管控形成深远影响

组建中国银保监会 ——3月—— 迈出建立统筹协调的金融监管体系的第一步

中国版原油期货上市 ——3月—— 期货市场跨出迈向国际化的重要一步

《关于规范金融机构资产管理业务的指导意见》 ——4月—— "大资管行业"统一监管的里程碑

首届中国国际进口博览会在沪开幕 ——11月—— 成为中国与世界互联互通的新平台

沪深交易所发布退市新规 ——11月—— 由此构建全新退市制度体系，推进我国多层次资本市场长期健康发展

《商业银行理财子公司管理办法》 ——12月—— 对银行规范理财行为，避免风险相互传染带来深远影响

2018
预　判

必须严肃对待各种风险

两大世界组织不敢掉以轻心

时光之舟，驶入 2018 年的"港口"。对于这个年头的"前景"，世界经济论坛 ① 的预测是：经济增势强劲，将为各国领导人提供"黄金"机遇，以解决全球在社会、经济、国际关系、环境等复杂体系中的重大问题。

可是，考虑到全球经济增长率攀升，或会滋生自满情绪，引起对全球经济和金融体系中结构性风险的忽视，世界经济论坛创始人兼执行主席克劳斯·施瓦布（Klaus Schwab）郑重提醒，"不断增长的经济复苏势头为我们提供了不可错失的机会，以解决威胁全球各体系、社会、环境的各种问题。我们必须严肃对待各种风险，只有团结一致，才能拥有足够的资源和创新力量防范风险"。

与此同时，世界经济论坛认为，地缘政治状况恶化及日益突出的网络威胁风险，是 2018 年不容忽视的问题。

持相同意见的，是世界经济论坛的战略合作伙伴威达信公司相关负责人约翰·德齐克（John Drzik）。他认为，"地缘政治摩擦不断助长网络攻击的规模和复杂性。随着企业越来越依赖技术，网络风险日益增加，企业和政府需要进一步增强抵御网络风险的能力"。

对新一年不敢掉以轻心的还有联合国，其在题为《2018 年世界

---

① 前身是 1971 年由克劳斯·施瓦布（Klaus Schwab）创建的"欧洲管理论坛"，1987 年更名为"世界经济论坛"。因在瑞士达沃斯首次举办，又被称为"达沃斯论坛"，是以研究和探讨世界经济领域存在的问题、促进国际经济合作与交流为宗旨的非官方国际性机构，总部设在瑞士日内瓦。

经济形势与展望》的报告中称："鉴于可能出现贸易政策发生变化、全球金融形势突然恶化、地缘政治紧张局面不断加剧和自然灾害等风险，全球经济前景依旧具有脆弱性。"

不过，联合国留了些余地："随着全球金融危机之后的脆弱因素有所减退，政策制定者有更大空间来解决阻碍可持续发展的长期问题。"其建议，2018年政策调整围绕以下方面展开——促进经济多元化发展、缩小贫富差距、增强金融架构、消除制度性缺陷，以及投资富有韧性和可持续的基础设施来应对气候变化。

中国经济积极因素与风险并存

对于中国，2018年既意味着进入十九大开局之年、改革开放40周年，也意味着进入决胜全面建成小康社会、实施"十三五"规划承上启下的关键一年。那么，2018年中国经济会怎么"走"？

中国国际经济交流中心经济研究部副部长刘向东认为，受固定资产投资难以提升的影响，2018年经济增长将呈稳中缓降趋势，预计GDP增长6.6%左右。

中国科学院预测科学研究中心则称，2018年中国经济将保持平稳较快增长，呈"前高后低"趋势，一季度增速在6.8%左右，二、三季度为6.7%左右，四季度为6.5%左右。预计全年GDP增速约6.7%，较2017年下降0.2个百分点。

在中国金融学会绿色金融专业委员会主任马骏看来，2018年中国经济面临两个下行压力：一是调控使房地产销售减速，将导致房地产投资减速；二是部分PPP项目难以为继，将导致基建投资减速。

"但2018年也存在两大积极因素。首先，2017年制造业利润增幅超20%，有望带动行业投资恢复；其次，国际经济形势相对积极，国内出口情况可能略好于预期。"马骏表示，2018年我国宏观政策将保持偏紧趋势，就业市场总体乐观，GDP增速将小幅放缓至6.5%。

在肯定积极因素的同时，马骏不忘警示风险："2018年宏观杠杆率上升过快，潜在的金融风险不容小觑。从不同类型企业看，房地产企业杠杆率最高；国有企业，主要是地方政府平台类企业的杠杆率也很高。"

就此，除了建议在房地产领域推出房地产税，并增加土地、租赁房供给外，马骏还强调，"抑制地方过度负债所需的体制机制改革会更加复杂，建议公布地方政府的资产负债表，提高政府隐性负债的透明度；强化地方人大对地方政府的监督作用；允许地方平台企业和一些市县级政府违约"。

2018
首席说

新时代、新战略、新征程

一如既往，2018 年中国经济的走向，亦为时年"六岁"的 CCEF 深切关注。

基于党的十九大提出习近平新时代中国特色社会主义思想，开启全面建设社会主义现代化国家的新征程，是年 1 月 6 日，CCEF 以"新时代、新战略、新征程"为主题举行论坛，就中国经济前景及发展中所遇问题展开深度探讨。

必须守住底线

国务院参事、CCEF 主席夏斌表示，十九大报告指出"我国经济已由高速增长阶段转向高质量发展阶段，正处在转变发展方式、优化经济结构、转换增长动力的攻关期"。因此，"市场分析人士要认清本质，认清大势，不要对经济增速多零点几个百分点或少零点几个百分点过分敏感，继而过分乐观或过分悲观。方向已经很明确了，矛盾和问题基本还是那些，不要动不动制造新的概念和新名词，那只会迷惑自己的眼睛"。

夏斌提醒，要让稳中趋好的经济发展趋势不被中断，必须真正守住不发生系统性风险的底线。"中央提出打好三大攻坚战，最大的攻坚战是金融领域风险问题，可见重要性、紧迫性，以及处理的艰难性。从虚拟经济或者金融维度看，要加快去产能、去库存、去杠杆。从实体经济看，具体任务是稳住房价，尽快建立长效机制；处理僵尸企业、地方债务问题、P2P、网贷、现金贷、大资管业务中的金融乱象，进行金融监管纠错与协调。"

"对当前中国经济趋势持盲目乐观态度，我认为不可取。应当坚持经济工作稳中求进总基调，打好攻坚战。"夏斌指出，能否真正理解"稳中求进""防控风险"这两个词的动态过程，而不是字面理解，这一点至关重要。

审慎应对挑战

CCEF理事长、交通银行首席经济学家连平提出，2018年要审慎应对多重国际经济的挑战。"中国毕竟是一个大国，而且是开放程度不低的发展中的大国。中国经济未来的路走得好不好，能不能如期达到目标，国际经济环境不可忽视。"

连平表示，2018年国际经济环境对中国有三大挑战：一是美联储加息缩表[1]；二是美国对中国启动"301调查"[2]；三是减税。这三者给中国带来的压力包括：贸易领域中，可能会在未来一段时间形成摩擦；资本流动带来压力；货币贬值造成压力。"有两个最典型的例子，

[1] 加息即提高银行存款利息，促使市场流通中的美元回流到金融体系中，使市场资金减少，限制通胀；缩表，就是把之前超发的美元直接注销掉。
[2] 美国依据301条款进行的调查。301条款指《1988年综合贸易与竞争法》第1301—1310节的全部内容，主要含义是保护美国在国际贸易中的权利，对其他被认为贸易做法"不合理""不公平"的国家进行报复。根据这项条款，美国可以对它认为是"不公平"的其他国家的贸易做法进行调查，并可与有关国家政府协商，最后由总统决定采取提高关税、限制进口、停止有关协定等报复措施。

第一，美苏军备竞赛，苏联最终垮了；第二，日本一度 GDP 达到美国的 3/4，结果在美国设置的陷阱及压力下，从高速增长中掉下马来。这些历史教训我们不能不谨记。"

为应对压力和挑战，连平提出以下应对措施：第一，在贸易问题上还是要做好"开打"的准备，但要控制住力度，避免出现全面的贸易战，毕竟中美经贸关系非常紧密，后者也承受不了一定规模的损失。第二，税制改革要大力向前推进，不仅要更多推出直接税，还要创新推出房地产税、财产税等。同时，减税降费还有空间，能使企业经营环境得到更好的改善。第三，资本和金融账户的管理要冷静和清醒，始终在未来一段时间保持非常审慎的态度。第四，人民币汇率要在合理均衡水平上保持基本稳定。第五，货币政策保持基本稳定。除了国际收支和汇率是需要兼顾的两个方面，还有经济增长和充分就业、币值稳定。

"中国经济潜力还是十分充足的，人口、GDP 人均水平都表明未来经济能有中高速，或者中速偏高一点增长，保持这个能力是毫无疑问的。"连平指出，有这样好的基础来应对挑战，最关键的就是政策要应对得当，避免应对出错，或者在没有预案的情况下发生一些重大问题，却未及时应对，且开出有问题的"药方"。

聚焦增速与质量

针对中国经济的增速和质量，中信证券首席经济学家诸建芳认为，2010 年之后经济逐步台阶式地往下走，2018 年这种阶段很可能结束，经济或会在 6.5% 左右有一定波动的增长，不会出现明显下台阶或快速 V 形反弹或上行。

野村证券中国区首席经济学家赵扬表示，GDP 增速下滑不是太大问题，即便下滑到 6.5% 左右，中国仍是全球主要经济体中增长最快者。"但要注意，资本回报率从本世纪初 15% 到 20% 的水平降到 10%，全要素生产率从本世纪初的增长到目前几乎零增长，这是比较大的问题。从宏观角度说，可能政府要少管。房地产领域是政府的领域，但新的投资领域不是政府的领域。政府做得越少，可能反而会看到经济转型越顺利。"

招商银行首席经济学家丁安华认为，2018 年进入一个发生根本性变化的新时代，彻底推翻以前的自下而上，变成自上而下的改革逻辑。"过去三四十年，地方政府的经济权力、发展权力很强，产生一系列问题。因此，我们推动一系列全新的中国制度建设的逻辑，自上而下统一意志。县与县竞争、区域竞争的概念会被逐渐打破，讲究协调发展。京津冀、粤港澳大湾区将来会用城市群的逻辑。"

人民币国际化有新舞台

针对推动人民币国际化，渣打银行北亚区及大中华区首席经济学家丁爽表示，需考虑两个重要因素，一是人民币币值，二是人民币可用性。"人民币国际化发展的前一阶段正好与人民币升值相重合，人民币升值使人民币使用增加，因此发展较为顺利。未来一段时间，人民币持续升值可能性不大，双向波动可能成为常态。因此，下阶段希望依靠人民币升值推动国际化的道路较为艰难。"

"从人民币的可用性来看，在国际交易、贸易投资方面仍需人民币套期工具[①]，这样能让更多市场参与者进入，使汇率更具代表性。从过去到现在，中国一直在做这件事，投资基础设施建设就是比较实在的体现，包括货币互换协议、建立人民币结算中心等，都是脚踏实地的过程。"丁爽表示，2017 年很可能是人民币国际化的最低点，2018 年将在此基础上缓慢复苏。

摩根士丹利中国区首席经济学家邢自强表示，2018 年人民币国际化可能会伴随"一带一路"倡议而重新加速。"通过具体甄别国家主权评级、经济增长潜力、人口年轻程度、与中国经贸联系强度，以

———————

① 通常是企业指定的衍生工具，分为公允价值套期、现金流量套期。

及基建需求等所做的衡量，东南亚很多国家，如马来西亚、印度尼西亚、越南、泰国等，都是未来'一带一路'的投资焦点。这种情况下，未来几年'一带一路'的对外投资将为人民币国际化提供新的舞台。"

2018
大 事 记

中国不怕贸易战！

"中国不愿意打贸易战，贸易战没有赢家。但中国也不怕贸易战！"2018 年 3 月 25 日，中国商务部部长钟山会见美国鲍尔森基金会主席、前财长鲍尔森（Henry Paulson）时，作出这一表态。

钟山此言并非捕风捉影。三天前的 3 月 22 日，美国总统特朗普在华盛顿签署总统备忘录，依据"301 调查"结果，将对从中国进口的商品大规模征收关税，并限制中国企业对美投资并购。

美国政策演变的必然结果

工银国际首席经济学家程实认为，本轮贸易战看似骤然而至的意外之举，实系美国政策演变的必然结果。一方面，美国对中国贸易制裁的历史演变路径呈现"大趋势 + 小周期"的显著规律，制裁强度的阶段性冲高均发生在全球多元化的涨潮时期。2018 年 1 月以来，新一轮多元化涨潮正式启动，增大了贸易战压力。

另一方面，用于"攘外"的贸易战与用于"安内"的税改存在内生逻辑的连续性。短期看，税改将刺激美国经济增长，并带来商品进口和贸易逆差大幅上升，成为贸易战的直接导火索。中期看，面对制造业相对竞争力下降的现实，主动构建贸易壁垒是美国推动制造业投资回流的重要抓手。长期看，更加利好富人的个税改革方案，将继续激化美国业已加剧的收入分配不均格局，这将压低制造品相对需求，并为未来全球制造品供给的相对过剩和可能的贸易冲突埋下伏笔。

对中国产生三方面影响

在 CCEF 理事长、交通银行首席经济学家连平看来，贸易战会对中国产生三方面影响。

首先，中国对美出口规模较大的行业和产品将受到制裁。其中，电信科技、机电产品、家具玩具、纺织服装、贱金属及其制品、鞋靴伞等轻工产品，塑料橡胶、化工、医疗设备等商品或受最大影响。

其次，金融市场会受影响。由于市场预期反应强烈，股市和汇市很可能最先受到冲击，银行市场需特别关注流动性风险与信用风险。

最后，中国经济将受到渐进式影响。"虽然短期内受到的影响不大，但特朗普贸易保护政策升级将在未来较长时间内持续干扰中国经济运行，影响中国经济平稳增长的节奏与就业稳定增加的态势，甚至会影响'互联网+''中国制造2025'等创新战略和创新型国家建设。"

连平指出，中国应当在货币政策和宏观审慎政策双支柱调控框架下，充分考虑贸易冲突升级带来的影响，在保持稳健中性主基调不变的基础上，通过"松紧适度"的货币政策，加大力度支持受贸易冲突影响显著的实体产业，并积极做好贸易冲突加剧情景下的流动性管理与金融风险防范，必要时可短期明显增加流动性或小幅度降准。

"中国还应当坚持人民币汇率基本稳定的主基调不变，并结合中美贸易关系的演变情景，相机运用好汇率调节手段，同时要进一步做好资本流动管理，谨防资本异常流动造成剧烈冲击。"连平强调。

中国反制师出有名

就在特朗普正式签署对华贸易备忘录后，中国商务部发布"针对美国进口钢铁和铝产品'232措施'的中止减让产品清单"，拟对约30亿美元自美进口产品加征关税。

随后，中国财政部关税司于4月1日发布政策文件《国务院关税税则委员会对原产于美国的部分进口商品中止关税减让义务》，自4月

2 日起对原产于美国的 7 类 128 项进口商品中止关税减让义务，在现行适用关税税率基础上加征关税，对水果及制品等 120 项进口商品加征 15% 的关税，对猪肉及制品等 8 项进口商品加征 25% 的关税。

对外经济贸易大学中国 WTO 研究院院长屠新泉指出，虽然"232 措施"并非针对单一国家，但特朗普政府此后不断通过给予"豁免"的方式，换取其他国家在贸易谈判中同意美方提出的条件。此前，韩国、加拿大、墨西哥、澳大利亚、阿根廷、巴西等经济体都获得美国钢铝关税豁免。对于中国，特朗普政府也希望通过贸易战或企图发动贸易战使中国在谈判中让步、让利，但中国不会接受在单方胁迫下展开任何磋商。由于"232 措施"对我国利益造成严重损害，为维护与平衡中国利益，我国当然要采取相应"反制"措施。

值得一提的是，2018 年 5 月 20 日凌晨，中美两国在华盛顿就双边经贸磋商发表联合声明，中美就框架问题达成协议，双方同意暂缓互相征收报复性关税，贸易摩擦告一段落。

彼时，正在对美国进行访问的习近平主席特使、中共中央政治局委员、国务院副总理、中美全面经济对话中方牵头人刘鹤，于当地时间 5 月 19 日接受媒体采访时表示，此次中美经贸磋商的最大成果是双方达成共识，不打贸易战，并停止互相加征关税。双方将在能源、农产品、医疗、高科技产品、金融等领域加强贸易合作，并继续加强相互投资和深化知识产权保护领域的合作。这不仅有利于中美两国，也有利于全球经济贸易的稳定繁荣。

但好景不长，美国白宫于 5 月 29 日发表声明称，仍将根据"301 条款"对价值 500 亿美元的中国进口商品征收 25% 的关税，并将在 6 月 15 日之前公布具体的货物清单。不仅如此，美国还将"加强对获取美国工业重大技术的相关中国个人和实体实施出口管制，并采取具体投资限制，拟于 2018 年 6 月 30 日前正式公布相关措施，之后不久将正式实施"。

在白宫发表上述声明后，中国商务部迅速回应，表示对美方的声明"既感到意外，但也在预料之中。中国有信心也有能力捍卫自身利益"。中方也敦促美方遵守此前达成的共识。

时至 9 月 24 日，国务院新闻办公室发表《关于中美经贸摩擦的事实和中方立场》白皮书，用客观全面的数据和事实证明，中美经贸关系中不存在"谁吃亏"的问题，"美国吃亏论"是站不住脚的。

新华社播发时评称，在经济全球化深入发展、国际化生产普遍存在的今天，双边经贸关系内涵早已超出货物贸易，还包含了服务贸易、双边投资等其他内容。中美两国国情不同，发展水平和发展阶段不同，其在对外经贸交往中所展现出来的特点也各不相同。两国经贸关系发展给两国带来的是互惠互利、合作共赢的结果，这是人类社会发展的阶段性特征，也是国际贸易规律和市场经济环境共同作用的结果。

新华社时评指出，2018 年 6 月德意志银行发布的研究报告认为，美国实际上在中美双边贸易交往过程中获得了比中国更多的商业净利益。据其计算，扣除各自出口中其他国家企业子公司的贡献等，2017 年美国享有 203 亿美元的净利益，"美国吃亏论"与事实大相径庭。"中美经贸交往规模庞大、内涵丰富、覆盖面广、涉及主体多元，产生一些矛盾分歧在所难免。两国应以全局综合的视角看待，从维护两国战略利益和国际秩序大局出发，以求同存异的态度妥善处理分歧，务实化解矛盾。这才是解决贸易摩擦的正道。"

中美关系进入"新常态"

"中美这场贸易摩擦的本质，不仅是贸易赤字和汇率方面的争端，更关乎游戏规则、市场开放和知识产权等问题。这是超越了直接经济利益之战，反映出双方在价值观、国家治理以及地缘政治等方面的分歧。"瑞银财富管理亚太区投资总监及首席中国经济学家胡一帆认为，中美关系正在进入"新常态"，两国贸易争端很可能持续多年，其间会"打打谈谈"。

如两者所言，直至今天，中美两国间的较量历经多个回合，哪怕入驻美国白宫者从特朗普换成了约瑟夫·拜登（Joseph Robinette Biden Jr.），目前仍无"全面熄火"迹象。

对于这场"没有硝烟的战争"，中国还是那句话：不愿打，但也不会惧怕！

两部委领衔金融"强监管"行动

2018 年刚"开篇"，由两部委"领衔"的金融"强监管"行动迅即展开，阐明了高层誓要防控金融风险，打赢"三大攻坚战"中"最难啃硬骨头"之决心。

规范跨境资本流动

首先出手的是国家外汇管理局，其发布的《关于规范银行卡境外大额提取现金交易的通知》（以下简称《外管局通知》）于 1 月 1 日实施，主要内容包括：个人持境内银行卡在境外提取现金，本人名下银行卡（含附属卡）合计每个自然年度不得超过等值 10 万元人民币；将人民币卡、外币卡境外提取现金每卡每日额度统一为等值 1 万元人民币；个人持境内银行卡境外提取现金超过年度额度的，本年及次年将被暂停持境内银行卡在境外提取现金；个人不得通过借用他人银行卡或出借本人银行卡等方式规避或协助规避境外提取现金管理。

中国人民银行郑州培训学院教授王勇指出，这项新规是认真贯彻中央经济工作会议精神中，关于"打好防范化解重大风险攻坚战，重点是防控金融风险"的具体落实。"一些个人持大量银行卡在境外大额提现，远超正常消费支付需要，涉嫌违法犯罪。《外管局通知》是反洗钱、反恐怖融资、反逃税的必要举措，对规范个人银行卡境外大额提现交易会起到重要作用。"

"《外管局通知》旨在规范跨境资本流动，避免集中出现资本外流和汇率波动压力。"中国银行国际金融研究所高级研究员王有鑫表示，

2016 年和 2017 年年初，随着年度换汇额度放开，资本外流和汇率贬值的压力和预期都比较沉重，故外管局提前应对，未雨绸缪。此外，资本外流严重时，很多投机者通过多次取现方式套取现金。这项新规也是要堵住非法套现的漏洞。

强化大额风险管控

其次出手的是银监会，其于 2018 年 1 月 5 日就《商业银行大额风险暴露管理办法》公开征求意见，并陆续发布《商业银行委托贷款管理办法》《商业银行股权管理暂行办法》。

2017 年年末，鉴于部分逐利动机较强、内控薄弱的债市参与者在场内、场外以各种形式直接或变相加杠杆博取高收益，或采用"代持"等违规交易安排，规避内控、风控机制和资本占用等监管要求，放大交易杠杆，使债市潜藏风险隐患，央行、银监会、证监会、保监会联合发布《关于规范债券市场参与者债券交易业务的通知》，重申针对债市参与者的禁止性规定，如相互租借账户、利益输送、内幕交易、操纵市场、规避内控或监管等。

在此基础上，银监会发布的《商业银行大额风险暴露管理办法》不仅规定了风险暴露计算范围和方法，从组织架构、管理制度、内部限额、信息系统等方面对商业银行强化大额风险管控提出要求，还明确了监管部门可以采取的监管措施。

针对违规使用非自有资金入股、代持股份、滥用股东权利损害银行利益等乱象，《商业银行股权管理暂行办法》建立健全从股东、商业银行到监管部门"三位一体"的穿透监管框架，重点解决隐形股东、股份代持等问题。

《商业银行委托贷款管理办法》则针对部分银行在授信中"垒大户""搭便车"的现象，明确了单家银行对单个企业/集团的授信总量上限，进一步规范银行同业业务，以提高中小企业信贷可获得性，改善信贷资源配置效率。

纵观上述监管政策，足见监管层坚持问题导向的趋势愈加明显，监管措施也更加精准，可谓秉承了十九大和中央经济工作会议关于防范金融风险的部署安排。这些新政表明，金融强监管仍是 2018 年之主题。

中国银保监会来了

2018 年 3 月 13 日，国务院机构改革方案提请十三届全国人大一次会议审议。方案显示，我国将不再保留中国银行业监督管理委员会和中国保险监督管理委员会，而将组建中国银行保险监督管理委员会。该委员会将整合银监会和保监会的职责，并作为国务院直属事业单位。

从优势到矛盾

以 1992 年 10 月国务院证券委和证监会成立为标志，我国金融监管体制逐步从大一统的混业监管向分业监管转变。随着 2003 年 4 月银监会挂牌成立，"一行三会"分业监管体制正式成型。

回首这一改革历程，很大程度是央行金融监管职能不断细化和拆分的过程。在当年交叉型金融业务及非持牌金融机构有限的环境下，这种以牌照管理为主的机构监管模式，在监管效率和监管成本方面有较明显优势。不过，随着金融创新和交叉型金融业务逐渐增多，特别是以 P2P 为代表的互联网金融行业急速膨胀，金融业实质性走向混业经营模式，给分业监管体制带来重大挑战。

一方面，随着各类金融机构业务综合化、多元化发展，分业监管模式在面对跨市场、跨行业业务时，不可避免地存在真空地带，不仅为监管套利提供了空间，更增加了风险跨市场、跨行业传染的潜在可能。

另一方面，在分业监管模式下，"一行三会"的沟通成本相对较高，面对突发风险事件，无法及时有效地形成监管合力。

改革势在必行

在充分意识到监管框架存在不适应我国金融业发展的体制性矛盾后，决策层出手了。

2012年，第四次全国金融工作会议指出，"加强和改进金融监管，切实防范系统性金融风险"。

2013年，国务院设立金融监管协调部际联席会议。

2015年，新华社刊发《习近平：关于〈中共中央关于制定国民经济和社会发展第十三个五年规划的建议〉的说明》。该说明指出，"要坚持市场化改革方向，加快建立符合现代金融特点、统筹协调监管、有力有效的现代金融监管框架，坚守住不发生系统性风险的底线"。

2017年，国务院设立金融稳定发展委员会，统筹协调金融稳定和改革发展重大问题的议事，取得良好效果。此举为监管机构从更高层级填补跨行业监管漏洞，强化监管有效性提供了平台。而银监会和保监会合并，成为又一项重大的金融监管框架调整举措。

重要支持作用

全国政协委员、申万宏源证券研究所首席经济学家杨成长指出，"银保合并"的背后是金融监管从"管机构"转变为"管市场"，从过去的分业经营、分业监管，向分业监管和统一监管相结合的方向发展。

"组建银保监会，迈出了建立统筹协调的金融监管体系重要的第一步。"CCEF理事长、交通银行首席经济学家连平表示，分业监管模式有效改善了我国金融业发展相对滞后的状况，促进了金融机构发展，推动了金融市场与国际接轨的进程。但在不同类型的金融业务快速发展和日益融合的大背景下，分业监管难免产生业务监管的模糊地带，尤其对于部分创新型业务的多头监管，容易引发监管套利，导致风险隐匿或放大。

连平认为，推进银行与保险监管的跨行业整合，符合中国金融市场发展的实际要求。"与资本市场业务相比，保险的业务功能相对单一，风险管理的方法、要求与银行也有一定的相似之处。长期以来，保险业务与银行业务合作密切，在监管合作上也有较好的基础，因此银监会和保监会合并相对较为便利，对市场的直接影响相对有限，更有利于市场平稳过渡。"

"从机构管理的角度看，银监会与保监会合并，将促进金融机构管理有效性的提升，有助于控制系统性金融风险。"连平进一步称，我国大型系统重要性金融机构主要集中于银行和保险领域，且银行已成为保险资金的重要投资标的。所以，在制定相关机构的监管标准时，由统一监管部门加以推进，可以将风控要求更好地协调统一起来，这将对加强骨干金融机构的管理，进而对保证金融稳定和防范系统性金融风险起到至关重要的作用。

在国务院发展研究中心金融研究所副所长陈道富看来，这次改革将外部沟通协调转化为内部的部门间沟通协调，有利于解决统筹协调金融发展、填补监管真空、加强监管的有效性、兼顾金融的包容性发展和市场力量均衡等问题。"央行统领拟订银保法规和审慎监管制度职责，可以克服部门之间议而不决，或者部门利益主导部门间沟通协调的问题，有助于减少信息重复收集和系统重复建设等问题，并降低监管成本。同时，监管理念基本框架没有调整，可以在不引起混乱的情况下快速进入实施阶段。"

诚如专家们所言，银监会与保监会的合并及功能调整，顺应国际金融监管趋势和我国金融发展具体形势的演变，既可提升我国金融监管能力，也对完善国家治理机制和能力起到重要支持作用。

如今，"银保合并"后组建的银保监会，确实在更大程度上消除了中国金融业的监管盲点，防止监管套利，避免风险的交叉感染，有效降低了中国金融系统性风险的水平。

上海金融法院"破冰探路"

作为我国司法改革的一项重要成果，同时也是我国经济金融领域内的一件大事，2018年8月20日，上海金融法院正式揭牌成立。

由来

这一年的3月28日，中央全面深化改革委员会第一次会议审议通过了《关于设立上海金融法院的方案》。会议强调，要围绕金融工作服务实体经济、防控金融风险、深化金融改革的任务，发挥人民法院的职能作用，对金融案件实行集中管辖，推进金融审判体制机制改革，提高金融审判专业化水平，建立公正、高效、权威的金融审判体系。

4月25日，十三届全国人大常委会第二次会议审议《关于在上海设立金融法院的决定（草案）》。最高人民法院院长周强就该项草案作说明时称，"世界近代史表明，经济强国必然是金融强国。我国要从经济大国迈向经济强国，掌握国际金融交易规则的话语权至关重要，而金融法治环境是其中的基本要素和重要保障"。

周强指出，上海辖区内金融机构数量多，外资金融机构占比大，金融要素市场齐全，金融市场交易额巨大。上海法院受理的涉金融案件呈现出新类型案件多、案件风险传导性强、审理难度较大、国际关注度高等突出特点，对金融审判专业化提出更高要求。这种情况下，"探索完善金融审判体系，营造良好的金融法治环境，完善中国特色金融司法体系，应当立足经济社会发展需求，选择金融案件数量较多、金融审判基础较好的上海探索设立金融法院。这有利于增强中国金融司法的国际影响力，有利于国家金融战略的深入实施，有利于进一步提高我国金融领域法治水平，促进银行、保险、信托、证券等金融行业发展，同时也为上海建设和发展国际金融中心提供助力。"周强表示。

近4个月后，上海金融法院成功落地，并于挂牌次日（8月21日）开始受理案件。运行1个月（截至9月20日），受理案件已达728件，标的总额 103 亿元人民币，案件类型涵盖证券虚假陈述纠纷、金融借款合同纠纷、公司债券交易纠纷、质押式证券回购纠纷、融资租赁合同纠纷、营业信托纠纷等。可见其甫一问世，即担负起为建立体制健全、机制完备、专业权威的金融审判体制机制"破冰探路"的重任。

角色

"上海金融法院能在多大程度上发挥作用，取决于扮演好三个角色。"上海交通大学凯原法学院副教授黄韬指出，一是"规则创制法院"，即在个案裁判过程中，通过解释既有法律来"创制"更新颖、更适宜或更具可操作性的金融法规；二是"上诉审查法院"，即上海金融法院既是上诉法院，也是初审法院，这样可以较好地配合司法机构职能调整的前后衔接；三是"司法监督法院"，即上海金融法院今后要对包括金融监管部门在内的行政主体所实施的各项行政行为进行司法审查。

中国社科院国际法研究所国际经济法研究室副主任黄晋表示，"上海金融法院对上海发展成为与我国经济实力和人民币国际地位相适应的国际金融中心有重要作用，对借鉴国外经验促进我国金融法治的发展和完善有重要意义，有助于推动我国金融法治的发展进程。该院集中管辖涉金融民商事和行政案件的经验，将有助于我国其他省份涉金融民商事和行政案件的审判工作，未来在其他城市设立类似专门法院的愿景可以预期"。

的确，随着市场经济高度发展及国际社会交流合作的深化，金融创新产品不断涌现，使金融纠纷的数量和种类朝着复杂化、多样化方向发展。最好的应对办法，就是培养一支专业能力强、业务水平高的精英型金融案件审理队伍。

站在这个角度来看，设立上海金融法院，通过持续不断的司法实践来积累司法经验，给我国其他城市推进营造良好的金融法治环境开了一个好头。

2018

三大政策解读

"大资管行业"统一监管的里程碑

在 2017 年 11 月公开征求意见并修订完善后，2018 年 4 月 27 日，《关于规范金融机构资产管理业务的指导意见》（以下简称"资管新规"）正式出炉。

明确原则

这项新政遵循如下基本原则：坚持严控风险的底线思维，减少存量风险，严防增量风险；坚持积极稳妥审慎推进，防范风险与有序规范相结合，充分考虑市场承受能力。

比如，相比于意见稿，资管新规最引人关注处是将过渡期从 2019 年 6 月底延长至 2020 年底，以"给予金融机构充足的调整和转型时间"。同时，资管新规对过渡期结束后仍未到期的非标等存量资产作出妥善安排，引导金融机构转回资产负债表内。其称，"为接续存量产品所投资的未到期资产，维持必要的流动性和市场稳定，金融机构可以发行老产品对接，但应当严格控制在存量产品整体规模内，并有序压缩递减，防止过渡期结束时出现断崖效应"。

彼时，央行有关负责人在答媒体问时指出，为确保平稳过渡，资管新规充分考虑存量资管产品 ① 期限、市场规模及其所投资资产的期限和规模，兼顾增量资管产品的合理发行，提出按照"新老划断"原则设置过渡期。

金融机构"需制定过渡期内的整改计划，明确时间进度安排，并报送相关金融监督管理部门，由其认可并监督实施，同时报备中国人

---

① 获得监管机构批准的公募基金管理公司或证券公司，向特定客户募集资金或者接受特定客户财产委托担任资产管理人，由托管机构担任资产托管人，为资产委托人的利益运用委托财产进行投资的一种标准化金融产品。

民银行，对提前完成整改的机构给予适当监管激励。过渡期结束后，金融机构的资管产品按照资管新规进行全面规范（因子公司尚未成立而达不到第三方独立托管要求的情形除外），金融机构不得再发行或存续违反资管新规的资管产品"。央行有关负责人称。

值得注意的是，资管新规要求金融资产坚持公允价值计量[1] 原则，鼓励使用市值计量。同时，允许符合以下条件之一的部分资产以摊余成本[2] 计量：一是产品封闭式运作，且所投金融资产以收取合同现金流量为目的并持有到期；二是产品封闭式运作，且所投金融资产暂不具备活跃交易市场，或者在活跃市场中没有报价，也不能采用估值技术可靠计量公允价值。

资管新规强调，金融机构以摊余成本计量金融资产净值，应采用适当的风控手段，对金融资产净值的公允性进行评估。当以摊余成本计量已不能真实公允反映金融资产净值时，托管机构应督促金融机构调整会计核算和估值方法。

除此之外，资管新规主要内容还包括：所有资管产品嵌套不得超过一层，但基金中的基金[3] 除外；私募产品的合格投资者标准有所变动；更强调对所有金融机构的资产管理业务实行统一标准的监管框架，涉及的金融机构包括且不限于信托、互联网金融机构、非金融企业的金融子公司，以及货币市场基金等。

中金公司首席中国宏观经济分析师易峘、首席经济学家梁红认为，资管新规延长过渡期，并允许对交易不活跃的产品采取摊余成本法计量，可有效缓解市场此前对缓冲期不足而造成流动性"硬着陆"的担忧。

---

[1] 指资产和负债按照市场参与者在计量日发生的有序交易中，出售资产所能收到或者转移负债所需支付的价格计量。
[2] 指借贷资金的剩余本金，要去掉已经还过的本金，一般等于相关金融资产或金融负债的账面价值。
[3] Fund of Funds，FOF，是一种专门投资于其他投资基金的基金。

四大变化

CCEF 研究院院长、中国人民银行参事盛松成认为，我国资产管理业务存在三大问题：一是规避金融监管和宏观调控，资管产品投资非标资产在一定程度上突破信贷额度或行业政策的控制，如房地产和产能过剩行业；二是产品交易结构多层嵌套①，拉长金融链条、降低透明度，易引发系统性金融风险；三是刚性兑付扭曲风险收益的匹配，引发不公平竞争，将风险集聚在银行体系。

对于"对症下药"的资管新规，盛松成将主要内容归结为四点：统一资管业务规则及标准，加强监管协调、功能监管和行为监管；消除多层嵌套和通道，减少监管套利；打破刚性兑付，实行净值化管理；规范资金池，降低期限错配②，减少流动性风险。"资管新规有利于我国资本市场长期健康发展，包括更多资金将投向标准化债券资产，提升债市的市场容量和流动性，增强债市的广度和深度。"

的确，2018 年落地的资管新规成为"大资管行业"统一监管的里程碑，为未来我国资本市场长期健康发展、有序扩容打下了更坚实的基础。

商业银行理财子公司回归"代客理财"

2018 年 12 月 2 日，银保监会发布《商业银行理财子公司管理办法》（以下简称《办法》），明确银行理财子公司是商业银行经国务院银行业监督管理机构批准，在中华人民共和国境内设立的主要从事理财业务的非银行金融机构。

银保监会称，发布、实施《办法》是落实资管新规和理财新规③

---

① 指特定股权架构为两层以上，且为无实际经营业务的公司或有限合伙企业。
② 指资产端期限与负债端期限不匹配，主要表现为"短存长贷"，即资金来源短期化、资金运用长期化。
③ 指银保监会于 2018 年 9 月 28 日发布的《商业银行理财业务监督管理办法》。

的重要举措，旨在强化银行理财业务风险隔离，优化组织管理体系，推动银行理财回归资管业务本源；培育和壮大机构投资者队伍，引导理财资金以合法、规范的形式进入实体经济和金融市场；促进统一资管产品监管标准，更好地保护投资者合法权益，有效防控金融风险。

必要行动

"设立理财子公司是银行规范理财行为，使存款资金与理财资金分离，避免风险相互传染而采取的必要行动"。中国地方金融研究院研究员莫开伟指出，"作为独立法人机构，银行理财子公司在管理和资源配置等方面，有更自由的决策权，有利于开展资管业务，推动理财业务正规化运营。更重要的是，虽属资管行业新兴主体，但银行理财子公司享有母行资源渠道，在流动性管理等方面尤能获母行支持，具备与其他资管公司竞争的足够实力"。

"银行理财原有的运作模式主要以信托计划、券商资管、基金专户等作为通道，通过资金池实现期限错配和多层嵌套，表外理财在规模、资本计提方面均游离在资产负债表以外，并未真正反映其风险。"东方金诚首席金融分析师徐承远认为，理财子公司是商业银行理财回归"代客理财"资产管理本质的重要途径。

"理财子公司的设立，一方面从本源对表内和表外业务做切割，在表内和表外之间树立有效的防火墙，有助于推动银行理财回归资管业务本源，逐步打破刚性兑付。另一方面，从理财业务专业化运营来看，有利于优化银行理财业务的组织管理体系，建立符合资管业务特点的风控制度和激励机制，塑造银行资产管理业务的主动管理能力。"徐承远称。

确立本质

银保监会有关部门负责人表示，商业银行和银行理财子公司发行的理财产品依据信托法律关系设立。"理财新规和《办法》明确理财产品财产独立于管理人、托管人的自有资产，不属于其清算财产，不能进行债权债务抵销。同时，要求商业银行和银行理财子公司诚实守信、勤勉尽责地履行受人之托、代人理财职责，在'卖者有责'的基础上实现'买者自负'，保护投资者合法权益。"

徐承远认为，这一规定从资管产品立法框架层面确立了理财产品"受人之托，代客理财"的资管业务本质。"在信托关系中，委托人与受托人理论上是互相独立而存在的个体，双方具有'卖者尽责、买者自负'的信义关系，信托财产独立于受托人的固有财产。资管新规规定打破刚性兑付、管理人的信义义务、禁止资金池等，本质上都是信托法的原则。"

徐承远指出，《办法》明确理财产品依据信托法律关系设立，延续了资管新规的指导原则。

银保监会有关部门负责人表示，"下一步，商业银行可以结合战略规划和自身条件，按照商业自愿原则，通过设立理财子公司开展资管业务，也可选择不新设理财子公司，而是将理财业务整合到已开展资管业务的其他附属机构。商业银行通过子公司展业后，银行自身不再开展理财业务（继续处置存量理财产品除外）。同时，理财子公司应自主经营、自负盈亏，有效防范经营风险向母行传染"。

"银行理财子公司既在一定程度推动银行战略转型，也为银行进一步市场化运营做了有效尝试。"莫开伟表示，"尤其银行理财子公司摆脱'高大上'格局，用低门槛开启了民众理财新时代，这是为社会作出的最大贡献。"

史上最严退市新规"打补丁"

2018年11月16日，沪深交易所发布修订后的《上市公司重大违法强制退市实施办法》《股票上市规则（2018年11月修订）》《退市公司重新上市实施办法（2018年11月修订）》（以下合称"退市新规"），借此构建起全新的退市制度体系。

专项规范退市情形

众所周知，上市公司的质量直接影响资本市场能否健康、稳定发展，而退市制度正是资本市场优胜劣汰机制的重要安排，在调整市场结构、净化市场生态方面承担着重要功能。早在 2014 年 2 月 7 日，证监会发布《关于改革完善并严格实施上市公司退市制度的若干意见》，建立针对欺诈发行、重大信息披露违法的强制退市实施制度，以震慑上市公司违法违规行为。

2018 年 7 月 27 日，证监会发布《关于修改〈关于改革完善并严格实施上市公司退市制度的若干意见〉的决定》，强化交易所对重大违法公司实施强制退市的决策主体责任。

就此，沪深交易所对重大违法强制退市情形进行了相对类型化、具体化的规范，在退市新规中主要明确证券重大违法和社会公众安全重大违法两类强制退市情形，尤其对于上市公司严重危害市场秩序，严重侵害社会公众利益，造成重大社会影响的，专门作为一类退市情形进行规范。

一个关键新增点

从整个制度设计来看，退市新规主要围绕相关证券市场信息披露违法行为是否影响上市地位进行规范，在原来欺诈发行和重大信息披露违法两大领域的基础上，明确四种重大违法退市情形：首发上市欺诈发行、重组上市欺诈发行、年报造假规避退市以及交易所认定的其他情形。此举使相关标准更加明确、客观、细化，为后续执行提供了充分可靠的依据。

作为退市新规的一个关键新增点，社会公众安全类重大违法强制退市具体指涉及国家安全、公共安全、生态安全、生产安全和公众健康安全等领域的重大违法行为应予退市。

深交所指出，将上市公司涉及"五大安全"的重大违法行为纳入退市情形，有利于强化主体责任意识，推动上市公司坚定贯彻新发展理念，切实履行社会责任，在维护国家公共安全、保护生态环境、保障公共健康安全等方面作出表率；同时提高风险意识，更广泛地保护投资者权益。

沪交所称，社会公众安全类重大违法行为不仅损害资本市场投资者的利益，更直接影响整个社会的公共利益乃至国家利益，为资本市场立法和监管的价值本位所不容。上市公司若在涉及社会公众安全的领域存在重大违法行为，说明其在利用资本市场之便，行危害社会之实，严重违背市场准入的基本要求，应当严肃处置，并将其清出市场。

强制退市规定有四大特点

退市新规还对上市公司重大违法强制退市的实施依据、实施标准、实施主体、实施程序以及相关配套机制作出具体规定，主要有四个方面的特点：

一是切实提高退市效率，将重大违法退市情形的暂停上市期间由 12 个月缩短为 6 个月；重大违法的公司被暂停上市后，不再考虑其整改、补偿等情况，6 个月期满后将直接予以终止上市，不得恢复上市。

二是围绕"上市地位"明确退市标准，坚决对欺诈行为"零容忍"，因欺诈发行而退市的公司不得重新上市，一退到底。

三是退市依据牢靠，以相关行政机关的行政处罚决定和人民法院的生效裁判为依据，即确保违法事实清楚、退市依据明确。

四是坚决落实"公平、公开、公正"的原则。

为原有制度"打补丁"

无疑，这份积极应对市场顽疾、有效回应市场关切的史上最严退市新规，进一步提高了资本市场资源配置效率，对促进市场在资源配置中发挥决定性作用，推进我国多层次资本市场长期健康发展，具有重要意义。

申万宏源证券研究所首席市场专家桂浩明指出，此前退市制度主要针对上市公司在财务或交易状况上的异常，对于严重危害公众利益和安全的上市公司没有相应安排。因此，部分公司尽管出了很多问题，给社会带来很大危害，对投资者造成重大损失，却不能从制度上对其实行强制退市。而退市新规新增社会公众安全类重大违法强制退市，就是为原有制度打上了"补丁"。

桂浩明表示，随着退市制度的完善，以及注册制改革逐渐提上日程，A股整体退市不畅的问题有望得到有效解决，市场化退市将成为常态。

2018 大事记

中国版原油期货在沪上市

2018年3月26日，万众瞩目的中国版原油期货在上海国际能源交易中心上市。

增强上海国际金融中心辐射力

彼时，国际上具有广泛影响力的原油期货合约主要包括美国西得克萨斯轻质原油（WTI）和布伦特原油（BRENT）。其中，WTI更多反映北美市场的供需状况，BRENT则更多反映欧洲市场的供需状况。

随着"中国版"原油期货上市，更多从事原油产业的跨国实体企业、境内外金融机构等全球性资源将陆续被吸引并集聚上海。

"2009年，国务院提出，到2020年上海'基本建成与我国经济实力以及人民币国际地位相适应的国际金融中心'，迈入全球金融中心前列，其核心是要完善金融市场体系。"上海市委副书记、市长应勇表示，上海将以原油期货上市为契机，进一步拓展金融市场的广度和深度，丰富金融产品和工具，着力提升配置全球金融资源的功能和服务国家经济社会发展的能力，不断增强上海国际金融中心的辐射力和全球影响力。

中国期市继续迈向国际化

中国版原油期货上市的意义不止于此，还意味着中国期货市场跨出迈向国际化的重要一步。

作为中国首个国际化的期货品种，原油期货引入境外投资者参与，探索期货市场国际化的市场运作和监管经验。随着铁矿石等更多期货品种对外开放，市场逐步成熟，将改善人民币的国际使用情况，同时，也为国内原油产业链上的众多实体企业提供有效的风险管理工具，使其能更好地管控价格波动带来的经营风险。

星展银行（中国）有限公司行长兼首席执行官葛甘牛认为，在亚太地区能有这样一个国际能源交易中心来进行原油期货交易，对进一步形成良好的买卖双方供求关系，进一步完善国际原油市场，形成原油市场的公平价格发现机制[1]都非常有意义。

中国石油流通协会副秘书长尹强指出，原油期货在沪上市对经济发展有重大意义。首先，能助推我国市场经济的发展。其次，可通过原油期货将期货管理方式引入实体经济，有效提高实体经济的质量。此外，将产生超出原油期货本身的溢出效应，对我国市场起到推动进化作用。"原油期货的发展不仅将影响国内成品油定价，也会促进形成相关的一系列成套期货产品，提供保障经济平稳运行的工具。"

在沪上市首日，原油期货交投活跃，SC1809 至 SC2106（SC 为交易代码，数字表示合约时间）共 20 个挂牌合约累计成交 42336 手，

---

[1] 特指期货市场所具有的通过公开竞价而形成的，能够表明现货市场未来价格变动趋势的功能与机制。

合计持仓量 3558 手，表现出良好的市场流动性。

中银国际期货研究发展部、投资咨询部主管顾劲涛称，虽然我国原油市场的规模和影响力与国外成熟原油市场相比还有差距，但鉴于我国是原油第一大进口国和第二大消费国，现货基础良好，贸易流有保证。可以预见，我国原油期货将不断发展壮大，跻身全球前列，并拥有更大的定价权。

首届中国进博会彰显大国担当

迄今为止，全球第一个以进口为主题的国家级展会是在哪里举行的？

中国！上海！

向世界展示发展成就的新窗口

2018 年 11 月 5 日，首届中国国际进口博览会在沪开幕。尽管展期只有 6 天，但成果丰硕：共吸引 172 个国家、地区和国际组织参会，3600 多家企业参展，超过 40 万名境内外采购商到会洽谈采购，展览总面积达 30 万平方米。

按一年计，首届进博会累计意向成交 578.3 亿美元。其中，智能及高端装备展区成交额最高，达到 164.6 亿美元；其次是食品及农产品展区，成交 126.8 亿美元；汽车展区成交 119.9 亿美元；医疗器械及医药保健展区成交 57.6 亿美元；消费电子及家电展区成交 43.3 亿美元；服装服饰及日用消费品展区成交 33.7 亿美元；服务贸易展区成交 32.4 亿美元。此外，与"一带一路"沿线国家累计意向成交 47.2 亿美元。

这一串数字说明什么？说明作为中国首创的经贸制度安排，进博会成为中国与世界互联互通的新平台，且是中国向世界展示发展成就的新窗口。

回首此前数十年间，中国经济的快速发展与全球化进程密不可分。得益于良好的基础设施、极具竞争力的劳动力价格等优势，中国以"世界工厂"的身份深深嵌入全球供应链体系，吸引着全球各类企业，将来自世界各地的零部件和原材料顺畅地组装起来，"中国制造"已然成为物美价廉的代表。

不过，随着经济发展模式由投资驱动向消费驱动转型升级，中国在全球供应链和产业链中的位置不断前移，角色和定位亦逐渐从"低成本供应商"向"全球供应链中心"跃迁。这一改变势必给全球贸易格局带来重要影响，即从"中国制造"到"为中国而造"，为国内外提供新的市场机遇。

在此背景下举办的进博会，成了一场具有历史意义的盛会。对国内消费者来说，展会让全球商品与"中国需求"无缝对接，为他们提供更丰富的选择；对许多国家的企业来说，参展至少意味着获得进入中国这个全球最大市场的"敲门砖"，自此踏上中国"消费升级"的经济快车。换句话说，进博会成为中国与世界各国建立长期贸易合作关系的新纽带。

推动建设开放型世界经济

国家主席习近平在出席首届进博会开幕式，并发表题为《共建创新包容的开放型世界经济》的主旨演讲时指出，中国国际进口博览会是国际贸易发展史上一大创举。这体现了中国支持多边贸易体制、推动发展自由贸易的一贯立场，是中国推动建设开放型世界经济、支持经济全球化的实际行动。

的确，海纳百川，有容乃大。回首全球经济百年发展历程，逆全球化浪潮曾数次抬头，但全球化大趋势未曾改变。此间，从"引进来"到"走出去"，从加入世贸组织到共建"一带一路"，中国始终致力于实现与全球经济共赢发展，并日渐成为全球贸易体系的"稳定器"，以及亚洲乃至世界经济的"主引擎"。尤其2018年逆全球化浪潮再度抬头，中国却通过进博会主动开放市场，进一步为各国搭乘中国发展的"快车"和"便车"打开大门，不但为全球带来巨大商机，更向世界彰显促进全球贸易繁荣的大国担当。

正如习近平总书记所强调的，中国将坚定不移地奉行互利共赢的开放战略，将始终是全球共同开放的重要推动者、世界经济增长的稳定动力源、各国拓展商机的活力大市场、全球治理改革的积极贡献者！

2018 回望

安不忘危，兴不忘忧

又是一年乘风破浪！

尤记 2018 年 3 月 5 日，国务院总理李克强在第十三届全国人民代表大会第一次会议上强调："安不忘危，兴不忘忧。我们清醒认识到……我国经济增长内生动力还不够足，创新能力还不够强，发展质量和效益不够高，一些企业特别是中小企业经营困难，民间投资增势疲弱，部分地区经济下行压力较大，金融等领域风险隐患不容忽视……一定要以对国家和人民高度负责的精神，以不畏艰难的勇气、坚忍不拔的意志，尽心竭力做好工作，使人民政府不负人民重托！"

达成预期发展目标

2018 年，中国经济有没有达成预期发展目标？答案是肯定的！这一年：

——经济运行保持在合理区间。国内生产总值首次突破 90 万亿元大关，达到 900309 亿元，按可比价格计算，比上年增长 6.6%，实现 6.5% 左右的预期发展目标。经济增速与用电、货运等实物量指标相匹配。居民消费价格上涨 2.1%。国际收支基本平衡。城镇新增就业 1361 万人，调查失业率稳定在 5% 左右的较低水平。近 14 亿人口的发展中大国，实现了比较充分就业。

——经济结构不断优化。消费拉动经济增长作用进一步增强。服务业对经济增长贡献率接近60%，高技术产业、装备制造业增速明显快于一般工业，农业再获丰收。单位国内生产总值能耗下降3.1%。质量和效益继续提升。

——发展新动能快速成长。"嫦娥四号"等一批重大科技创新成果相继问世。新兴产业蓬勃发展，传统产业加快转型升级。大众创业、万众创新深入推进，日均新设企业超过1.8万户，市场主体总量超过1亿户。新动能正在深刻改变生产生活方式、塑造中国发展新优势。

——改革开放取得新突破。国务院及地方政府机构改革顺利实施。重点领域改革迈出新的步伐，市场准入负面清单制度全面实行，简政放权、放管结合、优化服务改革力度加大，营商环境国际排名大幅上升。对外开放全方位扩大，共建"一带一路"取得重要进展。首届中国国际进口博览会成功举办，海南自贸试验区启动建设。货物进出口总额超过30万亿元，实际使用外资1383亿美元，稳居发展中国家首位。

——"三大攻坚战"开局良好。防范化解重大风险，宏观杠杆率趋于稳定，金融运行总体平稳。精准脱贫有力推进，农村贫困人口减少1386万人，易地扶贫搬迁280万人。污染防治得到加强，细颗粒物（PM2.5）浓度继续下降，生态文明建设成效显著。

——人民生活持续改善。居民人均可支配收入实际增长6.5%。提高个人所得税起征点，设立6项专项附加扣除。加大基本养老、基本医疗等保障力度，资助各类学校家庭困难学生近1亿人次。棚户区住房改造620多万套，农村危房改造190万户。城乡居民生活水平又有新提高。

安不忘危，兴不忘忧

2018年，中国面对深刻变化的外部环境：经济全球化遭遇波折，多边主义受到冲击，国际金融市场震荡，尤其中美经贸摩擦给企业生产经营、市场预期带来不利影响。同时，中国面对经济转型阵痛凸显的严峻挑战：新老矛盾交织，周期性、结构性问题叠加，经济运行稳中有变、变中有忧。

纵使如此，经过全国上下共同努力，我国经济发展在高基数上总体平稳、稳中有进，社会大局保持稳定。正如李克强彼时所言，"这再次表明，在中国共产党领导下，中国人民有战胜任何艰难险阻的勇气、智慧和力量，中国的发展没有过不去的坎"。

安不忘危，兴不忘忧。中国经济发展的"专列"挥别激流奋进的2018年，抬眼观瞧，2019年已近在眼前！

第八章

2019

把大国博弈压力化作改革再出发动力

2018 年伊始，全球经济开足马力前进，却在一年的时间里逐渐失速。未来的一年，前路可能会更加颠簸。

——世界银行首席执行官

克里斯塔利娜·格奥尔基耶娃（Kristalina Georgieva）

必须针对形成 2019 年更复杂、更严峻形势的具体原因"对症下猛药"，在宏观调控方向与策略上，在民营企业产权保护、企业解困等方面，应采取能立竿见影的措施，"老生常谈"则不足以稳住底线。

——国务院参事、CCEF 主席夏斌

我们应该把大国博弈压力化作改革再出发动力。或许再过十年，等改革开放 50 周年时回顾今天，我们会感谢这一场大国博弈。

——中国人民财产保险首席经济学家连锦泉

我们一直秉持内外一致的原则，始终强调对民间资本、国有资本和境外资本等各市场主体公平对待、一视同仁，在同一个规则下开展合作与竞争，形成多赢格局。

——银保监会首席律师刘福寿

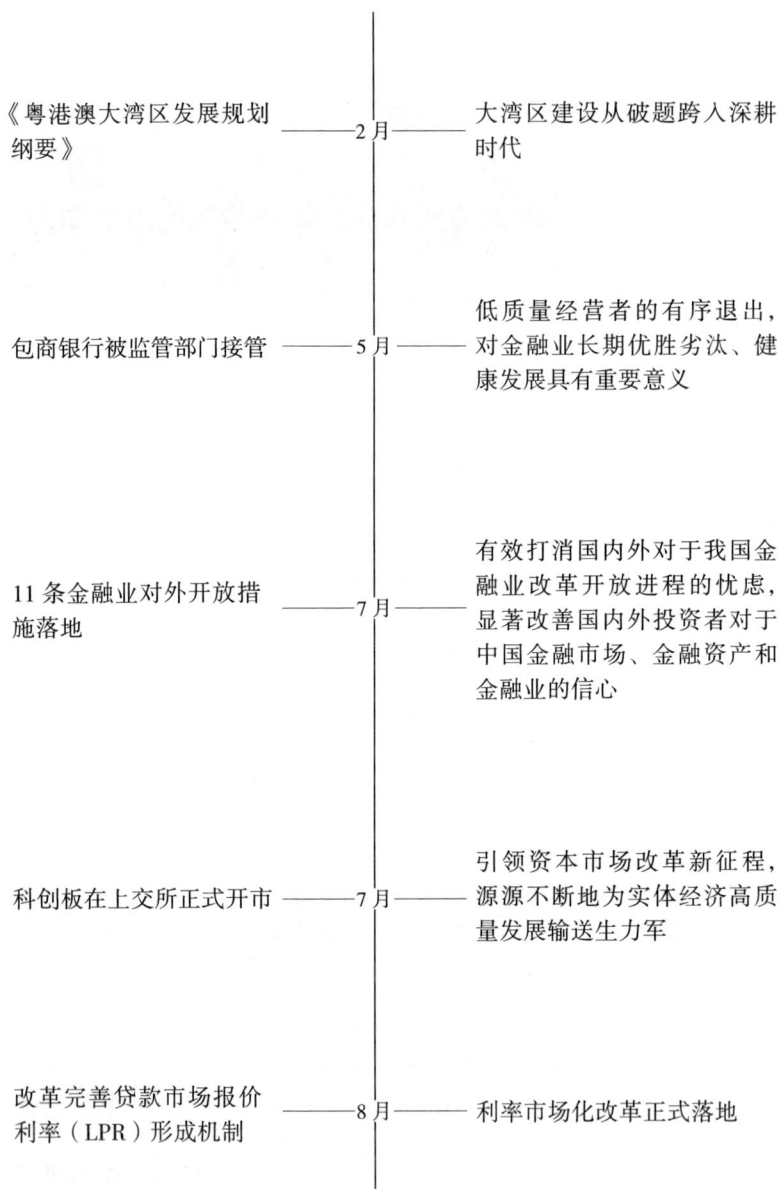

本章导图

《粤港澳大湾区发展规划纲要》 ——— 2月 ——— 大湾区建设从破题跨入深耕时代

包商银行被监管部门接管 ——— 5月 ——— 低质量经营者的有序退出，对金融业长期优胜劣汰、健康发展具有重要意义

11条金融业对外开放措施落地 ——— 7月 ——— 有效打消国内外对于我国金融业改革开放进程的忧虑，显著改善国内外投资者对于中国金融市场、金融资产和金融业的信心

科创板在上交所正式开市 ——— 7月 ——— 引领资本市场改革新征程，源源不断地为实体经济高质量发展输送生力军

改革完善贷款市场报价利率（LPR）形成机制 ——— 8月 ——— 利率市场化改革正式落地

2019
预　判

中国不存在经济"失速"风险

"不容乐观"——这是世界银行对 2019 年全球经济前景作出的前瞻。

两大世界组织集体看低

在是年年初发布的《全球经济展望》中，世界银行直指国际贸易和投资疲软、贸易紧张局势持续升级、新兴市场大国面临金融压力等一系列原因，导致 2019 年全球经济增长低于预期的风险加大，增速将从 2018 年的 3% 进一步降至 2.9%。

"2018 年伊始，全球经济开足马力前进，却在一年的时间里逐渐失速。2019 年，前路可能会更加颠簸。"世界银行首席执行官克里斯塔利娜·格奥尔基耶娃（Kristalina Georgieva）如是说。

无独有偶，IMF 2019 年 7 月更新《世界经济展望》报告时，就这一年全球经济增速给出的预计，也只不过区区 3.2%。

看低的背后

是何缘故令两家巨头皆对 2019 年的前景抱以低预期？在中国银行国际金融研究所博士后谢峰看来，全球经济增长的主要障碍是贸易摩擦对企业信心和预期产生较大负面影响，国际贸易和企业投资或处于低迷状态。

谢峰所称"贸易摩擦"，即指 2018 年以来，由美方挑起，中方予以反制的两国间贸易纷争。

"中美两国各自的经济走势，以及中美之间的双边关系将对全球经济发展形成巨大影响。"摩根大通首席中国经济学家朱海斌认为，由于中美两国的摩擦从贸易领域扩展至全方位竞争，双方关系如何重新定位将对全球经济发展形成影响。如果处理不好这层关系，将对全球构成最大风险。此外，从中美两国各自发展情况看，也存在较多不确定性。

朱海斌指出，2018 年美国经济发展很好，但 2019 年会否快速走向衰退，是市场最担心的事，包括对美联储 2019 年加息次数的预期变少，亦可看出市场对美国经济发展前景的担忧。

与此同时，中国同样面临一些困难。1 月 15 日，国务院总理李克强主持召开专家学者和企业界人士座谈会（听取对《政府工作报告（征求意见稿）》的意见建议）时指出，2019 年经济下行压力加大，一些方面信心不足影响市场预期，必须高度重视，做好应对困难挑战的充分准备。

压力之下的中国 2019

对于 2019 年的中国经济前景，东方金诚首席宏观分析师王青认为，"宏观政策将在'稳增长'方面逐步发力，前期供给侧结构性改革着力推进'去产能'、'去库存'和'去杠杆'，也为实施逆周期调节腾出一定政策空间。此外，城镇化进程每年新增 1000 万就业，国内消费升级带动服务需求增长较快，高端制造业还有很大发展空间。总体看，2019 年经济运行的回旋余地仍较大，最终结果很可能是'变中有稳'，不存在经济'失速'风险"。

值得注意的是，IMF 在《世界经济展望》报告中称，尽管中国仍处在结构调整中，加征关税和外部需求减弱都给中国经济带来压力，但政府出台的刺激政策为增长提供了支持。IMF 预计，2019 年中国经济将增长 6.2%。

**2019
首席说**

大国博弈下的中国抉择

2019 年年初，面对世界风云变幻，CCEF 旗下专家于 1 月 5 日、6 日再度聚首，围绕"大国博弈下的中国抉择"主题，就中国经济会遇到怎样的机遇与风险，又该如何把握与应对，展开深入研讨。

"稳大局"下的九味"猛药"

国务院参事、CCEF 主席夏斌认为，2019 年由于我国经济运行本身存在短期和长期问题，现在又有中美贸易摩擦、全球经济增长减速和国际地缘政治风险等问题，这些外部不确定因素必然使我国经济运行增加多边性、复杂性。

"如何渡过关口？首先，稳住大局。若守不住底线，就谈不上改革创新和新旧动能转化。其次，稳大局是为了给推进改革与调整争取时间。此外，短期内稳大局难免行政措施与市场经济并举，但这些行政措施是暂时的、过渡的，不要指望长期化、制度化。"夏斌指出，必须针对形成 2019 年更复杂、更严峻形势的具体原因"对症下猛药"，在宏观调控方向与策略上，在民营企业产权保护、企业解困等方面，采取能立竿见影的措施。为此，他提出九条意见：

第一，必须旗帜鲜明地提出宏观经济调控的方向就是逆周期调控。中国已是世界第二大经济体，要坚定不移扩大内需，通过供给侧改革加快推动内需增长。

第二，政府要加快减税费，降税费，减支出。针对微型企业大面积经营困难，在适当扩大财政赤字的同时，抓紧出台降低税费具体方案，以增强市场信心。

第三，全面清理国企、民企不一致待遇的政府有关部门规章制度。因为民营投资占中国投资的 60%，民企不看好，中国经济就没有希望。

第四，围绕落实 2020 年农村落户目标，国务院应提出限时间工作目标，以此推进城镇化建设，推动内需增长。

第五，鉴于就业压力较大，应尽快落实国务院于 2018 年末出台的《关于做好当前和今后一个时期促进就业工作的若干意见》，督促省级政府制定具体实施办法，包括企业社保费调整缴纳办法、退回办法、补贴办法，组织对失业者再就业培训等，以扩大就业。

第六，金融部门对影子银行、大资管、P2P 整治纠错既要坚持正确方向，也要讲究策略，体现风险缓释原则。

第七，楼市调控要坚持逐步确立长效机制原则，让市场清楚知道调控是因城施策，各个城市各负其责，房价稳中微涨，确定"房住不炒"理念。

第八，提高全社会对释放风险的自觉性认识。对年内可能集中暴露的地方债务平台违约事件要有准备，并依法处置。

第九，对中长期改革"咬住不放"，如财税改革、国企改革、农村土地改革等。要突出抓问题导向，抓人民关切点，抓近期见效者，以鼓励信心、稳预期。

"三支箭"要做到位

摩根士丹利中国区首席经济学家邢自强认为，中国在短期政策角度需"三箭齐发"：通过减税、地方基建发债、更加宽松的融资条件来稳增长。下一阶段进入供给侧改革 2.0，会有更大规模减税、更大力度开放、更高水平城市化。"中国经济三支箭做到位，时间宜早不宜迟，2019 年下半年会回稳，供给侧 2.0 阶段提升实现发展。"

瑞银证券中国首席经济学家汪涛认为，2019 年国内经济最大下行压力来自外部贸易冲突的影响。美国原来加的关税和之后有可能加关税的风险，对于企业而言是很强的不确定性因素，非但影响出口量，还会影响投资。

"除了调整杠杆，最重要的是怎么让企业有钱赚，怎么提高利润率，所以要进一步进行结构改革，扩大开放，扩大民企准入，让企业有钱赚。从结构性政策措施出发，不会立竿见影，但仍有效果。"汪涛表示，需求侧措施鼓励减税，中央鼓励多给企业贷款会有一定效果，但如果企业对将来增长前景悲观，政策成熟效应不会特别高。这种情况下，还是要靠基建，靠财政支出，如此短期内才会见效。

货币政策与楼市

针对 2019 年货币政策，CCEF 理事长、交通银行首席经济学家连平提出以国内主要目标为主，适当平衡其他相关需求，如汇率稳定、资本流动平衡。"货币政策在未来一个阶段，稳增长是第一位。尤其随着经济下行压力越来越大，它的目标会更加清晰地显现出来。希望货币政策在未来能更好地增强前瞻性，更好地把握一系列相关问题。"

针对楼市，CCEF 研究院院长、中国人民银行参事盛松成认为，随着调控不断升级，楼市整体降温，库存规模回落到 2013 年水平，扭转房价只涨不跌预期正当其时。"房价平稳小幅下降，有利于化解泡沫。坚持调控使房地产行业和金融业利润逐步接近其他行业，促使资金更多流向实体经济。现在和未来较长时期都应在大方向上坚持调控政策不动摇，巩固调控成果，不要半途而废，重蹈覆辙。"

民生与产业

针对社保缺口越来越大的问题，中金公司首席经济学家彭文生提出两个弥补方式，一是增加财政赤字，如划拨国有资产到社保中；二是增加新一代人社保缴费，降低贫富差距。

针对产业开放的问题，华安基金首席经济学家林采宜认为，需求较大的是医疗和教育。"医疗在国内供不应求，且医疗提高国民福利水平，可以让消费进一步提升。教育行业方面，留学生年龄越来越小，这种需求政府会考虑到，适当开放教育领域。"

加紧市场化改革

中信证券首席经济学家诸建芳提出，2019年要加紧市场对改革方面的推进，最核心的任务是调动民企积极性、推进国企混改，这能带来经济增长动力的挖掘和重新塑造，且中长期对经济增长有帮助。

法国巴黎银行首席经济学家陈兴动表示，未来市场化改革应着重五个方面：第一，重新审视政府在商业活动和经济运行中的角色和作用；第二，解决国企行政垄断、国进民退问题；第三，采取切实有效的措施保护知识产权；第四，恢复民营企业对政治经济的信心，很大程度上保护其合法权益、人身安全和财产安全，从法的角度解决问题；第五，找到新一轮经济增长动能。

陈兴动提出五个最有希望的方面：一是从过去的外向型经济向区域协调发展，发挥区域比较优势；二是产能升级，技术创新，促进高新技术与行业发展，鼓励创新；三是城市化，新型城镇化加上地区整合，尤以户籍、土地制度改革为重，想办法让城市和农村结合起来；四是"一带一路"趋势已经让世界接受，中国要做更多制度、结构的安排；五是金融、资本市场开放，未来更好发展。

应对中美贸易战

中国人民财产保险首席经济学家连锦泉认为，2019年最值得关注的"灰犀牛"①是中美贸易战。表面上看，这是美国推进逆全球化和实施贸易保护主义，而其真正目的是通过贸易战修改贸易规则，重塑全球经济治理秩序，在全球再平衡中实现美国再次伟大，其方式就是把结构的失衡转嫁到中国和全球其他各个地区。

连锦泉指出，我们要直面客观现实，把大国博弈压力化作中国的改革开放动力。"2000年，中央通过主动加入世贸组织来推动国

---

① 比喻大概率发生且影响巨大的潜在危机。

内改革开放迈上新台阶。今天改革进入深水区，遇到诸多困难，我们要寻找新的发展动力，应该把大国博弈化作改革再出发动力。或许再过十年，等改革开放 50 周年时回顾今天，我们会感谢这一场大国博弈"。

2019
大 事 记

粤港澳大湾区扬帆起航

2019 年 2 月 18 日，中共中央、国务院正式印发《粤港澳大湾区发展规划纲要》(以下简称《纲要》)，标志着大湾区建设从"破题"跨入"深耕"时代。

"一个国家、两种制度、三个关税区、三种货币"，大湾区区域协调发展的挑战大、难度高，使《纲要》一面世就受到高度关注。

详解"大湾区"

"与近几年出台的多个区域规划相比，《纲要》内容很实，不仅给出具体目标，也提出实施路径。"中国区域经济 50 人论坛成员、上海财经大学城市与区域科学学院副院长张学良指出，粤港澳大湾区最大的特殊之处是在"一国两制"下，粤港澳社会制度、法律制度、关税区域均不同，区域协调发展的难度明显大于多个省份城市之间的"合纵连横"。而《纲要》迎难而上，提出具体解决办法，把劣势转变成发展的机会，达成很多共识，尤其将三个方面重点"单列成章"，令人耳目一新：

一是明确指出粤港澳大湾区战略定位之一是"宜居宜业宜游的优质生活圈"，让改革发展成果更多更公平地惠及全体人民。张学良表示，"《纲要》用一整章单独阐述未来大湾区内居民将会享受到的各种福利，如支持粤港澳高校合作办学、'先行先试'技术移民；开发高铁'一程多站'旅游产品；完善港澳与内地间的食品原产地可追溯制度；支持港澳青年和中小微企业在内地发展，将符合条件的港澳创业者纳入当地创业补贴扶持范围等。这些都表明《纲要》高度重视区域内居民的获得感、幸福感、安全感，非常'接地气'"。

二是强调对接"一带一路"建设，并将该目标放到很高的位置。"《纲要》19次提及'一带一路'，其中第9章详解粤港澳大湾区参与'一带一路'建设的三个方面，即打造具有全球竞争力的营商环境、提升市场一体化水平、携手扩大对外开放。"张学良认为，"一带一路"倡议提出后，国内多个区域发展规划都提到对接"一带一路"建设，但用大篇幅把"怎么做"说得如此清楚的，尚不多见。

三是重视平台建设，尤其是小空间尺度的示范区。"深圳前海深港现代服务业合作区、广州南沙粤港澳全面合作示范区、横琴粤澳深度合作区，深圳、广州、珠海各自都有一个平台，以示范区为联系和纽带，深化融合，创新发展。"张学良指出，《纲要》对国内其他区域一体化发展有较大借鉴意义，如长三角区域一体化发展进程正在加速，并提出建设长三角一体化发展示范区的设想，可与大湾区互相学习，借鉴《纲要》思路充实长三角一体化的发展内容。

诸多投资机会

中信银行（国际）首席经济学家廖群表示，中国有好几个区域都可以规划大湾区，包括京津冀地区、长三角地区等。之所以先把粤港澳规划成大湾区，原因有四点：第一，粤港澳大湾区人均GDP远超全国平均水平，是世界人口和占地面积最大的城市群，具备规划大湾区的相关条件。第二，未来中国将重点发展民营经济，相比于北京、上海等地，珠三角地区是全国民营经济发展最有活力的地方。第三，以往香港和珠三角"前店后厂"式的经济模式已过时，现在要打造珠三角和港澳的新型经济关系，形成跨境融合。在此过程中，香港作为国际金融中心有"一国两制"的优势，可以发挥积极作用。

第四，打造粤港澳大湾区有利于增强内部联通融合，在国际竞争中更具优势。

廖群称，粤港澳大湾区有诸多投资机会，如基础设施领域，要实现粤港澳大湾区的内部联通，先要实现相互交通。通过地铁、高铁、城际铁路、高速公路、桥梁等进一步完善交通链接网络，将产生巨大的基础设施需求。又如，珠三角地区的优势是先进制造业，通过粤港澳大湾区融合，产业可能进一步升级，新兴产业或有投资机会。此外，深圳是仅次于硅谷的科技创新中心，香港又可在金融、资金方面进行支持，粤港澳大湾区未来可能成为最强的国际科学技术创新中心。

深层意义何在

澳新银行大中华区首席经济学家杨宇霆认为，粤港澳大湾区的深层意义是创新。"深圳已经是亚洲区 5G 的科技中心。下一步，中国制造业的产业升级、'工业 4.0'还是要靠创新。创新的源头不搞以前的硬件，先搞软件。"

西班牙对外银行亚洲研究部亚洲首席经济学家夏乐指出，粤港澳大湾区主要是在深圳和其他内地城市主打高新技术产业，意味着未来有很多科创投资。如果把香港和大湾区城市的藩篱降低，让香港和国际投资者通过香港更容易投资到国内高新技术产业，这是非常好的融合方式。

"除了债券通，香港和内地还在做基金的互认和保险的互认，如果加快步伐，事实上也可以让两边的金融市场呈现融合趋势。我们看到大湾区内，大陆居民有很强的全球配置资产的需要。这方面可以带来很好的机会。"夏乐表示，在金融科技产业上，双方互相学习的机会非常大。"内地金融科技更多是互联网巨头，像腾讯在引领，香港有很多的学习机会。而在香港，很多国际性的大银行也在通过金融科技提升竞争力。香港已经发了几个虚拟银行牌照，这一点可以给内地很多金融机构树立榜样。"

广发证券全球首席经济学家沈明高表示，粤港澳大湾区互联互通就是创新，如果能连通香港国际金融中心，就能把全球新的金融工具、金融创新引入整个大湾区。"互联互通对中资金融机构的发展至关重要。现在把两边的流动性和资本流通，如果未来连通进一步发展，对中资金融机构是很大的机会。"

2019
首席说

CCEF 纵论中国开放新格局

2019 年 7 月 4 日，CCEF 旗下数十名专家齐聚香港，就中国改革开放新格局议题展开深入探讨。

不变的出路——八项改革建议

国务院参事、CCEF 主席夏斌认为，从 2008 年全球金融危机至 2019 年的十余年间，消费和人民币国际化的两大历史机遇正走向现实，说明国内经济结构转型和中国对外经济关系的调整持续进行，部分体现了中国经济由高速增长向高质量发展的特征。面对经济运行中的不确定性，夏斌指出，"出路仍然在于改革开放、在于体制机制的进一步改革"，他同时提出八项改革建议：

一是农村"三块地"（农用地、农村集体经营性建设用地、宅基地）的改革。衡量这项改革是否成功，关键要看农民收入是不是提高、农民消费是不是扩大，这是中国经济结构调整中一项重要的战略目标，也是中国经济发展中最后、最大的一块改革红利。

二是切实解决农民工的城镇户籍问题。此项改革实质是通过户籍的口子解决农民工子女教育、医疗、养老、住房等民生问题，在此过程中必然会暴露地方财政支出压力，倒逼地方政府解决问题。

三是贯彻"一城一策"稳定房价过程中及时总结的各地经验，逐步调整各地相关政策，把分散于各地的不同政策逐步统一于建立房地产发展长效机制。

四是利用改革开放积累的巨大财富，抓紧制定多项"兜底"政策，为中国经济高质量发展铺垫好社会基础。

五是抓紧解决国企问题，包括处理好政府与市场的关系，重点是搞对企业的治理结构和代理人激励机制，处理好在新一轮经济全球化中的公平竞争问题，与世界各国合作共赢。

六是抓紧确定全社会的科技创新体制。不仅在国家层面，还包括个人、企业的微观机制，包括总体、局部，也包括产业、其他类型市场经济下创新体系的确立，政策措施不能不接地气、不落地。

七是抓紧理顺中央和地方财税框架。财政制度是国家运行的一项基本制度，上述各项重大改革，其结果必然会影响甚至冲击现有财税管理制度，对此要有准备。财税制度的改革决策必须注入国家多项经济制度改革，确保财税改革和全面深化体制改革真正同步，互相呼应。

八是继续动态谨慎地把握好金融开放的节奏。面对国际经济、金融中的乱象，资金开放、资本账户的全面开放是中国社会主义市场经济对外开放的最后一道屏障，尤其鉴于中国经济结构转型仍存在的市场扭曲和风险隐患，金融必须坚持进一步改革开放，这是方向，毫不动摇。同时，金融对外开放包括汇率浮动，必须是实时动态、谨慎渐进地发展。

从货币政策到发展转型：中国经济内功要硬

承接金融开放的观点，CCEF 研究院院长盛松成提出，"在经济结构转型升级换代时，我们更应该保持汇率稳定。而且，中国是全球最大的'进口 + 出口国'。汇率是双刃剑，对出口有利，对进口不利。更重要的是，在经济转型时期，我国对高科技产品、高端产品的进口需求很大，如果人民币贬值，对这方面很不利"。

盛松成指出，"国家有条件保持人民币汇率基本稳定，因为我国贸易结构日趋多元化，吸收外资稳定增长。我始终坚持一个观点，长期看人民币应该是升值的，因为中国的经济潜力在主要国家中最大"。

汇丰银行中国首席经济学家屈宏斌认为，政策方面需要进一步加码，尤其是定向信贷宽松政策。从长远看，最有潜力的还是民营企业，这需要银行转变现有"典当行"式的经营模式，以企业现金流、未来增长潜力为信用发放贷款，在融资难、融资贵、市场准入及政策方面，如果有边际上的改善，会找到新的经济增长潜力。

野村证券中国首席经济学家陆挺认为，当务之急是找到一条提高国内回报率的方法，增加地方政府的财政效率和财政纪律，其中，推动以中心城市带动全域的中国城市群的发展模式很重要，"中国投资回报率下滑的原因是，很多投资分散到三、四线城市，资源配置效率较低。如果把发展重心回到中心城市、回到城市群，做基建和地产的空间就会增加，相信投资效率也会有一定的提升"。

工银国际首席经济学家程实认为，宏观调控政策细节要适应中国复杂的经济局面。复杂的维度，一是短期在"滞"的同时又面临"胀"的压力，二是减速和增质并行。"在减速增质过程中，滞和胀都有压力的情况下，如何用好财政、货币、结构性政策，整体实现调控目标最优化，这很重要。"

程实指出，中国经济减速增质带来资本市场"前所未有史诗级的新机会"，更具体地讲是代表中国经济十年、二十年增长的产业方向，要推荐的是两个：一是中国硬核科技的崛起；二是中国消费的重心下沉，正从一线城市向低线城市转移，从高端产品向中低端产品转移，代表了中国经济和中国投资的大方向。

中美关系"打打停停"：不变的是大国信心

针对中美贸易摩擦，京东集团首席经济学家沈建光指出，中国无论是GDP还是创新、消费水平，增速都远远高于美国，经济实力则是"此消彼长"，这样的趋势没有改变。从长期看，包括基础设施和科技方面的投入、大湾区的创新等都可以给中国经济增加很多动力。"贸易是中美最重要的底层及压舱石。从长远看，贸易战会保持相对稳定，对所有关系都有利。"

博海资本首席经济学家孙明春认为，中国崛起强大到一定程度，对美国的冲击非常大。"打打、停停，不光是中美利益冲突来回的纠结，也是美国内部各个利益集团之间力量的平衡。中国崛起产生的冲突不是我们主观上想怎么走，而是市场会做决定。"

"贸易战本身是一个伪命题。再怎么干，也不会令美国更伟大。"瑞信亚洲区首席经济分析师陶冬表示，贸易之争不过是在中美较量"第一章"的一个段落画个句号，第二个段落还会出现。除了贸易战，我们会看到金融战、科技战。"长期看，我们在进入以5G为先导的数据时代。而这个时代里，中国经济的发展、中国引领科技会非常明显，会引领世界。中美在科技和其他领域也许需要一些分道扬镳，不是我们想分道扬镳，是不得不分道扬镳。长期来说，对中国未尝不是一件好事。而短期的周旋一定要知己知彼。"

2019
金融市场改革之"新"

包商银行被接管的启示

2019年5月24日，中国人民银行、中国银保监会联合发布公告，决定即日起对包商银行股份有限公司（以下简称"包商银行"）实行接管，期限1年。

从"荣誉满身"到无奈被接管

公开资料显示，包商银行成立于1998年12月，截至被接管前，已在宁波、深圳、成都、北京及内蒙古自治区内设立了18家分行、

291 个网点，还发起设立包银消费金融公司、小企业金融服务中心、29 家村镇银行，机构遍布全国 16 个省（自治区、直辖市）、市。该行曾获 2013 年度全国支持中小企业发展十佳商业银行、最佳金融科技安全奖。此外，在中国银行业协会发布的"2018 年中国银行业 100 强榜单"中，包商银行名列第 37 位。

这样一家多重荣誉在身的银行，何以落到被接管的地步？坊间对此"传闻"不一，有称该行不良贷款规模持续上升，资本充足水平快速下降，且未来资本补充有较大不确定性；有说该行涉及诸多借款纠纷，被法院进行风险提示 7000 余次；有说该行股权被大量质押，另有 65 亿元二级资本债未偿还；还有说该行应收款项类投资规模较高，面临一定风险。

事实上，包商银行之所以被监管部门接管，与其公司治理机制不完善、管理不到位，导致"严重信用风险"直接相关。正如央行和银保监会在联合公告中所称，鉴于包商银行出现严重信用风险，为保护存款人和其他客户的合法权益，依照《中华人民共和国中国人民银行法》《中华人民共和国银行业监督管理法》《中华人民共和国商业银行法》有关规定，银保监会决定自 2019 年 5 月 24 日起对包商银行实行接管，并委托中国建设银行托管包商银行业务，接管期限 1 年。

负责任的接管、不会停的接管

5 月 24 日和 26 日，央行和银保监会负责人两次就接管包商银行答媒体记者问，指出接管后，包商银行事实上获得了国家信用，储蓄存款本息得到全额保障，企业存款也得到充分保障。该行各地网点资金充裕，储户存取款自由，秩序井然。

监管部门负责人介绍，接管包商银行后，对接管前的该行个人储蓄存款本息由央行、银保监会和存款保险基金全额保障，各项业务照常办理，不受任何影响。5000 万元（含）以下的对公存款和同业负债，本息全额保障；5000 万元以上的对公存款和同业负债，由接管组和债权人平等协商，依法保障。

"理论上讲，在市场经济环境下，银行机构被接管甚至破产的最优概率，肯定应该大于零。"民生银行研究院研究员李鑫认为，防范金融风险的最佳方式应该是保证风险有序暴露，对局部风险妥善处理，而不是总试图将所有风险都"按住"，那样早晚有"按不住"的时候，真有可能出现系统性风险。

李鑫表示，监管部门甚至更高层可能已对此有顶层设计，在存款保险制度已经推出的背景下，以接管包商银行的个例先行尝试，探索建立更加市场化的银行退出机制。

诚如李鑫所言，低质量经营者的有序退出，对金融业长期优胜劣汰、健康发展具有重要意义。与债市违约一样，只有经历初期的冲击和阵痛，更加市场化的定价机制方能顺畅运行。而对市场参与者来说，需要理解在中国金融市场改革不断深化的背景下，金融机构的赢利能力、风险状况、业务的稳定性必定不断分化。

总之，包商银行被接管事件短期或为个案，对银行业乃至金融体系冲击有限；但长期而言，优胜劣汰正是金融供给侧改革的题中应有之义。

金融业对外开放不是简单地"要开放"

金融开放"宜快不宜慢、宜早不宜迟"

2019 年 7 月 20 日，国务院金融稳定发展委员会办公室宣布，为贯彻落实党中央、国务院关于进一步扩大对外开放的决策部署，按照"宜快不宜慢、宜早不宜迟"的原则，在深入研究评估的基础上推出11 条金融业对外开放措施。

这些措施主要涵盖如下方面：货币与债券市场的开放，涉及信用评级业务、货币经纪业务和银行间债市承销业务的开放，以及进一步便利境外机构投资者投资银行间债市；财富管理市场的开放，包括鼓励外资机构参股银行理财子公司和养老金管理公司，允许外资控股成立理财公司；加速放宽外资持股金融机构比例上限，包括保险（包括资管公司）、券商、基金、期货等限制的放宽时点提前到 2020 年（原为 2021 年），并放宽外资险企准入条件；等等。

从资产端到运营端，"11 条"鲇鱼的巨大效应

中信证券银行业首席分析师肖斐斐认为，在经营层面，金融业对外开放"11 条"有望发挥鲇鱼效应，倒逼国内金融机构改革，尤其在财富管理、直接融资、风险定价等短板领域，提升经营效率和服务实体经济的能力。在资本层面，则有助于金融企业的估值体系与海外市场接轨，打开优质金融机构的估值空间。

以鼓励境外金融机构参与设立、投资入股商业银行理财子公司为例，在上海农商银行高级分析师赵雨晴看来，作为中国资管版图的主导，商业银行理财子公司专业化发展体现了资管业务转型的阶段性成果，但距离市场预期和海外先进银行系资管机构还有不小差距。"《商业银行理财子公司管理办法》已经为境外金融机构入股理财子公司预留空间，监管层明确鼓励引进先进外资金融机构投资入股我国商业银行理财子公司，不仅可使境外投资者享受中国发展的红利，也有利于推动我国商业银行理财在资产端、负债端、运营端等方面转型发展。"

从资产端看，相较于海外先进银行系资管机构，我国商业银行理财投研一体化能力有较大提升空间，另类资产与境外资产配置能力稍显不足。引进外资入股，能推动商业银行理财巩固固收类资产配置优势，并逐步拓展投资边界，提升投资能力，形成全市场、全渠道、全资产的资产配置能力。

从负债端看，银行系资管机构通常在客户端优势明显，但在产品端与专业资管机构存在一定差距。我国商业银行理财产品在面临净值化转型的同时，还面临产品体系重塑的考验。引进外资入股，将丰富

银行理财产品架构，最终形成以客户为中心的产品服务理念。

从运营端看，海外先进银行系资管机构长期致力于金融科技的运用。随着金融科技介入，我国商业银行系资管机构也将逐步演变为"金融创收＋科技创收"模式。

"引进外资金融机构参与设立、投资入股银行理财子公司，将带来两方面影响。"中国人民银行郑州培训学院教授王勇表示，一方面，我国资管市场的规模和发展潜力较大，现有资管机构难以完全满足快速增长的多元化市场需求。引入具有专业特长和一定影响力的外资金融机构，有利于促进我国银行理财子公司快速壮大。另一方面，随着外资金融机构进入，新设立的银行理财子公司面临更大竞争压力，有望进一步丰富金融产品供给，激发市场竞争活力。

外资引流与保险风向

以把原定 2021 年取消证券公司、基金管理公司和期货公司外资股比限制提前到 2020 年为例，前海开源基金首席经济学家杨德龙表示，此举是进一步扩大开放的重要部署，势必会吸引更多外资流入，也有望吸引更多外资金融机构进入中国市场。"这能让国内金融机构与国外金融机构进行公平竞争，促进前者提升竞争力，进一步走向国际化。当然，一些竞争力不足的金融机构可能遭到淘汰。"

"取消金融机构外资股比限制不仅会带来外资流入，也会使境外投资者的投资风格、投资策略等产生溢出效应。同时，外资机构和国内金融机构在规模、理念、经营、品牌，以及在中国市场提供的服务方面存在一定差异。放开外资股比限制，让优秀的外资机构进入中国资本市场，有望推动行业竞争水平出现质的提升。"中国市场学会金融学术委员、东北证券研究总监付立春认为，"外资股比限制提前放开，对券商影响相对较大，国内券商将面临更多竞争者，市场将更加多元化，促进行业快速升级，券商格局也将更加国际化。"

金融业对外开放措施"11 条"中，涉及保险业篇幅颇多，尤以两大亮点吸引眼球：一是取消境内保险公司合计持有保险资产管理公司的股份不得低于 75% 的规定；二是放宽外资保险公司准入条件，取消 30 年经营年限要求。

"一直以来，保险业都是中国金融对外开放的'前沿'。加入WTO 时，保险就是第一个开放的金融领域。此轮金融业对外开放提速，保险业再次扮演'先锋'角色。"复旦大学风险管理与保险学系主任许闲表示，外资险企在产品设计、理赔、风控等领域具有优势，国内保险业最需要学习的，就是外资险企"谨慎经营"的理念和态度。

"此外，中国有许多新的社会风险出现，如长寿、创新科技、新能源汽车、共享经济等。国内险企虽然研究相应的保障产品和服务方案，但总的来说供给偏少。就这方面而言，外资险企发展时间较长，经历过不少社会大创新，已针对新出现的社会风险形成一套自身的产品、方法和经验，应对机制相对成熟，国内险企亦可学习借鉴。"许闲称。

"很长时间以来，国内保险业存在'唯增长'导向与'保费冲动'的强烈偏好，产权结构不合理是造成这种局面的深层次原因。而国际保险市场的经验表明，只有具备分立产权的制度基础，险企才能具有内生的自我约束机制，学会'长大长强'，而不是'做大做强'。因此，开放有助于中国保险业重视产权制度改革，能从根本上遏制市场主体追求短期收益的机会主义行为。"国务院发展研究中心金融研究所保险研究室副主任朱俊生教授指出，开放意味着加剧竞争，会提升所有市场主体的效率。而真正的竞争力从来不是保护出来的，一定是在市场中磨炼出来的。外资保险公司的进入，将有助于国内保险业形成改革的共识。

金融对外开放三大要点

作为一个强烈的政策信号，金融业对外开放措施"11 条"再度彰显我国坚持"开放的大门只会越开越大"的坚定信念，不仅能有效打消国内外对于我国金融业改革开放进程的忧虑，且将显著改善国内外投资者对于中国金融市场、金融资产和金融业的信心。

金融业对外开放措施"11条"落地之际，中国社科院学部委员、国家金融与发展实验室理事长李扬特别指出，扩大金融业对外开放不是简单地"要开放"，而是根据国际经济金融发展形势变化和我国发展战略的需要，以促进中国经济金融健康发展、全球经济和谐共生为目标，研究制定新的改革开放措施。要有针对性，要有问题意识，坚持问题导向，不能"本本先行"，这是金融业对外开放的基本原则。在此基础上，李扬认为中国金融业进一步对外开放有三大要点：

第一，提高中国金融业在全球的竞争能力，扩大金融高水平双向开放。不仅要全面提升国内金融机构的国际竞争力，使之较快适应全球金融环境，较快、较深入地融入全球金融系统，而且要按照国际标准和国际惯例，改造国内金融乃至经济运行的体制机制、法律架构、营商环境，形成对国际资本的吸引力。

第二，提高开放条件下经济金融管理能力和防控风险能力。虽然国内金融风险得到了有效管控，但这主要是面对国内市场，针对国内机构，监管的有效性在相当程度上是靠行政手段保障的。如何主要通过运用经济和法律手段来实施监管，是在金融业进一步对外开放过程中要解决好的关键问题。

第三，提高参与国际金融治理能力。对中国而言，积极参与全球经济金融治理并逐渐发挥重要作用，是一个全新挑战。

2019
资本市场改革之"新"

科创板引领资本市场改革新征程

创新创业新气象、新使命

2019年7月22日，中国资本市场迎来历史性时刻——科创板鸣锣开市，首批25家企业一同在上海证券交易所"登台亮相"。上海市市长应勇指出，科创板开市是科技创新领域的历史性突破，是金融改革开放新路径、资本市场新征程、科技创新创业新气象。

在宏观经济和资本市场步入变革时代之际，作为资本市场重要增量改革^①的"试验田"，科创板承担着重要的历史使命。

一方面，在经济发展方式转变和产业结构转型升级的大背景下，通过创新构建核心竞争力，成为推动经济内生增长的关键驱动力。在此过程中，一大批创新企业的融资需求迫切，推出科创板并试点注册制改革，有望补齐资本市场服务新经济企业的"短板"，为相关企业提供更畅通的直接融资渠道。

另一方面，要发挥市场在资源配置过程中的决定性作用，必须建立真正的市场化制度。科创板在上市标准、准入门槛、询价方式、交易制度等方面进行了诸多创新和探索，有望成为市场化改革的发力点、突破口。同时，在经过充分试点和审慎论证后，科创板试点形成的一系列经验可循序渐进地在全市场进行复制，通过增量改革促进存量转型，全面深化改革，激发深层活力，进而重塑资本市场新生态。

为实体经济高质量发展输送生力军

从上市首日的表现看，科创板的成交活跃度超出预期。截至2019年7月22日收盘，25只科创板股票全天涨幅均超80%，合计成交近485亿元，16家公司涨幅翻番，有5只百元股；最高市值为中国通号，达到1153亿元；平均涨幅约为140%，超出创业板首日平均涨幅。

目前，在多个面向科技前沿的"硬科技"领域，科创板已汇聚

---

① 借用等级规则确立产权规则，政府导向式改革的优点非常明显，其在传统体制上的边际效益大大减少了改革阻力，可在不伤害既得利益的前提下增加另一部分人的利益，使改革大步前进。

一批涉及各产业链环节、多应用场景的创新企业，在促进科技、资本和产业高水平循环中更进一步，对科技龙头企业的吸引力不断提高，中芯国际、中国通号、华润微等行业标杆型企业都已先后登陆科创板。

这正应了证监会副主席李超的一席话：科创板肩负着引领经济发展向创新驱动转型的使命，也承载着资本市场基础制度改革的初心，对进一步提升资本市场功能，更好地服务供给侧结构性改革和高质量发展具有独特作用。

不难想见，科创板将源源不断地为实体经济高质量发展输送生力军，展现我国科技创新企业的巨大潜能与活力。

LPR 新报价机制意义深远

引领利率市场化改革

2019 年 8 月 16 日，国务院常务会议部署运用市场化改革办法推动实际利率水平明显降低和解决"融资难"问题，包括改革完善贷款市场报价利率[①]形成机制。次日，中国人民银行发布公告，宣布改革完善贷款市场报价利率形成机制。新的 LPR 由各报价行于每月 20 日 9 时 30 分公布。

与原有 LPR 形成机制相比，新 LPR 主要有四点变化：

一是报价方式改为按照公开市场操作[②]利率加点形成。其中，公

---

① Loan Prime Rate, LPR，是由具有代表性的报价行根据本行对最优质客户的贷款利率，以公开市场操作利率（主要指中期借贷便利利率）加点形成的方式报价，由中国人民银行授权全国银行间同业拆借中心计算并公布的基础性的贷款参考利率，各金融机构应主要参考 LPR 进行贷款定价。现行的 LPR 包括 1 年期和 5 年期以上两个品种。

② 指中央银行在货币市场上公开买卖有价证券，目的是调节货币供应。

开市场操作利率主要指中期借贷便利①利率，MLF期限以1年期为主。

二是在原有1年期1个期限品种的基础上，增加5年期以上的期限品种。

三是报价行范围代表性增强，在原有的10家全国性银行基础上增加城市商业银行、农村商业银行、外资银行和民营银行各2家，扩大到18家。

四是报价频率由原来的每日报价改为每月报价一次。

央行有关负责人指出，经过多年来利率市场化改革持续推进，目前我国的贷款利率上、下限已放开，但仍保留存贷款基准利率，存在贷款基准利率和市场利率并存的"利率双轨"问题。银行发放贷款时大多仍参照贷款基准利率定价，特别是个别银行通过协同行为以贷款基准利率的一定倍数（如0.9倍）设定隐性下限，对市场利率向实体经济传导形成阻碍，是市场利率下行明显但实体经济感受不足的一个重要原因，这是利率市场化改革须迫切解决的核心问题。

既基础又深远的改革

"改革完善LPR形成机制，可起到运用市场化改革办法推动降低贷款实际利率的效果。"央行有关负责人表示，一是前期市场利率整体下行幅度较大，LPR形成机制完善后，将对市场利率的下降予以更多反映。二是新LPR市场化程度更高，银行难以再协同设定贷款利率的隐性下限，打破隐性下限可促使贷款利率下行。监管部门和市场利率定价自律机制将对银行进行监督，企业可以举报银行协同设定贷

---

① Medium-term Lending Facility，MLF，是中央银行提供中期基础货币的货币政策工具，于2014年9月由中国人民银行创设。对象为符合宏观审慎管理要求的商业银行、政策性银行，可通过招标方式开展。发放方式为质押方式，并需提供国债、央行票据、政策性金融债、高等级信用债等优质债券作为合格质押品。

款利率隐性下限的行为。三是明确要求各银行在新发放的贷款中主要参考 LPR 定价，并在浮动利率贷款合同中采用 LPR 作为定价基准。为确保平稳过渡，存量贷款仍按原合同约定执行。四是中国人民银行将把银行的 LPR 应用情况及贷款利率竞争行为纳入 MPA^①，督促各银行运用 LPR 定价。

"原有 1 年期 LPR 利率报价为 4.31%，非常接近贷款基础利率 4.35%，但新 LPR 报价与 1 年期 MLF 利率 3.3% 挂钩，且报价机制更灵活，比基准利率调整更'常态化'。"中金公司分析员易峘、中金公司首席经济学家梁红认为，虽然原有 LPR 报价与贷款基础利率非常接近，但调整比基准利率更"常态化"的 LPR 可能作为央行引导实体利率下行的载体。"完善 LPR 定价机制无疑是央行向利率市场化方向迈进的又一步。"

CCEF 研究院院长、中国人民银行参事盛松成撰文指出，LPR 新的定价方式确实能增强货币政策对贷款利率的引导作用，"中介机构减费让利""多种货币信贷政策工具联动配合"将有助于降低 LPR 利率。

"企业信贷融资成本的高低最终取决于企业自身基本面、信用质量、赢利能力等，短期内贷款锚定标的的转换，并不会对信贷市场形成较强冲击。LPR 新报价机制意义最深远之处在于，将 LPR 挂钩 MLF 操作利率，增强央行对信贷市场融资成本的'抓手'作用，为未来进一步畅通货币政策的利率（价格型）传导渠道奠定第一步基础。"CCEF 理事长、交通银行首席经济学家连平如是称。

---

① Macro Prudential Assessment，即宏观审慎评估体系：关注广义信贷，将债券投资、股权及其他投资、买入返售等纳入其中，以引导金融机构减少各类腾挪资产、规避信贷调控的做法。同时，利率定价行为是重要考察方面，以约束非理性定价行为。

2019
回　望

思危方能居安

"思危方能居安。"这是 2019 年 3 月 5 日，国务院总理李克强在第十三届全国人民代表大会第二次会议上说的一句话。

危不小

从 2019 年全年中国经济运行的实际情况看，可以说我们切切实实做到了这一点。因为这一年，"危"真的不容小觑。

国际方面，世界经济增速放缓，保护主义、单边主义加剧，国际大宗商品价格大幅波动，不稳定不确定因素明显增加，外部输入性风险上升。IMF 等机构多次下调全球经济增长预期。

国内方面，经济下行压力加大，消费增速减慢，有效投资增长乏力；实体经济困难较多，民营和小微企业融资难、融资贵等问题未有效缓解；自主创新能力不强，关键核心技术短板问题凸显；金融等领域风险隐患犹存。

在这种大环境下，我国在是年年初定下经济社会发展主要预期目标：国内生产总值增长 6%—6.5%；城镇新增就业 1100 万人以上，城镇调查失业率 5.5% 左右，城镇登记失业率 4.5% 以内；居民消费价格涨幅 3% 左右；国际收支基本平衡，进出口稳中提质；宏观杠杆率基本稳定，金融财政风险有效防控；农村贫困人口减少 1000 万以上，居民收入增长与经济增长基本同步……正如李克强总理所坦言的："实现这些目标，需要付出艰苦努力。"

安如素

尽管经济发展面临诸多挑战，但 2019 年中国攻坚克难，依然完成了全年主要目标任务，实现"安"之预期。

——经济运行总体平稳。GDP 达到 990865 亿元，比上年增长 6.1%，按年平均汇率折算达到 14.4 万亿美元，稳居世界第二位；人均国内生产总值 70892 元，按年平均汇率折算达到 10276 美元，首次突破 1 万美元大关。城镇新增就业 1352 万人，调查失业率在 5.3% 以下。居民消费价格上涨 2.9%。国际收支基本平衡。

——经济结构和区域布局继续优化。社会消费品零售总额超过 40 万亿元，消费持续发挥主要拉动作用。先进制造业、现代服务业较快增长。粮食产量 1.33 万亿斤。常住人口城镇化率首次超过 60%，重大区域战略深入实施。

——发展新动能不断增强。科技创新取得一批重大成果。新兴产业持续壮大，传统产业加快升级。大众创业万众创新深入开展，企业数量日均净增 1 万户以上。

——改革开放迈出重要步伐。供给侧结构性改革继续深化，重要领域改革取得新突破。减税降费 2.36 万亿元，超过原定的近 2 万亿元规模，制造业和小微企业受益最多。政府机构改革任务完成。"放管服"改革纵深推进。设立科创板。共建"一带一路"取得新成效。出台外商投资法实施条例，增设上海自贸试验区新片区。外贸外资保持稳定。

——三大攻坚战取得关键进展。农村贫困人口减少 1109 万，贫困发生率降至 0.6%，脱贫攻坚取得决定性成就。污染防治持续推进，主要污染物排放量继续下降，生态环境总体改善。金融运行总体平稳。

此外，2019 年世界经济仅增长 3.6%，但中国在其中的贡献仍超过 30%，成为世界经济稳定增长的"压舱石"。

"我国经济发展长期向好的基本面没有改变，大国经济的规模优势和集中力量办大事的制度优势明显，我们完全有能力、有条件、有基础应对各种风险挑战，实现经济持续健康发展。"国家统计局局长宁吉喆的一席话，既是对 2019 年中国经济的最好"注解"，也为这一年画上了圆满句号！

只有"傻瓜"才会不看好中国!

由于存在政策的不确定性和贸易冲突的不确定性,预计2020年世界经济依然疲弱……全球经济增长动力将主要来源于包括中国在内的新兴经济体。

——IMF 首席经济学家吉塔·戈皮纳特(Gita Gopinath)

过去多年的实践证明,不形成一点压力,不倒逼改革,光靠多发货币,宽松的货币经济环境不会主动推动真正的改革。

——国务院参事、CCEF 主席夏斌

《政府工作报告》(2020年)不设 GDP 增长目标,反映了中国政府决策的实事求是和科学性。

——新加坡国立大学李光耀公共政策学院东亚研究所教授郑永年

继 RCEP 谈成后,中欧投资协定如期谈成,将给陷入困境的世界经济带来新的动力,表明中欧两大经济体仍在坚持自由贸易方向,寻找相互开放带来的增长新动能。

——中国国际经济交流中心经济研究部副部长刘向东

只有"傻瓜"才会不看好中国!

——英国《泰晤士报》编辑菲利普·阿尔德里克(Phillip Aldrick)

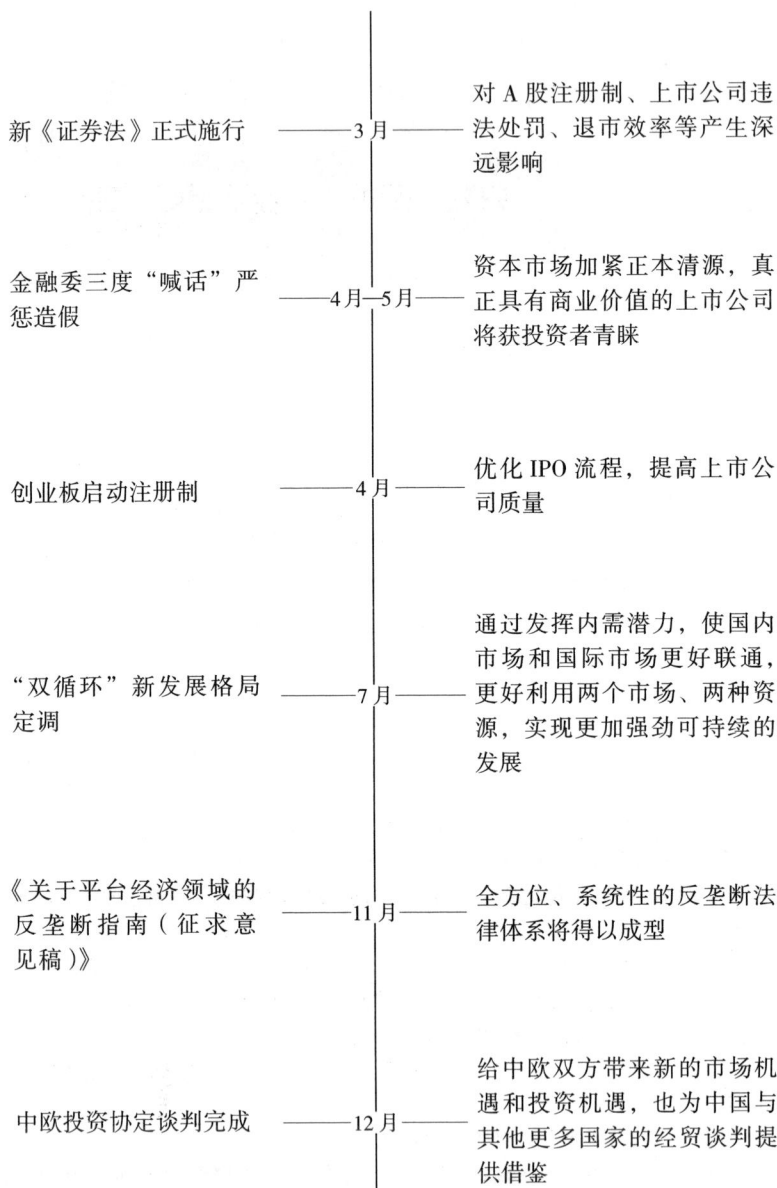

本章导图

新《证券法》正式施行 ———— 3 月 ———— 对 A 股注册制、上市公司违法处罚、退市效率等产生深远影响

金融委三度"喊话"严惩造假 ———— 4 月—5 月 ———— 资本市场加紧正本清源，真正具有商业价值的上市公司将获投资者青睐

创业板启动注册制 ———— 4 月 ———— 优化 IPO 流程，提高上市公司质量

"双循环"新发展格局定调 ———— 7 月 ———— 通过发挥内需潜力，使国内市场和国际市场更好联通，更好利用两个市场、两种资源，实现更加强劲可持续的发展

《关于平台经济领域的反垄断指南（征求意见稿）》 ———— 11 月 ———— 全方位、系统性的反垄断法律体系将得以成型

中欧投资协定谈判完成 ———— 12 月 ———— 给中欧双方带来新的市场机遇和投资机遇，也为中国与其他更多国家的经贸谈判提供借鉴

2020
预　判

比金融危机期间"还要糟糕得多"

疫情突袭全球经济

2020 年是相当糟糕的一年！自这一年起，一只名为"新型冠状病毒"的"黑天鹅"尽显狰狞，不仅威胁人类生命健康，更对各国经济造成重创。随着疫情蔓延，隔离、封锁、关闭……一系列紧急措施相继出台，以致内需和供应、贸易及金融都发生严重中断，全球劳动力市场更遭到灾难性打击。

是年初，IMF 在《世界经济展望》报告中称，受疫情影响，2020 年全球经济预计将急剧收缩 3%，"比 2008 年至 2009 年金融危机期间的情况还要糟糕得多"。

IMF 首席经济学家吉塔·戈皮纳特（Gita Gopinath）指出，各国为控制疫情而采取必要的隔离措施和保持社会距离的做法，导致整个世界陷入"大封锁"状态。随之而来的经济活动崩溃的规模和速度，是我们一生中未曾经历过的。

"这是真正的全球性危机，因为没有哪个国家能够幸免。"吉塔·戈皮纳特称，经济增长依赖旅游、旅行、酒店和娱乐等行业的国家，其经济正受到尤其严重的干扰。新兴市场和发展中经济体面临全球风险偏好减弱，承受着资本流动空前逆转带来的额外挑战及货币压力。同时，它们的卫生体系较为薄弱，提供支持的财政空间更为有限。此外，一些经济体在陷入这场危机时处于脆弱状态，经济增长疲软，债务水平高企。发达经济体及新兴市场和发展中经济体同时处于衰退之中，这种情况自"大萧条"以来第一次出现。

备感忧心的还有世界银行。其在 2020 年《全球经济展望》中预计，受疫情影响，是年全球经济将萎缩 5.2%。而且，疫情可能给经济带来"持续的伤疤"，包括投资和创新的减少、贸易关系和供给链难以恢复等。

中国不畏艰难险阻

同样，中国也清醒地看到 2020 年世界及自身所面临的困难与问题。

国务院总理李克强指出，受全球疫情冲击，世界经济严重衰退，产业链、供应链循环受阻，国际贸易投资萎缩，大宗商品市场动荡。同时，这次新冠肺炎疫情也是新中国成立以来，遭遇的传播速度最快、感染范围最广、防控难度最大的重大突发公共卫生事件。而且，国内消费、投资、出口下滑，就业压力显著加大，企业特别是民营企业、中小微企业困难凸显，金融等领域风险有所积聚，基层财政收支矛盾加剧……这种情况下，2020 年的发展任务异常艰巨。

不过，李克强强调，中华民族向来不畏艰难险阻，当代中国人民有战胜任何挑战的坚定意志和能力。我们要迎难而上，锐意进取，统筹推进疫情防控和经济社会发展，努力完成全年目标任务！

值得注意的是，鉴于 2019 年中国对全球经济增长贡献率达到 39%，所以，尽管 2020 年甫始全球经济就因疫情陷入泥沼，但中国的前景仍被看好。

世界银行预计，2020 年中国经济有望实现 1% 的增长。

吉塔·戈皮纳特亦称，"预计 2020 年世界经济依然疲弱……全球经济增长动力将主要来源于包括中国在内的新兴经济体"。

2020
首席说

大国治理体系构建与高质量发展

2020 年开年，疫情肆虐下的全球经济寒意十足，中国经济面临前所未有的压力。值此时刻，CCEF 旗下 50 余位专家于 1 月 4 日、5 日聚首，围绕"行稳致远——大国治理体系构建与高质量发展"这一主题，为中国经济把脉开方。

稳经济是当前大局

2020 年经济运行政策，国务院参事、CCEF 主席夏斌认为，仍将是一套兼顾稳定、改革、发展三者之间关系的组合政策。

"2020 年全球增长可能低于 2019 年的增长，而处于大国博弈中的中国，多年积累的系统性风险隐患正在'精准拆弹'的微妙阶段，若完全基于经济模型测算的潜在增长率来决定货币供应量、货币政策，也就是说停止适当宽松的货币政策，我认为是根本不现实的，这样不光实现不了模型预测的潜在增长率，甚至还会主动引爆危机。因此，如果不采取守住风险底线的政策，不松点货币，光讲改革，讲挖掘新结构潜能，难道就能确保经济不出现断崖式下跌？"

夏斌指出，稳经济是当前大局，只有经济稳住，社会稳住，才能进一步改革开放。虽然结构调整提供了基础与前提，但中国经济存在多年积累的系统性风险隐患，而且地方政府债务问题相当严重。这样的环境下，若再一味过分强调 GDP 增速，并由各省政府层层分解引导各地增长目标，不考虑整顿前一个时期部分无序金融创新对增长带来的压力，如针对 P2P、一百亿影子银行的整顿等，不考虑前期整顿给经济增长带来的压力，不考虑经济进一步下行内在的结构性压力，一而再、再而三迁就拖延结构改革，其结果不是加剧系统性风险的积累，就是提前损失掉几十年改革开放带来的国民财富。

"过去多年的实践证明，不形成一点压力，不倒逼改革，光靠多发货币，宽松的货币经济环境不会主动推动真正的改革。强调稳经济，绝不能只是简单局限于货币财政的总量政策，必须同时实行结构性改革政策，并加快健全各项社会兜底的政策改革，'精确精准拆弹'，逐步暴露和释放金融风险，才能使经济和社会真正行稳致远。"

夏斌强调，要重点关注改革发展稳定的政策，包括相关部门落实中央方针政策的具体措施，以及各政府部门具体政策措施之间的协调状况。

资本市场更好对内开放

针对资本市场如何更好对内开放的问题，CCEF 理事长、中国银行业协会行业发展研究委员会主任连平表示，中国金融开放在 2018 年之后明显加快，主要是行业和市场的开放。但对内，需要思考是否做到了能开放的都已开放，比如银行业能否投资证券业。

"银行业资源丰沛，跟证券公司也有很多合作，但银行业资本进入证券业受到严格限制。若能把银行业资本的 5% 投入证券业，如收购、兼并、投资、设立证券公司等，会给证券业带来 50% 的净资产增加，使投资银行、证券公司迅速增强力量，对证券业长期发展有利。"连平认为，对外开放加速，对内亦要解放思想。证券业发展，证券公司做大，中国的投资银行也能走向国际。而商业银行体系的业务范围进一步扩大，会给风控等各方面提供更多更好的渠道和方式。

各项改革措施推进

"政策落地、改革推动，我国经济将平稳发展。"CCEF 研究院院长、中国人民银行参事盛松成预计，2020 年 GDP 增速在 6.0% 或 6.1%，依据有三点：一是无论投资、消费、进出口和美国贸易摩擦，均已"跌无可跌"；二是一系列政策都在推进；三是中国出台了一系列改革政策，正在逐渐推动。

"财政政策和货币政策无法改变经济的潜在增长率，但能起到逆周期调节作用。更重要的是各项改革措施的推进和技术进步，有望使中国经济释放更大潜力，提高经济的潜在增速。"盛松成提出，2019 年 12 月 22 日，中共中央国务院发布《关于营造更好发展环境支持民营企业改革发展的意见》，这将在很大程度上提高民营企业的积极性。

野村证券中国首席经济学家陆挺提出，中国经济重要的问题是如何提高逆周期调节政策中的投资效率，一方面应有逆周期调节，另一方面不能"大水漫灌"。"投资有非常重要的地缘属性，投在什么地方，有没有效果，有没有回报，将决定未来几年中国潜在增长率能有多少。如果要让中国维持较稳定的中高速增长，一定要真正推动改革，让市场成为要素配置的主要决定力量，让制度改革成为创新增长最终的动力。"

陆挺认为，中国经济总体规模已经是世界第二，如能维持 4% 到 5% 的增速，中国仍将是全球最大的增长贡献国，维持这样的增速还有相当大的空间，中国的人口规模、庞大地域优势会带来相当丰厚的投资回报，所以没必要过于追求 6% 和 7% 这样不可持续的增长。"一个高质量的 4% 到 5% 的增长，足以让中国在未来十年到二十年成为世界第一大国。所谓行稳致远，经济增速一定要走得稳，不能过分拔高。在这个过程中，应通过各种方法提高投资效率，通过改革稳定潜在增速，这样才能走得更远。"

避免陷入负利率

针对中国如何避免陷入负利率的问题，财新智库莫尼塔研究首席经济学家钟正生指出，关键在于经济要持续平稳发展。"其实，中国真正可以依赖的是生产率的增长，基本上可以分为两块，一块是技术进步，另一块是资源的重新配置。进一步放开市场，进一步改革企业，都可以造成资源的重新配置，可能带来生产效率的提升，使中国经济可以在更低的增速平台上更加行稳致远，宏观政策也会更有空间，不会那么快滑入负利率。"

同样关注负利率问题，方正证券首席经济学家颜色提出，美国和中国实际上离负利率都非常远，短期内不会出现。"美国虽然有各种问题，但其推动生产前沿的创新能力很强，而全世界某种程度上还是要利用美国的创新能力，美国找到这种正回报资产的可能性仍很高。

而中国至少在可以预见的将来，保持中高速增长趋势没有问题。我们的货币政策都是常态的，要形成全球资金洼地，吸引资金进来，保证我们的利率相对全球有一定的吸引力。"

民营经济和国有企业

国泰君安证券研究所首席经济学家花长春指出，过去两年，民营经济相对比较困难。"最近中央提出提振营商环境，不光是对外企、国企，更重要的是民企，包括民企自身决策的独立权、行政审批、行政效率、知识产权保护等一系列制度。提振民营企业家的信心非常重要，民营经济一定要呈现活力，否则整个经济未来没有希望。"

对于国企，花长春认为核心仍在于决策商业化。"政府与企业之间的关系更多侧重国有资本运营，而企业本身运营应该是商业化模式，要往这些方向思考。"

上市公司和直接融资

中山证券首席经济学家李湛提出，要改进上市公司质量和结构，增强A股赚钱效应；要培育和鼓励国内大类资金进入股市。同时，要完善金融产品的供应，适当放宽交易规则。"更重要的是创造税收激励机制，合理引导投资者，这将根本性地保护个人投资者的利益，有利于改善A股市场的投资者结构。"

华安基金首席经济学家林采宜认为，以直接融资为主导的金融体系是一个多边关系，交易所就是一个平台，大量的投资者和融资者之间形成偏好不同的多边投融资关系，会使一个国家的金融向深度发展。"互联网时代，越是多边的关系越需要信息对称性，我们把钱存给银行，银行贷给企业，无非就是资金的出借方和融资方信息不对称。但互联网时代，信息越来越对称，多边投融资关系的形成条件越来越成熟，所以我倾向于支持发展直接融资制度。"

新兴产业和人力资本

中信银行 (国际) 首席经济师廖群提出，今后中国经济增长肯定要指望新兴产业，尤以战略性新兴产业为最，如信息技术的环保、生物、新材料、新能源汽车、高端制造等，这是中国经济高质量增长最重要、最关键的 KPI。"全球经济处于新一代技术革命时代，2020 年应该是转折年，或者突破年。一定不要低估 5G 的影响，它能把我们的网速容量提高十倍，是非常革命性的技术。"

东方证券首席经济学家邵宇认为，制约中国未来高质量发展的最关键因素是人，即人力资本的质量。"现在对人力资本制约最大的是户籍，300 万人口以下的城市都放开了，但关键是人往高处走，上海常住人口 2400 万，如果给他们共同的机会，特别是落户，提供均等的公共服务，中国才能把未来不明显的人口红利变成人才红利，这样高质量的发展及路径才清晰可见。"

2020
远　瞩

不设 GDP 指标体现求真务实精神

"这次新冠肺炎疫情，是新中国成立以来我国遭遇的传播速度最快、感染范围最广、防控难度最大的重大突发公共卫生事件……疫情尚未结束，发展任务异常艰巨。要努力把疫情造成的损失降到最低，努力完成今年经济社会发展目标任务。"2020 年 5 月 22 日，国务院总理李克强代表国务院向十三届全国人大三次会议作政府工作报告时，做了上述表态。

不提经济增速具体目标

综合研判形势，2020 年政府工作报告对疫情前考虑的预期目标作适当调整——优先稳就业保民生，坚决打赢脱贫攻坚战，努力实现全面建成小康社会目标任务；城镇新增就业 900 万人以上，城镇调查失业率 6% 左右，城镇登记失业率 5.5% 左右；居民消费价格涨幅3.5% 左右；进出口促稳提质，国际收支基本平衡；居民收入增长与经济增长基本同步；现行标准下农村贫困人口全部脱贫，贫困县全部摘帽；重大金融风险有效防控；单位国内生产总值能耗和主要污染物排放量继续下降，努力完成"十三五"规划目标任务。

值得注意的是，自 20 世纪 90 年代起，设定年度 GDP 增长目标的做法一直沿袭下来。但 2020 年的政府工作报告，未提出 2020 年全年经济增速具体目标。李克强指出，这主要是因为全球疫情和经贸形势不确定性很大，我国发展面临一些难以预料的影响因素，此举有利于引导各方面集中精力，抓好"六稳""六保"。

简单看 GDP 指标并无可比性

"不提经济增速具体目标，不是说不重视经济增长，不是说要任由经济增速下滑。"在国新办同日举行的解读政府工作报告有关情况吹风会上，国务院研究室党组成员孙国君表示，不提增速的最大因素就是不确定性，其主要来自两方面：一是疫情走势的不确定性，发展趋势无法预知；二是世界经济的不确定性。孙国君强调，国内有两个方面需要增长来支撑：一是 2020 年要坚决打赢脱贫攻坚战，这需要经济增长支撑；二是经济下滑时，往往会导致一些风险的出现。比如金融和其他一些领域，原本不是问题的问题、不是风险的风险，可能会因为经济下滑而产生。又如基层财力，没有经济增长的话也会出问题，并带来一系列连锁反应。所以，稳定经济运行事关全局。

"内外部都有很大的不确定性，这时候简单地看 GDP 指标是没有可比性的。"曾担任国家统计局总经济师，参与制定一系列经济指标和统计的国务院参事室特约研究员姚景源认为，在中国经济总量逼近

100万亿元，外部环境存在巨大不确定性的特殊时刻，更要讲究增长的质量。"这也许是一个契机，让我们逐渐淡化 GDP 指标，更加重视全面脱贫、贫富差距、就业保障、市场活力等指标。"

凸显中国政府决策科学性

对于2020年中国的政府工作报告首次没有设定全年 GDP 增长目标，新加坡国立大学李光耀公共政策学院东亚研究所的郑永年教授表示，这凸显中国政府决策的科学性，反映了中国政府决策的实事求是和科学性。

郑永年称，中国虽然取得抗击疫情第一阶段的胜利，但就世界整体而言，疫情尚未得到有效控制，存在反复的可能性。既然中国和世界的疫情尚有不确定性，或者说中国内部与外部环境都有不确定性，不设经济增长指标自然是求真务实和合情合理的。"中国政府将2020年的工作重点放在先帮扶中小微企业等弱势群体上，值得称道。正如俗话说'留得青山在，不怕没柴烧'，中国就业稳了，社会好了，经济自然也就好了。"

新加坡国立大学李光耀公共政策学院副教授顾清扬也认为，2020年不设 GDP 增长指标，凸显中国高层决策的理性和更注重发展质量。政府工作报告重点强调在保民生、保稳定基础上促进经济增长，这个逻辑顺序非常正确。只有把疫情给经济和民生带来的巨大冲击稳住，才有可能开展大规模的经济复苏和建设。

"中国政府高层的决策非常睿智，即在注重民生和稳定的前提下发展经济，而不是过分追求经济刺激。尤其2020年是脱贫攻坚和实现小康社会建设的决战决胜之年，这是核心议题。不设 GDP 具体指标反映中国领导层的发展思路从经济数量发展转为质量发展，重点提高民生保障和以人民福祉为发展重心。"顾清扬如是称。

2020
证券市场连迎"深水炸弹"

新《证券法》正式施行

2020年3月1日,由证监会主导,历经多次修订的《中华人民共和国证券法》(以下简称"新《证券法》")正式施行。

细数修订要点

新《证券法》按照全面推行注册制的基本定位,对证券发行注册制作了系统完备的规定。比如,精简优化证券发行的条件,将原《证券法》规定的公开发行股票应当"具有持续盈利能力"的要求改为"具有持续经营能力"。又如,在债券公开发行方面,把原来公开发行的债券要求公司有净资产的数额标准取消了。

证监会法律部主任程合红表示,"这样的修改有利于打破证券发行监管中的行政审批思维,符合注册制改革的精神"。

同时,新《证券法》调整证券发行的程序,取消原来法律规定的发行审核委员会制度,并明确证券交易所等机构可以按照规定对证券发行的申请进行审核。另外,证券发行中的信息披露被摆在更突出位置。

程合红表示:"实行注册制,其中非常关键的就是要以信息披露为核心,所以这次《证券法》修改明确规定,发行人报送的证券发行申请文件应当充分披露投资者作出价值判断和投资决策所必需的信息。"

违法处罚升级

作为市场关切、呼吁最好的回应,新《证券法》大幅提高对证券违法行为的处罚力度。比如,原《证券法》对上市公司发布虚假信息的,顶格处罚也只有60万元,相关责任人的最高罚款仅为30万元。

新《证券法》对于上市公司信息披露违法行为,从原来最高可处以 60 万元罚款提高至 1000 万元；对于发行人的控股股东、实际控制人组织、指使从事虚假陈述行为，或者隐瞒相关事项导致虚假陈述的，规定最高可处以 1000 万元罚款。包括保荐人、会计师事务所、律师事务所、资产评估事务所等中介机构都将承担连带责任，处罚幅度也由原来最高可处以业务收入 5 倍的罚款提高到 10 倍。

退市雷厉风行

退市方面，新《证券法》实施前，上市公司股票先暂停上市、后终止上市。而新《证券法》不再规定具体的终止上市情形，改为由证券交易所按上市规则作出规定。同时，取消了证券暂停上市制度，对于出现上市规则规定的终止上市情形的，由证券交易所按照业务规则终止其上市交易。

2020 年 12 月 31 日，沪深证券交易所全面修订财务指标类、交易指标类、规范类、重大违法类退市标准，在全部板块取消单一连续亏损退市指标，制定扣非净利润与 1 亿元营业收入组合财务指标；在保留"面值退市"等交易类退市标准的基础上，设置"3 亿市值"标准；增加信息披露及规范运作存在重大缺陷且拒不改正的标准；增加重大违法退市细化认定情形等。同时，新《证券法》取消了暂停上市、恢复上市环节，优化了退市整理期等，提高了退市效率。

探索集体诉讼

此外，新《证券法》积极探索"中国特色"证券集体诉讼制度。

集体诉讼源于 17 世纪的英国，当时为避免重复诉讼产生高额社会成本，英国设立"衡平法"法院，受理"一对多"或"多对一"争议。1842 年美国引入"衡平法规则"，首次明文确立"集体诉讼制度"，后几经修订，最终发扬光大，被誉为"维护投资者权益的基石"。典型如 2001 年美国能源巨头安然爆发财务造假丑闻，投资者通过集体诉讼获得高达 71.4 亿美元的和解赔偿金，安然最终破产。这样的案例，无疑能对上市公司规范运营起到巨大震慑作用。

在我国，虽然2000年前后，证监会曾提出推动建立投资者集体诉讼制度，但目前仍未问世。这种情况下，当国内投资者因上市公司违法违规行为遭受损失时，依照原《证券法》以及出台于2003年的《最高人民法院关于审理证券市场因虚假陈述引发的民事赔偿案件的若干规定》（此规定已于2022年1月21日废止），证券市场投资人以信息披露义务人违反法律规定，进行虚假陈述并致使其遭受损失为由，可以向人民法院提起民事赔偿诉讼。不过，投资者即便胜诉，却往往耗时长、获赔少。相比之下，律师可以找股东以一定比例分成来打官司的集体诉讼制度，明显更胜一筹。由此，国内对于加快建立集体诉讼制度的呼声高涨。

2019年6月，证监会相关负责人针对科创板如何考虑投资者民事权益救济安排的问题时表示，证券集体诉讼制度是提高上市公司质量、保护投资者合法权益和维护市场秩序的一项基础性制度，特别是在试点股票发行注册制的情况下，加快建立该制度尤为必要。

念念不忘，必有回响。在各方持续关注下，好消息接踵而至：

2019年11月4日，证监会党委传达学习贯彻党的十九届四中全会精神，强调积极配合推动《证券法》《刑法》修订，推动建立中国特色的证券集体诉讼制度，显著提升违法违规成本，持续净化市场生态。

2020年3月1日，正式实施的新《证券法》专章规定投资者保护制度，其中一大亮点即创新证券民事诉讼制度，不仅充分发挥投资者保护机构（中国证券投资者保护基金有限责任公司和中证中小投资者服务中心）的作用，允许接受50名以上投资者委托作为代表人参加诉讼，并允许投资者保护机构按照证券登记结算机构确认的权利人，向人民法院登记诉讼主体。此外，建立"默示加入""明示退出"的诉讼机制，为投资者维权提供方便的制度安排。

3月24日，上海金融法院发布《关于证券纠纷代表人诉讼机制的规定（试行）》。这也是全国法院系统内，首个关于证券纠纷代表人诉讼制度实施的具体规定，有力推动证券群体性纠纷案件的审理，提高审判效率，降低诉讼成本，保护投资者合法权益。

5月初，南京市中级人民法院发布对澄星股份等4家江苏上市公司证券纠纷代表人诉讼登记公告，其中列出两种诉讼方式：一是投资者在法院登记参加诉讼；二是投资者保护机构接受50名以上投资者委托，可以代表所有受损投资者参与诉讼（明示退出除外，即集体诉讼）。没有登记的投资者，也可受到法律保护。此举不啻"试水"新《证券法》中关于发挥投资者保护机构作用的创新制度，成为一次重要示范。

金融委三度"喊话"严惩造假

2020年4月7日，国务院金融稳定发展委员会（以下简称"金融委"）召开第二十五次会议，提出坚决打击各种造假和欺诈行为，放松和取消不适应发展需要的管制，提升资本市场活跃度。

4月15日，金融委召开第二十六次会议，专题研究加强资本市场投资者保护问题。会议指出，监管部门要依法加强投资者保护，提高上市公司质量，确保真实、准确、完整、及时的信息披露，压实中介机构责任，对造假、欺诈等行为从重处理，坚决维护良好的市场环境，更好发挥资本市场服务实体经济和投资者的功能。

5月4日，金融委召开第二十八次会议，强调必须坚决维护投资者利益、严肃市场纪律，对资本市场造假行为"零容忍"。要坚持市场化、法治化原则，完善信息披露制度，坚决打击财务造假、内幕交易、操纵市场等违法违规行为，对造假的上市公司、中介机构和个人坚决彻查，严肃处理。

此前，查处上市公司财务造假行为由证监会，包括中国注册会计师协会等部门负责。2020年上升到国务院层面，在国内资本市场历史上还属首次。尤其金融委在30天内三度"喊话"严惩造假，乃严正警告上市公司切勿以身试法。

上市公司财务造假多发

若自 1989 年中国股市开始作为试点"起算"，在直至 2020 年的 31 年风雨路途中，上市公司数量和总体规模迅猛增长。来自 21 数据新闻实验室的统计数据显示，截至 2020 年 1 月 1 日，在上海、深圳、香港、纽约等全球 15 个交易所上市的中国上市公司共计 7343 家，总市值合计 105.71 万亿元人民币。

然而，在为经济发展注入强劲动力的同时，国内资本市场起步较晚，经验不足，加之监管政策不健全，导致上市公司财务造假多发，且呈现造假周期长、涉案金额大，手段隐蔽、复杂，系统性造假突出，主观恶性明显等特点。

早前，有股民耳熟能详的银广夏案、郑百文案、锦州港案等。近年，有金亚科技案、万福生科案、康美药业案、盈方微案、抚顺特钢案、新绿股份案等。从作案手法看，有的上市公司连续多年虚构海外业务，伪造回款单据，虚增巨额利润；有的利用孙公司虚构购销业务，达成业绩目标；有的定期删改财务核算账套，虚增公司利润。诸如此类，无所不用其极。

同时，财务造假往往伴生未按规定披露重大信息、大股东非法占用上市公司资金等其他违法犯罪行为。而且，一些审计、评估等中介机构亦未勤勉尽责执业，导致"看门人"作用缺失。种种问题叠加，对投资者利益造成的损害不言而喻。

瑞幸咖啡海外造假

不仅如此，上市公司造假舞弊甚至波及海外。

2020 年 4 月 2 日，在美国纳斯达克上市的瑞幸咖啡突然曝出财务造假，其 2019 年二季度至四季度期间虚增 22 亿元人民币交易额（约占公司收入总额的 42%），相关费用和支出也相应虚增。4 月 7 日，纳斯达克停止瑞幸咖啡的股票交易。4 月 23 日，美国证券交易委员会（SEC）主席杰伊·克莱顿（Jay Clayton）称，因信息披露问题，投资者近期调整仓位时，不要将资金投入在美国上市的中国公司股票，这意味着中概股群体皆被瑞幸咖啡连累。5月19日，瑞幸咖啡发布公告称，收到纳斯达克的退市通知。

对于瑞幸咖啡"爆雷"，中国方面震怒。4月3日，证监会发表声明，对财务造假行为表示强烈谴责，重申不管在何地上市，上市公司都应严格遵守相关市场的法律和规则，真实准确完整地履行信息披露义务。

4月22日，银保监会副主席曹宇表示："瑞幸咖啡财务造假事件性质恶劣、教训深刻，银保监会将坚决支持、积极配合主管部门依法严厉惩处。"

毋庸置疑，对于上市公司财务造假恶行，除了依法严惩别无他法，否则此类行为不但损害投资者利益，更会侵蚀国内股市根基，对整个市场乃至中国经济健康发展造成伤害。

坚决清除害群之马

在新《证券法》正式施行之际，金融决策层罕见高频"喊话"，严惩资本市场财务造假者的表态并非故作姿态，背后透露出非常强烈的信号，彰显中央打击市场乱象，还资本市场一片净土的决心。

金融委三度"喊话"后不久，2020年5月14日，证监会依法对康美药业300亿元财务造假案作出处罚决定，责令公司改正，给予警告，并处60万元罚款，对21名责任人员处以10万元至90万元不等罚款，对6名主要责任人采取10年至终身证券市场禁入措施。

5月15日，证监会主席易会满在"5·15全国投资者保护宣传日"活动上，以"康得新""康美药业"等财务造假大案为例，强调对于这类案件，证监会将紧抓不放、一查到底。

有理由相信，随着国内资本市场加紧正本清源，财务造假者的空间将被进一步挤压，最终被"清理出去"。而真正具有商业价值的上市公司将获得投资者青睐，资本市场亦能回归服务实体经济之本源。

创业板启动注册制

2020 年 4 月 27 日，中央全面深化改革委员会第十三次会议审议通过《创业板改革并试点注册制总体实施方案》（以下简称《方案》）。同日，证监会和深交所发布《创业板首次公开发行股票注册管理办法（试行）》等一系列配套规则，搭建起创业板改革并试点注册制的整体制度框架。

紧盯两大重头戏

《方案》落地的时间，恰于 4 月 7 日和 15 日金融委两度"发声"严打资本市场造假行为，以及 4 月 24 日证监会对财务造假行为作出坚决从严从重打击的表态之后。结合《方案》相关内容，可以体察监管层推出创业板注册制旨在优化 IPO 流程，提高上市公司质量，从源头防止财务造假。此间，公司治理与财务合规就是创业板注册制紧盯的两大重头戏。

拿公司治理来说，近几年，有的公司大股东和董监高说假话、做假账；有的公司通过非法关联交易输送利益，粉饰业绩；有的公司董事会"会而不议、议而不决、决而不行"，皆与公司治理缺陷有关。

拿财务合规来说，企业的持续赢利能力、资产质量、会计基础工作等都不容有瑕疵。尤其财务风控，若存在重大偿债风险，影响持续经营的担保、诉讼及仲裁等重大或有事项，为控股股东、实控人及其控制的其他企业进行违规担保，或资金被其占用等情形，都将导致上市功败垂成。

在此背景下，《创业板首次公开发行股票注册管理办法（试行）》规定，创业板现行发行条件中，盈利业绩、不存在未弥补亏损等方面的要求被取消，转而规定申请首发上市应满足四个基本条件：组织机构健全，持续经营满三年；会计基础工作规范，内控制度健全有效；

业务完整，并具有直接面向市场独立持续经营的能力；生产经营合法合规，符合国家产业政策，相关主体不存在该注册管理办法规定的违法违规记录。

无疑，上述规定的目的就是从源头上"剔除"存在治理缺陷和财务造假风险的企业。

强化提高信披质量

上交所相关人士曾指出，试点注册制所有流程环节，在事前、事中、事后，都必须坚持"以信息披露为核心"来统领各项制度安排。

《方案》落地前，始于 2019 年 6 月的科创板注册制试点已近一年。创业板试点注册制改革就借鉴了科创板试点注册制的成功做法，尤其以信息披露为中心，细化市场主体的信披法定职责，进一步强化信披监管标准。

总体来看，在试点注册制的安排方面，创业板与科创板大体一致，注册程序分为交易所审核和证监会注册，以问答方式督促企业提高信披质量。同时，与科创板注册制既要求发行人为信披第一责任人，又要求保荐人、会计师事务所等对发行人信披把关，创业板注册制强调发行人主体责任及包括保荐人在内的证券服务机构的连带责任，要求对招股书披露信息的真实性、准确性、完整性负责。

除了通过招股书披露的信息，对包括创业板首发企业在内的上市申请公司进行审核外，证监会持续开展现场检查，对信披违法违规保持高压态势，有效减少企业"带病申报、抢跑占位"等情况。如2019 年 6 月至 2020 年 4 月，证监会完成对 84 家首发企业的现场检查工作，累计 30 家撤回了终止审查的申请。此举有利于确保招股书信披属实，把好资本市场入口关。

监管层用意"不简单"

综合上述种种，结合 2020 年 4 月 24 日证监会关于严打财务造假行为的严正表态，可知彼时推行创业板注册制，监管层用意"不简单"。

一方面，在注册制下，看似审批期大幅缩短，亏损的公司也能申请上市，创新型企业在创业板上市变得容易。实际上，这绝不意味着上市门槛和质量"打折"，也不代表只要上市了，后续监管就会放松。相反，对信息披露的监管与审核将伴随公司上市的每一步，日后发现造假与欺诈仍将追溯问责。另一方面，对已上市公司来说，若不知悔改继续造假，将面临严重的监管处罚，届时恐悔不当初。

归根结底，随着国内资本市场改革进入"深水区"，科创板、创业板推进试点注册制意味着进一步发挥市场配置资源的决定性作用，配以健全的投资者保护和完善的法律制度作支撑。这种大环境下，唯诚信才是企业长久发展的基石。

2020
首席说

CCEF 专家深入"双循环"

2020 年，作为全球两大经济体的中国和美国之间"冲突"升温，牵动整个世界的经济格局。具体看，美国继续推行对等贸易，鼓励产业回流，叠加新冠肺炎疫情影响，产业链全球化凸显分工深入导致的生产脆弱性，各国纷纷鼓励关键产业回流，缩短产业链，整个国际分工和产业链重构成为大趋势，中国对美国等西方发达国家高额的贸易顺差也将难以维系。

在此背景下，是年 6 月 18 日，国务院副总理刘鹤在第十二届陆家嘴论坛上发言时称："一个以国内循环为主、国际国内互促的双循环发展的新格局正在形成。"7 月 30 日，中共中央政治局会议定调，要加快形成"以国内大循环为主体、国内国际双循环相互促进"（即"双循环"）的新发展格局。

为何选择彼时

中央为何选择彼时提出"双循环"战略？在中信银行（国际）首席经济师廖群看来，这是应正在加速的中美"脱钩"及其带来的全球政治、经济新形势而提出的。"'脱钩'是美国出于其霸道本性执意为之，我们不愿看到，却也坦然面对。尽管目前还不确定美方会走多远，但长远而言，做好大规模'脱钩'准备完全必要。所以，打造这一新发展格局是我国经济发展的必然方向。"

"市场共识的解读似乎认为'双循环'是新策略。其实，世界格局早已改变，尤其是中美之间的竞争"。交银国际首席策略师洪灏认为，在全球需求受疫情影响、中国出口增加值对 GDP 增长贡献下降的情况下，扩大内需应成首要任务。过去几年，中国致力于制造业和产业升级，并将经济转向以消费为主导的结构。这次高层会议很可能是首次阐明在一个新的世界格局里，一项长期的国家战略。而且，鉴于字节跳动 TikTok 所遇困境等事态发展，中国也没必要再保持沉默。由此，"中国提出'双循环'战略既是当务之急，又是形势决定的"。

中国底气何在

"双循环"战略板上钉钉，中国是否具备构建这一新发展格局的底气？答案是肯定的。

中山证券首席经济学家李湛以数据为证，"一方面，中国经济体量大，2019 年 GDP 总量相当于美国的 67%，是第三名日本的约 2.8 倍，是第四名德国的近 4 倍。另一方面，2019 年中国零售总额已超美国，成为全球第一大零售消费市场。在全球产能过剩背景下，消费需求方有较强议价能力。此外，中国是全球 120 个国家的最大贸易伙伴，深度融入现有全球价值分工体系，能实现资源有效配置。短期内，世界贸易离不开中国"。综上，李湛认为，"发展'双循环'格局，中国有较强的经济基础和国家实力"。

工银国际首席经济学家程实对此持相同意见，他进一步称，从内部看，中国经济在供给端是"世界工厂"，有完备的产业体系。在需求端有海量国内市场，潜藏充沛的消费升级空间。在高效匹配供需两端后，有望形成具有超大规模、超强自稳性的国内大循环。从外部看，中国近年积极推动"一带一路"建设，人民币国际化亦取得长足进步。由此，内循环与外循环的联系日趋丰富化、坚韧化、灵活化，能逐步缓冲全球单边主义和保护主义的长期影响。

程实指出，从未来看，随着高新技术产业较快发展，中国高附加值产品的出口比例稳步增长，国际专利申请量超越美国，全球居首，并在全球新经济领域与美国形成"双峰格局"。日后若继续强化这一趋势，有望进一步减弱核心技术与设备的对外依赖性，使内循环受益于外循环，而不受制于外循环。以上三点，构成中国构建"双循环"格局之坚实基础。

质疑毫无根据

"双循环"战略提出后，市场质疑之声难免。"以内循环为主体，岂非与全球化形成矛盾？"乃其一。

对此，中泰证券首席经济学家李迅雷给出清晰的解惑路径："以内循环为主体，更多是要改善'供给端'，这与供给侧结构性改革相辅相成。在经济转型升级过程中，中国在全球供应链中的地位必须提升。中国已是全球制造业第一大国，中低端供给没有太大问题，关键是高端供给能力偏弱。比如，中国是芯片进口第一大国，一旦被断供，内外循环皆难开展。故要加大对芯片产业链研发投入，开展'卡脖子工程'建设。"

"无论是'一带一路'建设、自贸区试点、自由港建设，还是举办进博会、提出'六稳'措施，都体现出我国一直在为外循环畅通和扩大而努力。"李迅雷指出，我国的外贸依存度在2005年达到历史最高点64%后缓慢下降，现降至30%左右，加工贸易占比亦减少，即

"两头在外，大进大出"的外循环现象减弱，内需对经济增长的贡献一直提升。因此，"以内循环为主体事实已成趋势，这些年我国在扩大内需的同时，既加大力度引进外资，又加强合作输出资本，实际也反映了'双循环'战略思路"。

除此之外，"以内循环为主体，岂非意味着回到改革开放前，关起门来搞建设"是针对"双循环"的又一质疑。但这种论断即刻被CCEF专家"驳回"。

"内循环并非闭门造车。"京东集团首席经济学家沈建光表示，"2020年7月21日，习总书记在企业家座谈会上指出，'以国内大循环为主体，绝不是关起门来封闭运行，而是通过发挥内需潜力，使国内市场和国际市场更好联通，更好利用国际国内两个市场、两种资源，实现更加强劲可持续的发展'。因此，'双循环'实际就对外开放提出了更高要求。应充分利用巨大国内市场潜力，进一步对外开放，吸引跨国企业投资、保持产业链完整性，继续致力于推动全球化进程。"

重在"内外双修"

具体怎样打造"双循环"新发展格局？有两位CCEF专家提出"内外双修"。

中金公司首席经济学家彭文生表示，"对内，进一步放松管制，打破行业准入制度性壁垒，推进国企改革，实施竞争中性，用强化内部竞争来提升效率；对外，同时促进出口与进口，保持通过外部竞争推动供给侧效率提升的渠道"。

摩根士丹利中国区首席经济学家邢自强提出，"对内，挖掘潜力，加速城市化2.0建设，边投资新基建和智慧城市，边辅以户籍制度改革、土地供应改革，打造以都市圈、城市群为主导的新型城市化，推动集聚效应，进一步释放消费潜力。对外，大幅开放国内消费市场，结合保护知识产权、改善营商环境、减少准入限制，吸引跨国企业把产业链、工厂、店面继续留在中国，'在中国、为中国'"。

与之不同，中银证券全球首席经济学家管涛建议"以内撑外，以外带内"。

"以国内大循环为主体，发挥好本土疫情防控取得的重大战略成果、经济率先复苏的优势，更好发挥国内产业门类齐全、市场潜力广阔的优势，稳住企业和就业基本盘，降低外部冲击带来的挑战。"管涛指出，要坚持以供给侧结构性改革为主线，坚持以改革开放为动力推动高质量发展，维护经济发展和社会稳定大局，争取对外交往的主动。以内循环支撑外循环，以外循环带动内循环。

2020 大事记

平台经济领域反垄断"鸣枪"

2020 年 11 月 10 日，国家市场监管总局发布《关于平台经济领域的反垄断指南（征求意见稿）》（以下简称《意见稿》），宣告商家和普通消费者翘首企盼多年，专项应对互联网平台不正当竞争之监管方案已箭在弦上。尤令人瞩目的是，《意见稿》赶在 2020 年"双十一"前一天"砸下"，颇有点拿二选一、大数据杀熟等平台店大欺客行为"开刀"，为《意见稿》"练手"的味道。

"二选一"伤害多方

"杀熟"不必多说，"剁手党"都懂。以"二选一"为例。

遥想 2019 年"双十一"，市场监管总局发文规范市场，重点整治对象正是"二选一"。导火索是同年"6·18"，因被要求在电商平台间"二选一"，格兰仕在天猫的店铺遭遇技术屏蔽和限制流量，遂向广州知识产权法院提起诉讼并获立案。

实际上，通过搜索屏蔽、流量限制等极具隐蔽性的技术暴力手段，强迫商家"二选一"早已是平台竞争潜规则。对商家而言，在平台的"技术威胁"下达成"独家交易"，既被限制交易自由，又被限制拓展新销售渠道，本质上被剥夺自主经营权。但商家利益受损，往往囿于平台强势地位不敢发声。而被排斥的其他平台出于各种缘故，亦"不便"请求行政或司法介入。

限制自由竞争后，最终谁为平台垄断行为买单？还不是福利受损的广大消费者！对此，有关部门并非视而不见。

早在 2017 年 11 月 4 日，十二届全国人大常委会第三十次会议表决通过新修订的《反不正当竞争法》，曾对互联网领域不正当竞争作过界定，如未经其他经营者同意，在其合法提供的网络产品或服务中，插入链接、强制进行目标跳转；误导、欺骗、强迫用户修改、关闭、卸载其他经营者合法提供的网络产品或者服务；等等。2019 年 6 月，市场监管总局、发改委、工信部、公安部、商务部、海关总署、网信办、邮政局等 8 部门联合开展"网剑行动"，严查电商"二选一"。

立法步伐慢了一拍

审视上述动作后，似乎还欠缺什么，深思熟虑后，原来是缺少一部专项针对平台经济垄断行为的法规！尽管我国早有《反垄断法》和《电子商务法》，但相较于日新月异的社会新形态，立法步伐明显慢一拍。

一则，2008 年 8 月 1 日施行的《反垄断法》虽明令"具有市场支配地位的经营者，不得滥用市场支配地位，排除、限制竞争"，并禁止经营者达成、实施垄断协议，但该法所称"经营者"是指"从事商品生产、经营或者提供服务的自然人、法人和其他组织"。显然，身为新生代的互联网平台不受其管。

二则，2018 年 8 月 31 日出台的《电子商务法》，看似为《反垄断法》"打补丁"，对"电子商务经营者"和"电子商务平台经营者"加以区分，但其既未铆牢"平台经济"，亦未专注"反垄断"，故也难以除却平台经济垄断之沉疴。

为此，2019 年 8 月 8 日，国务院办公厅印发《关于促进平台经济规范健康发展的指导意见》，明确提出制定出台网络交易监督管理有关规定，依法查处互联网领域滥用市场支配地位限制交易、不正当竞争等违法行为。

这就"对路"了！两相对比，这次《意见稿》优势凸显。

填补法律"真空"

首先，《意见稿》的"大名"直接"圈中"平台经济，先声夺人。

其次，《意见稿》的宗旨就是预防、制止平台经济领域垄断行为，引导经营者依法合规"办事"。诸如低于成本销售、限定交易（二选一）、搭售或附加不合理交易条件、差别待遇（大数据杀熟）等，一一被点名，统统被排除。这不啻在《反垄断法》和《电子商务法》的基础上，深化了具体"可操作性"。

由此，意见稿与前两部法规合力填补法律"真空"，全方位、系统性的反垄断法律体系将得以成型，使商家不必继续活在"被平台以技术屏蔽进行的威胁"中，消费者的福祉也能得到保障。

值得一提的是，2020 年"双十一"前的 11 月 6 日，市场监管总局、中央网信办、税务总局联合召开规范线上经济秩序行政指导会，要求互联网平台企业坚持依法合规经营。京东、美团、拼多多、腾讯等 27 家主要互联网平台企业代表参会。5 天后，11 月 10 日上午，《意见稿》落地。

当日港股收盘，美团跌 10.80%，报 299 港元 / 股，跌破 300 港元关口；京东集团跌 8.89%，报 330 港元 / 股，创其有记录以来盘中最大跌幅；阿里巴巴跌 5.10%，报 275.40 港元 / 股；腾讯集团跌 4.09%，报 597.00 港元 / 股……

形势不言而喻！震慑不言而喻！不但"该来的还是来了"，更像电影《无间道》里说的——出来混，迟早是要还的！

中欧投资协定谈判如期完成

2020 年 12 月 30 日晚，中国国家主席习近平在北京同德国总理默克尔（Angela Merkel）、法国总统马克龙（Emmanuel Macron）、欧洲理事会主席米歇尔（Charles Michel）、欧盟委员会主席冯德莱恩（Ursula von der Leyen）举行视频会晤。中欧领导人共同宣布，如期完成中欧投资协定谈判。

马拉松式谈判

自 2013 年启动，中欧历时 7 年，经历 35 轮马拉松式谈判，终于达成共识。在疫情导致全球经济低迷的大背景之下，更在 2020 年时值中欧建交 45 周年这一特殊年份，中欧投资协定谈判的完成意义非凡，引来全球瞩目。

回溯改革开放以来，中国和欧盟许多成员国之间都签订了双边投资协定。但 2009 年《里斯本条约》生效后，外商直接投资被纳入欧盟共同贸易范畴，成为欧盟专属的权限。由于欧盟法令高于国家法令，已签订的国家间双边投资协定的法律效力受到影响，欧盟整体因此需与中国订立统一的双边投资协定。

毕马威的一份研报称，中欧双方在投资方面潜力巨大。2019 年中国和欧盟 27 国合计 GDP 达 30 万亿美元，占全球总量的 34% 左右。但相较于这样的经济体量，双边投资规模依然相对较小。2001 年至 2019 年期间，欧盟对中国累计实际投资金额约 1100 亿美元，而中国对欧盟各成员国累计投资近 940 亿美元，仅占中国对外投资总存量的 4.3%。

2020 年岁末，中欧投资协定如期完成谈判，原则上达成一致，用法新社的话来说，协定将促进中欧这世界两大经济体的关系。欧盟方面亦称，中欧投资协定具有"重大经济意义"，将给予欧盟企业进入中国市场的"空前机会"。

平衡、高水平、互利共赢

中国商务部条法司负责人指出，"中欧投资协定对标国际高水平经贸规则，着眼于制度型开放，是一项平衡、高水平、互利共赢的协定"。

平衡主要体现在：双方作出开放承诺的同时，十分注重保留必要的监管权；双方既注重促进双边投资合作，也强调投资需有利于可持续发展。

高水平主要体现在：双方致力于促进投资自由化便利化，达成高水平的谈判成果。协定涉及领域远远超越传统双边投资协定，谈判成果涵盖市场准入承诺、公平竞争规则、可持续发展和争端解决四方面内容。

互利共赢主要体现在：双方都拿出了高水平和互惠的市场准入承诺，所有的规则也都是双向适用，将为企业打造公平竞争的环境，惠及中欧双方企业乃至全球企业。

市场准入方面，协定采取准入前国民待遇加负面清单模式。其中，我国首次在包括服务业和非服务业在内的所有行业，以负面清单形式作出承诺，实现与《外商投资法》确立的外资负面清单管理体制全面对接。欧方也在协定中于市场准入领域对我国作出高水平开放承诺。

公平竞争规则方面，双方立足于营造法治化营商环境，就国有企业、补贴透明度、技术转让、标准制定、行政执法、金融监管等与企业运营密切相关的议题达成共识。

"中欧投资协定如期谈成，将给陷入困境的世界经济带来新动力，表明中欧两大经济体仍在坚持自由贸易方向，寻找相互开放带来的增长新动能。"中国国际经济交流中心经济研究部副部长刘向东指出，中欧投资协定将给中欧双方带来新的市场机遇和投资机遇，有力促进双方在投资领域的自由化、便利化，并为双方企业开展合作提供更多投资机会，从而促进中欧经贸关系迈向更高水平的新阶段。

对外经济贸易大学国际经贸学院教授崔凡认为，中国与欧盟完成投资协定谈判是一次有益尝试，可为中国与其他更多国家的经贸谈判提供借鉴。"未来，中国对外开放步子越迈越大，将更多参与高标准贸易与投资规则的制定，同时将积极考虑其他贸易伙伴的诉求，推动中国改革开放，推动全球化健康持续发展。"

2020
回　望

只有"傻瓜"才会不看好中国！

"中国没有虚度 2020 年。"说这句话的人，是英国《泰晤士报》的编辑菲利普·阿尔德里克（Phillip Aldrick）。

2020 年是中国之年

在是年 12 月 5 日《泰晤士报》网站发表的署名文章中，阿尔德里克不但肯定中国经济在 2020 年所取得的成就，还直言中美 GDP 差距进一步缩小。

"大约 11 个月前，所有关于中国的议论都是所谓'经济放缓'。如今，中国正在走出新冠肺炎疫情的阴影。今年 1 月，国际货币基金组织曾预测中国经济将在 2020 年至 2021 年增长 12.1%。日前，经济合作与发展组织预测，中国经济这两年的增速为 9.9%。相比之下，对英国经济的预期从增长 2.9% 下调到收缩 7.5%；而遭受打击小于大多数发达国家的美国经济，到明年底将收缩 0.6%，而不是增长 3.7%。"阿尔德里克在文章中称，作为世界第二大经济体的中国已经把英国甩得更远，同时缩小了与美国的差距。"本世纪初，美国的 GDP 约是中国的 8 倍多，如今只是中国的 1.5 倍，新冠肺炎疫情之年帮助缩小了这一差距。"

"从这个意义上讲，2020年是中国之年。"阿尔德里克亮明自己的态度，"只有'傻瓜'才会不看好中国！"

中国经济发展行稳致远

的确，回首2020年，疫情全球蔓延，外部不稳定、不确定因素诸多，经济下行压力持续加大。如此风险挑战下，中国准确判断形势，精心谋划部署，果断采取行动，实现经济发展行稳致远。

这只需一个事实就能证明——虽然2020年的《政府工作报告》首次未设定GDP具体增长目标，但经过一年艰苦努力，报告中的17项量化指标任务全部完成。比如，城镇新增就业的任务指标是900万人以上，实际完成量达1186万人；居民消费价格涨幅要求控制在3.5%左右，实际涨幅为2.5%。又如，全年累计为企业新增减负超2.5万亿元；企业宽带和专线平均资费较上年年末，分别下降31.7%和18.6%，超额完成"平均资费降低15%"的年度目标。

这一年中国经济取得的成就不止于此，更有人均GDP突破1万美元；海南自由贸易港建设迈出关键一步；中央深改委审议通过国企改革三年行动方案；十九届五中全会描绘"十四五"发展蓝图，提出2035年远景目标等一系列亮点。最重要的是，在疫情重创世界经济、一些国家遏制打压手段全面升级的严峻考验下，中国成为全球唯一实现正增长的主要经济体！

2020年年末，摩根士丹利发布研报认为，相比于西方主要经济体，包括中国在内的亚洲经济体将更早摆脱疫情影响，于2021年步入"金发姑娘"阶段。

何谓"金发姑娘"？这个名词，通常被经济界引申形容为一个经济体保持高增长、低通胀的"刚刚好"状态。可见，阿尔德里克所言极是——只有"傻瓜"才会不看好中国！

第十章

2021
中国经济长期向好的基本面不会改变

中国将起到"火车头"作用，为 2021 年全球经济增长贡献三分之一以上。

——经济合作与发展组织

要处理好恢复经济和防范风险的关系。既需要对我国当前金融风险有全面充分的认识，也要在具体处置风险进度的把握上，坚持系统的统筹观点，兼顾好改革、发展、稳定三者的关系。

——国务院参事、CCEF 主席夏斌

2021 年的资本市场，在"强者恒强"时代里，一定会精彩纷呈。尽管会有"城头变幻大王旗"，但我相信，代表资本市场的主要指数，还是会继续向上。

——中泰证券首席经济学家李迅雷

《关于依法从严打击证券违法活动的意见》，是资本市场历史上第一次以中办、国办名义联合印发打击证券违法活动的专门文件，是当前和今后一个时期全方位加强和改进证券监管执法工作的行动纲领，意义重大、影响深远。

——证监会主席易会满

本章导图

政府工作报告发布 ——— 3 月 ——— 2021 年 GDP 增长目标定在 6% 以上，借此发出经济增长逐步转向追求质量诉求的信号

《关于依法从严打击证券违法活动的意见》落地 ——— 7 月 ——— 表明了党中央、国务院促进资本市场健康发展的决心

央行发布《中国数字人民币的研发进展白皮书》 ——— 7 月 ——— 中国人民银行或成全球第一个推出法定数字货币的央行，此举有望开启数字经济新时代

全球规模最大的碳市场在中国开市 ——— 7 月 ——— 碳市场形成了我国应对气候变化工作的"双轮驱动"，将为中国实现碳达峰、碳中和目标发挥重要作用

中央财经委员会第十次会议"研究扎实促进共同富裕问题" ——— 8 月 ——— 把促进全体人民共同富裕摆在更加重要的位置，作为为人民谋幸福的着力点，将进一步满足人民日益增长的对美好生活的需求

北京证券交易所正式开市 ——— 11 月 ——— 中国多层次资本市场改革的又一里程碑，成为助力专精特新"小巨人"成长为"隐形冠军"的主阵地

2021
预　判

中国将起到"火车头"作用

疫情肆虐依旧

经历了"很不好过"的 2020 年，2021 年形势会变好吗？有点难说。至少从年初时，世界银行与联合国各自就 2021 年全球经济前景所做预测来看，答案不甚明朗。究其缘由，仍与那只名为新冠病毒的"黑天鹅"脱不了干系。

是年 1 月 5 日，世界银行发布《全球经济展望》报告称，新冠肺炎疫情已造成大量人口患病和死亡，数百万人陷入贫困，并可能长期抑制经济活动和收入增长。若大规模推广疫苗接种，预计 2021 年全球经济将增长 4%。若决策者不采取果断措施遏制疫情蔓延并推动促进投资的改革，复苏将缓慢乏力，经济活动及收入增长可能长期在低位徘徊，发展仍面临风险。世界银行副行长兼首席经济学家卡门·莱因哈特（Carmen Reinhart）表示，在悲观估计下，新冠肺炎感染率继续上升，疫苗延迟推出，可能将 2021 年的全球经济增长限制在 1.6%。

中国仍被看好

虽然对全球经济前景悲观，但世界银行预计，中国经济将继 2020 年实现正增长后，于 2021 年增长 7.9%。

1 月 25 日，联合国发布《世界经济形势与展望》报告，预计 2021 年全球经济将适度回升 4.7%，仅勉强抵销 2020 年的损失。但报告同样看好中国，称中国早期的封锁措施迅速遏制疫情蔓延，使经济自 2020 年二季度开始复苏。"预计 2021 年中国经济增速有望达到 7.2%。"

经济合作与发展组织（OECD）亦认为，2021 年全球实际 GDP

将增长 4.2%，中国将在其中起到"火车头"作用，为全球经济增长贡献 1/3 以上。OECD 预测，2021 年中国经济将增长 8%。在中国增长的带动下，全球经济到 2021 年底有望恢复至疫情前水平。

2021 年中国经济能保持稳步提增

应该说，国际性机构对 2021 年中国经济表明信心，是由 2020 年中国经济的亮眼成绩决定的。2021 年 1 月 18 日，国家统计局发布 2020 年中国经济"年报"显示：GDP 首破 100 万亿元大关，达到 101.6 万亿元，同比增长 2.3%；按年均汇率折算 GDP 为 14.7 万亿美元，使我国稳居全球亚军宝座。

那么，2021 年世界经济会怎样？中国经济和资本市场会怎样？

世界经济会同步复苏

"随着疫情步入拐点，各国政府将逐步放松防控措施，复工复产陆续展开。拜登执政后，各项刺激政策将陆续出台，美国经济可能由弱复苏转为中强度复苏，带动世界经济逐步回归疫情暴发前水平。"CCEF 理事长、中国银行业协会行业发展研究委员会主任连平预计，2021 年世界经济可能于当年中后期呈现复苏态势，并进入较稳定的整体复苏阶段。考虑到 2020 年一、二季度低基数影响，2021 年同期世界经济增长或出现"先高后低"的数值。

摩根士丹利中国区首席经济学家邢自强也认为，2021 年世界经济会同步复苏，主要由于海外疫苗可能逐步生效，经济刺激政策会保持非常强的力度。但他提醒，中长期而言，世界经济将出现疫情后新思潮——去贸易全球化、去科技主导化、去企业巨头化，经济政策更偏向平民主义，或将改变过去通缩局面，面临通胀卷土重来的压力。

中国经济能稳步提增

那么，2021 年中国经济能否保持稳步提增？

中国银行在《2021 年度经济金融展望报告》中提出，进入"后疫情时代"，世界经济可能呈现"三低、三新"特征，即在低增长、低利率、低投资中，酝酿新力量、新趋势和新秩序。

"在此局面下，鉴于 2021 年是我国实施'十四五'规划开局之年，政府将持续推动扩大内需、支持创新发展、改善营商环境，再加上低基数因素，经济很可能恢复至正常增长水平以上，预计今年 GDP 增长 7.5% 左右。"中国银行研究院研究员梁斯表示。

中国资本市场仍将向上

值得注意的是，2020 年全球主要经济体均因疫情导致不同程度衰退，唯中国实现正增长。在此背景下，中国资本市场尤其是 A 股保持了强劲势头。

一方面，2020 年 A 股共有 395 只新股上市，融资总额 4719 亿元，同比分别增长 97% 和 86%。另一方面，注册制实施加快 A 股 IPO 速度。2020 年科创板 IPO 数量 145 宗，创业板 IPO 数量 107 宗，均超过上海主板 IPO 数量（89 宗）。同时，科创板融资额高达 2226 亿元，在各板块中排名第一，而主板、创业板和中小板融资额之和为 2493 亿元。

2021 年，中国资本市场能否继续"雄起"？普华永道中国市场主管合伙人梁伟坚认为，得益于双循环新发展格局和"十四五"规划进入新发展阶段的战略机遇，若干配套因素皆利好资本市场及全面推行注册制，A 股 IPO 将保持良好发展势头，融资额或再创近 10 年新高。

梁伟坚预计，2021 年 A 股多层级资本市场获 IPO 企业数量将达 430—490 家，融资规模在 4500 亿—4800 亿元人民币。

中泰证券首席经济学家李迅雷同样看好 2021 年中国资本市场，理由是 2020 年 11 月 3 日发布的《中共中央关于制定国民经济和社会发展第十四个五年规划和二〇三五年远景目标的建议》提出全面实行股票发行注册制，建立常态化退市机制。"纵观历史上的中央五年规划文件，关于资本市场，这是首次出现'注册制'和'退市'两个词，这应该是未来资本市场变化的最大特征，带来的影响将是前所未有的。"

李迅雷指出，纳斯达克自创设以来，退市数量已逾 1 万家，剩余公司大多平庸，优秀者仅 10%。今后 A 股在注册制和退市规则下，供给越来越多，更需估值调整，步入长期优胜劣汰的良性循环。"2021 年，中国资本市场在'强者恒强'时代里一定精彩纷呈。尽管会'城头变幻大王旗'，但我相信代表中国资本市场的主要指数仍会继续向上。"

2021
首 席 说

"大变局和双循环"

虽然 2021 年中国经济发展前景看好，但 2020 年空前复杂的世界局势，包括新冠肺炎疫情蔓延、中美争端从贸易向其他领域延伸、中国新全球化战略直面逆全球化思潮挑战等，也令中国承压不小。

鉴于此，2021 年 1 月 9 日至 10 日，主题为"大变局和双循环"的"2021 年中国首席经济学家论坛年会"在上海举行，40 余位 CCEF 专家再度聚首，为中国经济发展建言献策。

警惕三大不确定性事件

国务院参事、CCEF 主席夏斌在年会上指出，有三个难以捉摸的不确定性事件，无论发生哪件都会冲击中国经济的稳定发展：一是全球防疫形势并不乐观，不清楚还会有什么新情况出现，对世界经济的影响可想而知；二是美国政府在对华关系中表现出的焦虑、急躁、烦恼，以及对华打压不会停止；三是疫情发生后，各国央行进一步大放水，主要发达国家和欧元区实行负利率或接近负利率，全球金融杠杆攀上史无前例的高峰，国际金融市场上的投资者时时担心市场崩盘。

"针对这三个事件，中央经济工作会议提出既要精准实施宏观政策，不急转弯，又要处理好恢复经济和防范风险的关系。"夏斌表示，这既需要对我国当前金融风险有全面充分的认识，也要在具体处置风险进度的把握上，坚持系统的统筹观点，兼顾好改革、发展、稳定三者的关系。

夏斌特别提出，金融监管是防范金融风险的"守门神"，但六七年前，几千家 P2P 公司"混战"、金融控股公司长期无人监管、地方隐性债务问题一度被视而不见、商业银行表外业务被放任不管等乱象不断，最后由中央发出守住防范系统性金融风险底线的要求，说明金融监管有教训可以吸取。

"今天的金融监管是非常正确的，也是必需的，但代价已经巨大。所以，当前要真正处理好恢复经济和防范风险的关系，在讲不急转弯的时候，眼睛不能仅仅盯住资金多与少的问题，而忘了防风险。在讲风险的时候，不能不顾经济下行压力对深化改革提出的紧迫性，不得不考虑解决构建双循环新发展格局中'卡脖子'的迫切问题。"夏斌强调，应总结金融监管滞后的深刻教训，在修补相关监管制度的基础上，于保障国民经济基本稳定运行、深化改革措施逐条落实的同时，一边坚守住防范系统性风险的底线，一边坚定不移地精准逐类释放风险，严格实施金融监管的各项政策。

寻找经济增长内在潜力

CCEF 理事长、植信投资首席经济学家兼研究院院长连平在年会上指出，"十四五"规划建议明确提到，2035 年中国人均 GDP 要达到 2 万美元，比现在翻一番。如果要达到这个目标，未来 15 年的经济增速可能要保持在 5% 左右，这不是一件很容易的事，还是要寻找经济增长的内在潜力。

"潜力是巨大的，关键是如何通过改革把这些潜力释放出来，比如国企改革、金融改革、财政体制改革等，还有非常重要的农村土地制度改革，通过推进市场化，使它能迸发出未来推动经济增长的新动力。"连平表示。

对于 2021 年中国经济走势，花旗银行中国区首席经济学家刘利刚认为，8.2% 的增速应该没有问题。其中，消费应有 6 个百分点的贡献，原因在于：首先，零售总量跟 2019 年相比还是负 4.1% 的萎缩，有一个追赶过程。基于基数效应，2021 年会看到前十年看不到的、非常强劲的零售增速大幅反弹，约为 16.5%。其次，2021 年是"十四五"规划的第一年，内循环会加速推进，较低的消费占 GDP 比重会从 36.8% 回到 39% 左右。

为何对消费的恢复如此乐观？刘利刚称，一是中国系首个很快推出新冠肺炎疫苗的经济体，服务业复苏可能会加速。二是 2020 年储蓄率没有下降，还在上升。随着经济复苏，储蓄可能会用到投资、消费方面，促使消费进一步上升。此外，如果农村"三块地"产权比较明晰，所释放的财富效益应是 20 万亿美元规模。若今后逐渐释放，对消费的影响也非常大。

深度解读"双循环"

针对双循环，广发证券全球首席经济学家沈明高认为，这是应对世界百年未有之大变局的战略性举措。因为中国经济已经不可能只靠单一的外循环或者内循环来维持未来可持续的增长。所以，双循环不是一种选择，而是一种必然的结果。

"内循环里有进口替代，也有中低端劳动力密集型产业转移到其他国家，使我们成为它的进口增量。我们要成为净进口国，而不是保持持续的净出口国概念。中国的双循环不仅对中国，对全球也是机会。"沈明高称。

工银国际首席经济学家程实认为，无论是以全球视角审视，还是以历史视角审视，都可以发现当今世界处在迅速的趋势转变过程中，要素投入面临的瓶颈约束越来越大，全球保护主义、民粹主义和孤岛主义带来一系列公平问题凸显，全球化在过去几年退潮，全球经济增长过去的黄金范式已接近瓦解。在世界已变的情况下，中国也要作出改变，谋求未来新的发展契机。

"国际大循环不再可靠。中国要以国内大循环为主体，寻找新的发展动能，要主动引领全球的变化。"程实指出，中国今天已成为亚太区域的供给和需求双中心，所以可以用内循环来带动整个区域经济一体化的拾级而上，这是符合经济发展客观规律、符合全球经济发展新趋势的主动选择。

国家金融与发展实验室副主任张明提出，可以从两方面看双循环发展战略：一是建立以内循环为主体的发展格局，其有三大支柱——消费扩大消费升级、产业结构升级和技术创新、要素自由流动和区域一体化；二是实现内外互促，这需从贸易、金融、开放等方面进行思考。

张明认为，要构建内外循环相互促进的发展格局，"贸易维度要打造国内版和国际版的验证模式。其中，后者应在《区域全面经济伙伴关系协定》（RCEP）的范围内展开，在金融领域开展新一轮人民币国际化，核心要增强货币的计价功能和培养货币的真实需求。开放领域要把自贸港、自贸区做实，并在加快金融开放时防范风险。在机制领域，要维护旧机制，因为我们是旧机制最大的受益国，同时也要推动新兴市场主导的新机制，我国于 2020 年 11 月 15 日成功签署了RCEP 就是力证"。

中美关系怎么走？

针对中美关系，渣打银行北亚区及大中华区首席经济学家丁爽认为，美国对中国比较强硬的政策得到两党支持，故拜登执政后，回归奥巴马时期甚至更早期对华政策的可能性很小。但拜登对中国的政策会出现一个形式变化，首先，拜登及其团队对中美关系的定调主要还是竞争性。其次，美国可能更强调多边联合制衡中国，以集结超过

50%全球GDP的经济体来书写、执行规则，使中国在规则中运行。

"在对手关系，尤其高科技方面，美国不会对中国有任何放松，还是会进行限制。拜登政府可能更强调民权，在地缘政治方面更多是对手关系。在贸易和投资方面可能是竞争关系，拜登可能更注重提升美国自身的竞争力，更好跟中国竞争。"丁爽表示。

在瑞银证券中国首席经济学家汪涛看来，科技是中美竞争最核心的部分，美国不管谁当总统都不会放松，但采取的不是全面脱钩方式。"拜登及其后任国务卿都讲道，他们的策略是提高美国的竞争力，多在美国投资，不是一定要打压、制裁别的国家，所以侧重不太一样。而中国经历过去一两年制裁、科技封锁，已提出推动创新，加强科技自立。因此，这种事实上的科技脱钩趋势可能会继续。"

摩根士丹利中国区首席经济学家邢自强认为，疫情本身及中美关系变化在加速世界多极化进展，中美不会短期全面脱钩，因为这不符合双方利益。但中美在科技、安全、地缘政治、金融领域长期竞争，甚至一定程度对抗在所难免。"2021年，拜登的具体做法风格可能有所变化，比如关税可能不是主要手段，而是禁止进入高科技领域以及在金融市场领域加大监管，甚至对中资企业在美国上市将有比较强的监管。在国防、安全领域也可能不会变化。这也是为什么在中国，十九届五中全会以来，所有政策还是朝着通过区域协议抵销逆全球化影响，产业自主化趋势和政策抵销对美国科技高度依赖，这些不会因为拜登而改变。"

"解码"2021年经济社会发展新蓝图

3月5日，国务院总理李克强在十三届全国人大四次会议上作政府工作报告（以下简称"报告"）。对于这份"干货满满"的2021年经济社会发展新蓝图，包括CCEF专家在内的各路"大腕"万分重视，纷纷作出深入解读。

缘何定在 6% 以上

"国内生产总值增长 6% 以上；城镇新增就业 1100 万人以上，城镇调查失业率 5.5% 左右；居民消费价格涨幅 3% 左右；单位国内生产总值能耗降低 3% 左右；粮食产量保持在 1.3 万亿斤以上……"这是报告提出的主要年度经济目标。

国家金融与发展实验室副主任张明表示，2021 年经济增速目标定在 6% 以上出于三大原因：一是全球与中国经济复苏仍面临一些不确定性；二是经济增速目标设定较低，可为供给侧结构性改革预留空间；三是尽管疫情冲击导致 2020 年经济增速仅为 2.3%，而预计 2021 年经济增速可能超过 8%，但当前经济潜在增速仍在 6% 上下，故 2021 年定在 6% 能与未来几年更好地衔接。

在瑞银证券首席中国经济学家汪涛看来，2021 年经济增速目标定在"6% 以上"，可能考虑到疫情和全球经济复苏仍有较大不确定性，并希望引导各方将精力集中到推进改革创新和高质量发展（而非只是增长）等其他更重要方面，同时也为了和"十四五"时期的目标平稳衔接。

建银国际董事总经理兼宏观研究主管崔历指出，6% 以上的增长目标较为保守，降低政策刺激的预期，地方政府也能相应制定更适合各自发展阶段的经济计划，增加灵活性。同时，报告提出 2021 年宏观政策"在区间调控基础上加强定向调控、相机调控、精准调控"，体现了继续有保有压，逐步退出"非常态"形势下刺激政策的取向。

国泰君安证券研究所首席经济学家花长春表示，经济增长目标定在 6% 以上，实系"低"目标下"高"标准，政府目的是"要稳更要好"。"增速设定保守有三层含义，一是不代表存在经济增长风险，而是在不确定性下弱化目标压力的理性选择，也更符合未来一段时间隐含的增速目标连贯性。二是不代表政策将提前紧缩，'不急转弯'仍是大基调。三是不代表降低标准，而是经济增长逐步转向追求质量诉求的信号。"

财政政策提质增效

根据报告，2021 年"积极的财政政策要提质增效、更可持续"。考虑到疫情得到有效控制和经济逐步恢复，赤字率拟按 3.2% 左右安排，较 2020 年有所下调，不再发行抗疫特别国债；拟安排地方政府专项债券 3.65 万亿元，优先支持在建工程，合理扩大使用范围。

平安证券首席经济学家钟正生认为，3.2% 的赤字率目标是基于 6% 的实际 GDP 增速目标计算。"据财政部部长刘昆披露，2021 年赤字总额为 3.57 万亿元，较 2020 年下降 1900 亿元。照此推算，3.2% 赤字率隐含的 GDP 名义增速为 9.8%，略高于 6% 实际 GDP 增长加 3% 物价指数得到的名义 GDP 增速。但在 2021 年赤字规模温和下降，而实际 GDP 增速很可能超过 6%（市场预期在 8%—9%）的情况下，实际赤字率可能更低些。"

CCEF 理事长、植信投资首席经济学家连平认为，2021 年 GDP 增速目标与预算赤字和新增地方政府专项债安排之间存在显著的预期差。一方面，6% 以上的 GDP 增速设定明显低于外界普遍预期；另一方面，3.2% 的财政预算赤字和 3.65 万亿元的新增地方政府专项债安排，均一定程度超出外界一般预期。"在回归常态的基调下，这组预期差实际反映 2021 年经济发展目标的结构性变化和财政政策重心的相应调整。"

连平指出，为巩固拓展疫情防控和经济社会发展成果，扎实做好"六稳"工作，全面落实"六保"任务，确保经济运行在合理区间，保持财政支出适度正增长十分必要。财政政策的重点将从通过基建投资直接拉动经济增长，转向效率更高、结构更灵活、重点更突出的公共消费和服务领域。

恢复经济与防范风险

报告重申，2021 年稳健的货币政策要"灵活精准、合理适度"，并要求处理好恢复经济与防范风险的关系。

连平表示，2020 年央行创设两项直达实体经济的货币政策工具，其中，普惠小微企业延期还本付息政策适用时间是从 2020 年 6 月至 12 月。2021 年年初，这项政策延长至一季度末。报告称，延续普惠小微企业贷款延期还本付息政策，表明该政策适用时间将继续延长。虽然国内宏观经济增长已恢复到疫情前水平，但微观层面，部分企业经营仍面临一定困难。2021 年前两个月，国内企业债券违约规模超过 250 亿元，明显高于 2020 年和 2019 年水平，部分小微企业经营压力仍较大，故直达实体经济的货币政策工具将继续使用。"这也是宏观政策继续为市场主体纾困，保持必要支持力度，不急转弯的体现。"

崔历认为，相较于 2020 年"稳健的货币政策更加灵活适度"，2021 年报告使用"稳健的货币政策要灵活精准、合理适度"的措辞，多了精准、合理的描述，与 2020 年末中央经济工作会议关于宏观政策"不急转弯"的精神一致。考虑到"保持宏观杠杆率基本稳定"的政策目标，以及工业品价格上涨和 2020 年下半年以来房地产热度上升，预计 2021 年货币政策继续趋于收紧，但可能通过增加流动性操作频率等措施，减少利率波动。

"2021 年报告对货币政策维持 2020 年中央经济工作会议提出'不急转弯'的总基调，但新增'灵活精准'，表明货币回归常态化较为确定。"花长春表示，历年报告的表述与当年货币政策走向基本一致，"稳健"是近五年不变的基调。但"灵活"，特别是"精准"等措辞，表明 2021 年货币政策将回归中性，更加相机抉择。

2021
资本市场改革"连砸重锤"

中办国办首次联手出击证券违法活动

党的十八大以来，我国资本市场全面深化改革开放不断向纵深推进，市场主体活力和竞争力日益增强，服务实体经济的质效不断提升。但因制度建设存在短板，证券违法犯罪成本较低，上市公司财务造假、内幕交易、操纵市场等违法行为呈高发态势，侵害投资者合法权益。

2021 年 7 月 6 日，中共中央办公厅与国务院办公厅发布《关于依法从严打击证券违法活动的意见》（以下简称《意见》），针对案件查处难度加大，相关执法司法等工作面临的新形势新挑战，高屋建瓴地提出一揽子解决方案。

九字方针与七大要求

纵览这份全文共 30 条的《意见》，其明确资本市场执法司法的"建制度、不干预、零容忍"九字方针，包含总体要求和七个具体要求。

总体要求方面，《意见》提出：到 2022 年，资本市场违法犯罪法律责任制度体系建设取得重要进展，依法从严打击证券违法活动的执法司法体制和协调配合机制初步建立，证券违法犯罪成本显著提高，重大违法犯罪案件多发频发态势得到有效遏制，投资者权利救济渠道更加通畅，资本市场秩序明显改善。到 2025 年，资本市场法律体系更加科学完备，中国特色证券执法司法体制更加健全，证券执法司法透明度、规范性和公信力显著提升，行政执法与刑事司法衔接高效顺畅，崇法守信、规范透明、开放包容的良好资本市场生态全面形成。

七个具体要求方面，《意见》明确：完善违法犯罪法律责任制度，加快健全证券执法司法体制机制，加大重大违法案件查处惩治力度，加强跨境监管执法协作，提升证券司法执法能力，夯实资本市场法治和诚信基础，推动形成崇法守信的良好市场生态。

决策层再度亮明态度

《意见》的落地，表明了党中央国务院促进资本市场健康发展的决心。正如证监会主席易会满在接受新华社记者采访时称，这是"资本市场历史上第一次以中办、国办名义联合印发打击证券违法活动的专门文件，是当前和今后一个时期全方位加强和改进证券监管执法工作的行动纲领，意义重大、影响深远"。

《意见》正式印发后，一批重点任务迅即取得积极进展，包括：成立打击资本市场违法活动协调工作小组，配合最高人民检察院建立派驻检察的工作机制，北京金融法院正式成立，从重从快查办一批重点类型、重要领域的典型案件，乐视网财务造假等案件已作出行政处罚，华晨债、永煤债等债券信息披露违法违规行为受到查处，首单证券纠纷特别代表人诉讼——康美药业证券虚假陈述责任纠纷一案已经启动，康得新已完成退市摘牌，等等。

在中国社科院法学所商法室主任、研究员陈洁看来，证券市场秩序是整个社会经济秩序的重要组成部分。在经济金融环境深刻变化、资本市场改革开放不断深化的背景下，资本市场的规范发展及其良好生态，对维护我国社会经济秩序的平稳运行，意义尤为重大。严厉打击证券违法活动就是为了保护每个市场主体的合法利益，进而提升整个社会公共利益，并通过维护证券市场秩序，保证证券市场的效率与公平，从而促进整个资本市场乃至整个市场经济的长远健康发展。

可以预见，通过严格落实《意见》中的相关举措，国内资本市场的法律体系将更加科学完备，中国特色证券执法司法体制将更加健全，使证券执法的司法透明度、规范性和公信力显著提升，行政执法与刑事司法衔接高效顺畅，终能达成崇法守信、规范透明、开放包容的良好资本市场生态全面形成的美好宏愿。

北交所开市迎宾

2021年9月2日晚，习近平总书记在2021年中国国际服务贸易交易会全球服务贸易峰会致辞中宣布，设立北京证券交易所（以下简称"北交所"），打造服务创新型中小企业主阵地。

11月15日，北京金融大街钟声响起，宣告第三家全国性证券交易所，同时也是经国务院批准设立的中国首家公司制证券交易所——北交所正式开市，81家中小企业成为首批上市公司。

重点把握三大原则

证监会称，建设北交所的主要思路是：严格遵循新《证券法》，按照分步实施、循序渐进的原则，总体平移精选层各项基础制度，坚持北交所上市公司由创新层公司产生，维持新三板基础层、创新层与北交所"层层递进"的市场结构，同步试点证券发行注册制。在实施过程中，重点把握好三大原则。

坚守"一个定位"：北交所牢牢坚持服务创新型中小企业的市场定位，尊重创新型中小企业发展规律和成长阶段，提升制度包容性和精准性。

处理好"两个关系"：一是北交所与沪深交易所、区域性股权市场坚持错位发展与互联互通，发挥好转板上市功能；二是北交所与新三板现有创新层、基础层坚持统筹协调与制度联动，维护市场结构平衡。

实现"三个目标"：一是构建一套契合创新型中小企业特点，涵盖发行上市、交易、退市、持续监管、投资者适当性管理等基础制度安排，补足多层次资本市场发展普惠金融的短板；二是畅通北交所在多层次资本市场的纽带作用，形成相互补充、相互促进的中小企业直接融资成长路径；三是培育一批"专精特新"中小企业，形成创新创业热情高涨、合格投资者踊跃参与、中介机构归位尽责的良性市场生态。

自此，北交所与沪深交易所以"掎角之势"，形成相互依存、有序衔接的资本市场体系，共同支撑全国范围内的中小企业发展，助力中国经济朝向创新驱动发展模式转型。

新三板改革题中之义

在东方证券首席经济学家邵宇看来，设立北交所是新三板改革的题中之义。自 2013 年正式揭牌运营以来，新三板已成为资本市场服务中小企业融资的主要平台。但早期由于挂牌公司质量参差不齐和投资门槛过高，新三板的流动性较低，未能很好发挥资本市场的投融资功能，出现"劣币驱逐良币"现象。随着近年来一系列改革举措落地，如降低投资者资金门槛（基础层从 500 万元降到 200 万元，创新层降至 150 万元，精选层降至 100 万元）、正式设立精选层等，新三板秩序得以重建。

"北交所的设立，是新三板改革从量变到质变的跃迁，整体上抬升了创新型中小企业的发展定位，也有助于更好发挥资本市场的直接融资功能，提升要素配置效率，是中国多层次资本市场改革的又一里程碑，将成为助力专精特新'小巨人'成长为'隐形冠军'的主阵地。"邵宇称。

中航证券首席经济学家董忠云指出，科创板主要服务于符合国家战略、突破关键核心技术、市场认可度高的科技创新企业，侧重"硬科技"特色；创业板聚焦"三创四新"，强调企业顺应"创新、创造、创意"大趋势，新技术、新产业、新业态、新模式与传统产业相结合；北交所以新三板精选层为基础，定位于服务创新型中小企业。"三个板块形成错位竞争、相互补充的格局，维护资本市场结构平衡。"

资本市场改革又一力作

"当前，我国迈入高质量发展新阶段，需要不断完善创新体系，培育壮大创新发展新动力。北交所的设立与中国经济发展的现实需求高度契合。"政信投资集团首席经济学家何晓宇指出，我国现有 1.4 亿个市场主体，其中大部分是在推动经济增长、促进科技创新、增加就业等方面具有重要作用的中小企业。但相比于大型、成熟企业，创新型中小企业融资需求的实现仍是薄弱环节。

何晓宇进一步表示，我国正在加快构建双循环新发展格局。北交所聚焦服务中小企业发展，将有效发挥北京的纽带作用，贯通京津冀区域发展，并与沪深交易所、区域性股权市场等形成合力，贯通南北。在加强资本市场建设的同时，更好促进金融、科技、产业发展良性循环，推动我国经济高质量发展。

2021
大 事 记

数字人民币渐行渐近

2021年7月16日，中国人民银行正式发布《中国数字人民币的研发进展白皮书》（以下简称《白皮书》），这也是中国央行首次面向国内和全球系统，披露数字人民币（Digital Currency Electronic Payment，DCEP）的研发情况。

根据《白皮书》，数字人民币的研发试验已基本完成顶层设计、功能研发、系统调试等工作，正遵循稳步、安全、可控、创新、实用的原则，选择部分有代表性的地区开展试点测试。

中国人民银行数字货币研究所所长穆长春在公开介绍时称，数字人民币是由央行发行，指定运营机构参与运营并向公众兑换，以广义账户体系为基础，支持银行账户"松耦合"功能（指减少某些系统的变动和故障对全局的影响），与纸钞和硬币等价，且具有价值特征与法偿性的可控匿名支付工具。

超速行动

"翻阅"数字人民币的研发史，不难发现这是一个准备充分，只用了短短不到6年的"超速行动"。

2014年至2016年，中国人民银行成立法定数字货币研究小组，启动法定数字货币相关研究工作。

2017年年底，经国务院批准，中国人民银行开始数字人民币研发工作，并选择大型商业银行、电信运营商、互联网企业作为参与研发机构，打造完善数字人民币 App。

2019 年年末以来，中国人民银行在深圳、苏州、雄安、成都及 2022 北京冬奥会场景开展数字人民币试点测试。

2020 年 11 月开始，增加上海、海南、长沙、西安、青岛、大连 6 个新的试点地区。

2021 年 6 月，北京、上海、长沙等地陆续开展新一轮试点活动，各自向居民发放一定金额的数字人民币红包。

虽然《白皮书》称，中国人民银行将按照国家"十四五"规划部署，继续稳妥推进数字人民币研发试点，不预设推出时间表。但回溯 2020 年 4 月，中国人民银行发布首批数字人民币试点城市消息，迄今，我们都已成为这一新生事物快步走入日常生活的见证者。故不难想见，其离"瓜熟蒂落"已不远矣。

紧迫性凸显

为何中国加紧推进数字人民币？这是国内、国外双重因素决定的。

从国内看，我国移动支付发展迅速，研发推广数字人民币能极大适应当下的支付环节和交易情景。而且，第三方支付"双寡头"在日常交易中形成大量数据，为对其进行有效监管，更好地维护用户合法权益，促进公平竞争，凸显加紧研发数字人民币的紧迫性。

从国外看，多数国家都认识到央行数字货币（Central Bank Digital Currency，CBDC）的重要性。如巴哈马中央银行，已于 2020 年 10 月 20 日起逐步发行面向该国消费者的数字货币"沙元"（Sand Dollar）；在美国，波士顿联邦储备银行与麻省理工学院合作尝试可用于 CBDC 的技术。在日本，自民党新的国际秩序建立战略总部于 2020 年 9 月制定一份中期报告，要求与欧美国家合作，尽快引入和分发 CBDC。英国、加拿大、瑞典、俄罗斯、巴西、泰国等国央行也在研发并计划推出法定数字货币。这种情况下，中国央行推进数字人民币乃大势所趋。

中国社科院金融政策研究中心主任何海峰表示，从需求端看，全球经济发展已进入数字经济时代，需要相应的基础设施及制度。因此，数字货币和基于数字货币的现代金融制度被数字社会所需要。从供给端看，作为社会最重要的创新主体，不少企业进行数字化转型，并提供数字化设计、数字化生产制造、数字化服务等。"因此，不论从经济社会的需求，还是从生产发展的供给看，数字货币都是应运而生的事物，具有较大发展前景。"

中国社科院信息情报研究院助理研究员徐超表示，各国央行积极推进法定数字货币研发，既是应对金融科技发展的需要，也是应对有效监管数字货币的需要。如西方主要经济体的央行推进研发法定数字货币时，对已达到金融科技专利标准的方法和技术会主动申请专利，除了保护科技成果不被第三方非法侵害，也有助于抢占金融科技制高点。"改革开放以来，我国为实现金融现代化，不得不向西方国家支付金融科技专利使用费。所以，尽早申请法定数字货币相关专利，可在相当程度上避免受制于人的情况发生。"

"中国人民银行或为全球第一个推出法定数字货币的央行，此举有望开启数字经济新时代。"普华永道发布报告称，随着世界数字化进程加速，商业交易更强势地转向数字平台，数字人民币的潜能亦在增加。"目前人民币在全球支付中占比约4%，数字人民币可进一步助力中国企业在国内及全球开展贸易活动，并能有效防范欺诈交易，其广泛使用将提高人民币口碑，提升人民币在以美元和欧元为主导的全球货币市场上的地位。"

全球规模最大碳市场在中国开市

2021年7月16日，全国碳排放权交易市场启动上线交易，宣告全球规模最大的碳市场在中国正式开市，同时标志着我国碳治理进入全新发展阶段。

全力推进

所谓碳排放权交易，是指政府通过相应机制给企业发放碳排放配额，一旦企业实际排放超过其拥有的配额，为完成履约就需在碳排放权交易市场购买其他市场主体的配额。而碳排放权交易的持续发生，形成了碳排放权交易市场。

回溯 2011 年 10 月，国家发改委发布《关于开展碳排放权交易试点工作的通知》，北京、上海、天津、重庆、湖北、广东、深圳 7 个省市，被列入第一批碳交易试点地区。自 2013 年 6 月首个碳排放权试点市场在深圳成立起，试点地区先后启动交易。

2017 年 12 月 19 日，国家发改委组织召开全国碳排放交易体系启动工作电视电话会议，就全面落实《全国碳排放权交易市场建设方案（发电行业）》任务要求，推动全国碳排放权交易市场建设作动员部署。

2021 年，中国碳排放权交易市场正式进入推进阶段，生态环境部先后颁布施行《碳排放权交易管理办法（试行）》《碳排放权登记管理规则（试行）》《碳排放权交易管理规则（试行）》《碳排放权结算管理规则（试行）》，进一步规范全国碳排放权登记、交易、结算活动。

至 2021 年 7 月 16 日，经过近 10 年不断的经验积累及逐步的制度完善，全国碳排放权交易市场终于上线，意味着全国性的碳排放权交易正式拉开序幕。

必然之路

中国为何要对全国碳排放权交易市场的启动投入极大力量？原因在于，碳排放权交易市场是实现碳达峰、碳中和目标的重要手段和政策工具，对于推进全国碳治理很有价值，也有利于推进全球和区域碳中和目标的达成。

根据大体确定的全球碳中和时间表，乌拉圭承诺 2030 年达到碳中和目标，芬兰承诺 2035 年达成，冰岛、奥地利承诺 2040 年达成，瑞典承诺 2045 年达成，美国、英国、德国、法国、爱尔兰、瑞士、西班牙、葡萄牙、匈牙利、挪威、丹麦、斯洛伐克、韩国、新西兰、南非、斐济、马绍尔群岛、哥斯达黎加、智利、加拿大、日本以及欧盟，都承诺 2050 年达成。中国则承诺 2060 年前达成碳中和。

这种情况下，碳排放权交易市场成为碳治理的必然之路和有效手段。因为，随着碳排放成本的提升，未来企业会更有动力进行设备升级，相关企业的交易数据也将会作为绿色金融标准的一部分，为企业在获取融资或更低成本的绿色信贷上提供便利。

生态环境部副部长赵英民指出，碳市场可推动高排放行业实现产业结构和能源消费的绿色低碳化，促进高排放行业率先达峰。同时，碳市场为碳减排释放价格信号，并提供经济激励机制，将资金引导至减排潜力大的行业企业，推动绿色低碳技术创新以及高排放行业的绿色低碳转型。

可见，对于碳中和目标而言，碳排放权交易市场是重要抓手，也是重要依托。对于碳治理而言，碳排放权交易市场机制是一个指挥棒，将引导市场力量、资本力量和社会力量将碳排放权指标作为重要的衡量标准，参与到碳治理进程中，参与到人类生活方式和生产方式绿色化的转变进程中，从而推动碳治理这个社会系统性变化的实现。

关乎长远

《华尔街日报》认为，中国碳排放权交易市场运作的好坏，可在很大程度决定世界到底有多大机会减少发生最坏气候状况的可能性。这也可能最终成为中国和西方之间的一个关键问题。如果美国和欧盟认为中国对解决排放问题的态度是认真的，或将有助于促使发达国家采取更积极的气候行动，并为中国与欧美之间建立一种总体上"零和博弈"味道较弱的关系打开更多空间。

客观而言，相较于欧盟成熟的碳排放权交易市场，虽然中国已形成统一的碳排放权交易市场，但要成为一个有效的市场，还有很长的路要走。如在完善法律法规及政策配套方面，赵英民表示，生态环境部正在配合司法部推进《碳排放权交易管理暂行条例》的立法进程，以进一步完善相关技术法规、标准和管理体系。

上海联合产权交易所研究院院长贾彦指出，由于国内碳交易市场和碳金融市场起步较晚、在国际市场上尚未获得充足发言权，碳市场的交易规则和价格长期受到欧盟、美、日等发达国家和地区制约。此外，部分发达国家通过碳金融市场，将本国货币与国际碳交易的计价和结算挂钩，进一步削弱我国碳议价的能力。

贾彦强调，中国碳市场要积极与国际碳市场接轨，加快国内与国际碳交易机制间的政策协调，建立与国际碳市场发展相对应的国家标准，不断提升国际碳定价能力，提高在未来全球碳市场体系中的参与度与竞争力，确立中国在全球碳交易市场上的重要地位。

虽然我国在全球碳排放权交易市场上获得与碳中和目标相匹配的话语权，还有很多工作要做，但在巴基斯坦可持续发展政策研究所中国研究中心主任沙基勒·拉迈（Shakeel Ramay）看来："碳排放权交易市场是一项关乎长远发展的机制，中国政府善于制定政策、执行力强、富有创新力，能在实践中不断完善这一机制。"

一言以蔽之，在发展碳排放权交易市场这件事上，中国未来可期！

2021 定　调

促进"共同富裕"，重在久久为功

2021年8月17日，习近平总书记主持召开中央财经委员会第十次会议，议题之一是"研究扎实促进共同富裕问题"。

会议提出，通过三次分配等方式，加强对高收入的规范和调节，依法保护合法收入，合理调节过高收入，鼓励高收入人群和企业更多回报社会。要坚持以人民为中心的发展思想，在高质量发展中促进共同富裕。

为民生谋福祉"一以贯之"

其实，这并非"共同富裕"一词首次出现于我国顶层设计。

1953 年，由毛泽东主持起草的《中共中央关于发展农业生产合作社的决议》首倡"共同富裕"概念，指出新中国"会经历一个由初级共同富裕到中级共同富裕再到高级共同富裕的历史"。改革开放后，邓小平强调"社会主义的本质是解放生产力，发展生产力，消灭剥削，消除两极分化，最终达到共同富裕"。

自党的十八大以来，党中央把逐步实现全体人民共同富裕摆在更重要的位置，采取有力措施保障及改善民生，打赢脱贫攻坚战，全面建成小康社会，为促进共同富裕创造良好条件。

时至 2020 年 10 月末，党的十九届五中全会提出"2035 年全体人民共同富裕取得更为明显的实质性进展"的远景目标。2021 年 3 月 12 日对外公布的《中华人民共和国国民经济和社会发展第十四个五年规划和 2035 年远景目标纲要》则明确，要"更加积极有为地促进共同富裕"，继而对"优化收入分配结构"作出重要部署，并就拓展居民收入增长渠道、扩大中等收入群体、完善再分配机制等提出具体要求。

无疑，在团结带领人民进行革命、建设、改革开放的不同历史时期，中国共产党在为民生谋福祉这件事上始终一以贯之。随着我国开启全面建设社会主义现代化国家新征程，推进乃至实现"共同富裕"目标更属当仁不让之主旨。

多重路径推进实现共同富裕

不过，尽管我国已经历史性地解决绝对贫困问题，使推进实现共同富裕有了现实基础，且我国加快构建"双循环"新发展格局，使推进实现共同富裕有了经济背景，但该项任务仍属知易行难。

正如 2020 年 9 月召开的中央财经委员会第八次会议提出，要"对共同富裕的长期性、艰巨性、复杂性有充分估计，鼓励各地因地制宜探索有效路径，总结经验，逐步推开"。因此，这个过程重在循序渐进，分阶段实施，既需全体人民辛勤劳动，共建美好家园，也要遵循规律、脚踏实地，逐步达成共同富裕。

为此，中共中央、国务院于 2021 年 6 月 10 日发布《关于支持浙江高质量发展建设共同富裕示范区的意见》，明确以解决地区差距、城乡差距、收入差距问题为主攻方向，探索推进共同富裕的体制机制和制度体系。此举深谋远虑，乃一手抓顶层设计，一手推示范建设，以此为基础形成可复制、可推广经验，扎扎实实做好工作。

当然，实现共同富裕的路径远不止此。中央强调，鼓励勤劳创新致富，坚持基本经济制度，尽力而为，量力而行。换句话说，在"做大蛋糕"的同时也要"切好蛋糕"，包括：统筹做好就业、收入分配、教育、社保、医疗、住房、养老、扶幼等各方面的民生福祉工作；更加注重向农村、基层、欠发达地区倾斜，向困难群众倾斜，促进社会公平正义；等等。如此，才能让发展成果更多惠及人民，使之有更多获得感，进而汇聚起建设社会主义现代化国家的磅礴力量。

总之，促进实现"共同富裕"，重在久久为功。一个全新的时代，已迎面向我们走来！

2022
首席说

CCEF 专家解读中央经济工作会议

2021 年 12 月 8 日至 10 日，中央经济工作会议在北京举行。会议总结一年来的经济工作，分析经济形势，并对 2022 年经济工作作出部署。会议强调，必须看到我国经济发展面临的压力，2022 年经济工作要"稳字当头、稳中求进"。

总体来看，在国际、国内环境深刻变化及疫情蔓延的情况下，2021年中国经济依旧有条不紊，呈现稳中向好大格局。那么，2022年如何确保这艘"巨轮"继续破浪前行？CCEF专家对会议中的几大关键词进行了深入解读。

稳

本次会议对经济下行风险作出"需求收缩、供给冲击、预期转弱"三重压力的"诊断"，并以"稳"字开宗明义，为2022年经济工作定下总基调。

CCEF理事长、植信投资首席经济学家连平指出，"稳"包括三个方面：一是着力稳定社会经济大盘；二是保持社会大局稳定；三是2022年经济工作要稳字当头、稳中求进。"2022年经济在平稳运行过程中要保持高质量发展；'求进'是要改善经济发展结构、改善质量，提高经济运行的效率，并降低企业成本。"

"在中央经济工作会议的公告里，'稳'字出现25次，这实属罕见，和2021年12月6日政治局会议提出'着力稳定宏观经济大盘，保持经济运行在合理区间'遥相呼应。"瑞信董事总经理陶冬表示，本次会议提出2022年财政政策和货币政策要协调联动，跨周期和逆周期宏观调控政策要有机结合。"其中，跨周期意味着要着眼长期发展，不为GDP而制造GDP。至于逆周期，这个提法在消失一段时间后'重出江湖'，意味着2021年偏紧的宏观政策告一段落，会变得更加积极。"

中央经济工作会议明确，2022年稳健的货币政策要"灵活适度"。而此前，央行在第三季度货币政策执行报告中删去"不搞大水漫灌""管好货币总闸门"的表述，引起市场猜测。

对此，中银国际证券全球首席经济学家管涛指出，这并不意味着下一步央行要搞"大放水"。因为央行在报告里仍强调做好跨周期调节，统筹 2021 年和 2022 年货币政策衔接，仍坚持"稳字当头，以我为主"，相比于前期没有大的变化。

"2022 年，央行可以坚持货币政策的独立性，在保持政策稳健的情况下做好跨周期调节。跨周期，是指经济复苏没有完成，货币政策要继续给予必要支持，但并非马上采取进一步的货币刺激措施，可能更多体现在一些结构性货币政策工具①的运用上。"管涛称。

国金证券首席经济学家赵伟表示，中央经济工作会议提出货币政策"灵活适度"，为稳增长提供合理充裕的流动性环境，推动信用环境改善，这是注重"质"的提升，而非"量"的扩张。"相较 2020 年，本次会议不再提及货币供应量和社融增速、宏观杠杆率等要求，政策托底必然带来一定的融资扩张和杠杆阶段性抬升，也需要合理充裕的流动性配合，在补充银行可用资金、降低实体融资成本等的同时，更加注重结构引导，加大对小微企业、科技创新、绿色发展的支持。"

注册制

本次中央经济工作会议提出，改革开放政策要激活发展动力。要抓好要素市场化配置综合改革试点，全面实行股票发行注册制。

兴业证券首席经济学家王涵表示，作为"十四五"规划时期资本市场改革和制度建设的关键抓手，全面实行注册制后，资源能更好地在市场中进行有效配置，整个社会资源将进一步向优质企业倾斜，这对提高直接融资比重、支持科技创新、实现经济转型具有重要意义。

前海开源基金首席经济学家杨德龙分析，随着经济转型，上市公司经营方式发生很多变化。审核制下，一些互联网、电商、科技公司等不符合上市条件，使 A 股错过符合经济转型要求的企业。相比

---

① 本质上是"传统货币政策工具＋结构性要求"，总体分为再贷款、存款准备金政策、公开市场操作。其具有四大独特优势：一是辅助投放流动性，维护正常的货币政策空间；二是"四两拨千斤"撬动信贷增长；三是精准滴灌，定向支持重点领域和薄弱环节；四是推进利率市场化改革，降低实体融资成本。

之下，注册制不对公司本身投资价值进行判断，而是看其上报材料是否完备信披是否健全，让市场判断应有多少发行价，不是人为窗口指导，这样的新股发行更市场化，更能反映买卖双方意愿，有利于推动一些科创企业、新经济实体在 A 股上市。

"全面实施注册制是我国证券市场迈向成熟的重要标志，将促进资本市场更好服务实体经济，更充分发挥资源配置功能，将更多资源向符合国家战略的重要产业、科技产业、新兴产业集中，更好推动创新、创业企业发展。"川财证券首席经济学家陈雳指出，会议还提出"要为资本设置'红绿灯'，依法加强对资本的有效监管，防止资本野蛮生长"，这些表述同样值得关注。

"资本能为企业运作提供资金支持，促进新技术、新产业、新业态、新模式企业壮大发展。但资本具有不确定性，风险与收益并存。就此，监管机构应进一步加强在开放环境下建设监管能力与风险防范能力。"陈雳建议，结合市场发展优化监管机制，尤其针对新型金融产品与金融机构，及时、高效地建立相应监管机制。同时，构建更高水平、更有效的资本市场，使其对市场主体的支持和服务更到位；加大资本市场融资支持力度，缓解中小微及民企融资难、融资贵问题。

房地产

"要坚持房子是用来住的、不是用来炒的定位。"本次中央经济工作会议提出，加强预期引导，探索新的发展模式，坚持租购并举，加快发展长租房市场，推进保障性住房建设，支持商品房市场更好满足购房者的合理住房需求，因城施策促进房地产业良性循环和健康发展。

在瑞银证券首席中国经济学家汪涛看来，2021 年 12 月 6 日召开的中央政治局会议已要求推进保障性住房建设，维稳房地产市场。"在此框架下，政府可能继续合理放松房贷限制、加快房贷审批，放松开发商获取贷款及在岸债券市场融资限制，放宽部分预售资金的过紧限制，从而改善开发商融资（状况）和现金流。部分地方政府可以放松限购和限价政策，加快公租房建设。"汪涛表示。

红塔证券首席经济学家李奇霖认为，中央经济工作会议仍强调"房住不炒"的政策定位，说明调控从严的大方向不会发生改变。长期看，中国经济转型将坚持逐步"去地产化"路线。"虽然会议强调'因城施策'，不排除部分房价下行压力较大的城市可以放松调控，但对于多数房价上涨压力较大的一线和核心二线城市，房地产从严调控不会有大的变化。"

野村证券中国首席经济学家陆挺指出，若现有调控政策不做较大幅度调整，未来几个月房企债务违约率可能加速上升。但若此时大幅放松调控乃至刺激地产业，也可能让开发商、居民和金融投资机构强化房价永远上涨、政府永远呵护地产的预期，再度加大杠杆，透支储蓄，全国房价可能出现新一轮报复性反弹。

那么，如何寻找本轮房地产调控的最佳退出路径？陆挺认为，短期内作为应急措施，为避免系统性金融风险和经济硬着陆，有必要保障大部分资质较好房地产企业的融资活动和家庭按揭的正常审批。"但真正的出路，在于市场和公共保障并举，通过供给侧改革让市场和政府'各就各位'来平衡住房供应和需求，满足民众的住房需求，并以此推动更有效率的城市基础设施投资。"

精准拆弹

本次中央经济工作会议提出，要正确认识和把握防范化解重大风险。要继续按照稳定大局、统筹协调、分类施策、精准拆弹的方针，抓好风险处置工作，加强金融法治建设，压实地方、金融监管、行业主管等各方责任，压实企业自救主体责任。要强化能力建设，加强金融监管干部队伍建设。化解风险要有充足资源，研究制定化解风险的政策，要广泛配合，完善金融风险处置机制。

连平指出，这是针对三个方面的主体提出政策要求：一是监管方面，要求"精准拆弹"。二是地方政府方面，要求发挥重要作用、压实责任。因为一个阶段以来，局部发生的一些问题和地方政府有一定关联。三是企业本身亦非常关键，企业应保持理性的增长、审慎的内部管理，不盲目扩张、抬高杠杆。

鉴于"当前中国经济增长已显著回落，低于潜在增长水平，以及房地产领域面临硬着陆风险，今年以来的快速去杠杆阶段将接近尾声，政策已近拐点"，摩根士丹利中国区首席经济学家邢自强认为，2022年在风险方面，政策亟须积极调整，与时间赛跑，尤其要主动妥善防范房地产的传导效应。"正因如此，经济增长前景在很大程度上取决于政策调整的节奏和成效。"

2022
回　望

中国：引领世界经济恢复的重要力量

新考验也孕育新机遇

尽管2022年经济增长的内外压力均有所加大，但在平安证券首席经济学家钟正生看来，2021年中国率先控制疫情，在全球经济复苏中一马当先。2022年海外经济加速修复后，中国"以我为主"坚持高质量发展的决心定力面临新考验，同时也孕育新机遇。

"2022年，在跨周期调节的顶层设计下，在体制机制改革红利的继续释放中，预计中国经济可以实现全年5.3%左右的实际增速。'十四五'规划的第二年，将成为中国经济蜕变的'第二春'。"钟正生称。

企稳态势逐步显现

2022年1月17日，2021年中国经济年报正式发布。

初步核算，是年 GDP 为 1143670 亿元，稳居世界第二，按不变价格计算，比上年增长 8.1%，完成全年 6% 以上的经济发展预期目标，两年平均增长 5.1%。人均 GDP 突破 1.2 万美元，经济总量规模和人均水平都持续提高。

尽管有市场声音提出，2021 年一季度 GDP 同比增长 18.3%，二季度增长 7.9%，三季度增长 4.9%，四季度增长 4.0%，似乎增长呈逐季回落态势，但国家统计局局长宁吉喆指出，"观察经济增长，既要看同比，也要看环比，还要看两年平均。2021 年四季度经济同比增速虽是 4%，但两年平均增长达 5.2%，比三季度的 4.9% 加快 0.3 个百分点。经济平稳增长为（保障）就业提供了重要基础"。

宁吉喆表示，2021 年一季度 GDP 环比增长 0.3%，二季度比一季度环比增长 1.3%，三季度比二季度增长 0.7%，四季度比三季度增长 1.6%，表明经济规模逐季扩大，其中，四季度环比增速比三季度加快 0.9 个百分点，总量扩大 34318 亿元。可以看出，我国经济企稳态势逐步显现。

"十四五"实现良好开局

更重要的是，2021 年我国经济增长对世界经济增长的贡献率预计将达 25% 左右，乃引领世界经济恢复的重要力量。而且，这一年我国率先控制住本土疫情，确保 14 亿人民的生命健康安全，并将约 3720 亿只口罩、超过 42 亿件防护服、84 亿人份检测试剂发往国际社会，向 120 多个国家和国际组织提供超过 20 亿剂新冠肺炎疫苗，成为对外提供疫苗最多的国家。

此外，2021 年年末，我国市场主体总量超过 1.5 亿户，其中企业 4000 多万户，个体工商户突破 1 亿户。年内，全球市场缺芯、缺箱，而中国的集成电路除去进口，国内产量增长 33.3%，供给迅速增加；金属集装箱产量增长 110.6%，翻了一倍有余；微型计算机设备产量增长 22.3%，智能手机产量增长 9.0%……

　　用国家统计局国民经济核算司司长赵同录的话来说：2021年，各地区各部门认真贯彻落实党中央、国务院决策部署，科学统筹疫情防控和经济社会发展，我国国民经济持续稳定恢复，高质量发展取得新成效，"十四五"实现良好开局。

辉煌十年记，砥砺再出发！

十年弹指一挥！

今时今日，回首 2012—2021 年，纵遇崎岖险阻，但透过十年间一个个超预期的统计数据，不难发现中国经济始终保持充盈底气，以铿锵有力的坚定步伐爬坡过坎，生生走出一条披荆斩棘、"难中求成"之路。

2012 年 11 月，中国共产党第十八次全国代表大会提出中国未来十年的发展目标和主要战略措施。在确保到 2020 年实现全面建成小康社会的宏伟目标下，在经济方面要实现国内生产总值和城乡居民人均收入比 2010 年翻一番。

而后的十年，中国持续以改革为主要抓手，着力稳住经济大盘，逐步提高人民的物质文化生活水平，努力实现学有所教、劳有所得、病有所医、老有所养、住有所居。同时，努力缓解环境和能源的制约，实现可持续发展。

虽自 2020 年起，中国"随同"全球面对"世纪疫情"及"百年未有之大变局"，且因采取严格的防疫措施，引来一些外媒唱衰中国经济，但那些鼓噪之声的逻辑，无外乎就是把一时的"困难"说成是永久的状况，把局部的影响说成是整体的态势。现实里的中国仍在充分认识困难和挑战的背景下，于恢复发展中坚定信心，根据党中央提出"疫情要防住、经济要稳住、发展要安全"的明确要求，既坚持科学精准、动态清零，抓细抓实各项防控措施，最大限度减少疫情对经济社会发展的影响，也加强政策实施提速增效，推动稳经济政策再细化再落实，进一步保障与改善民生。

下一个十年乃至更长远的未来，中国经济将以何种面貌矗立于世界舞台？

　　对于这个备受全球瞩目的问题，中央财经委员会办公室副主任韩文秀已于 2021 年 12 月 11 日，在"2021—2022 中国经济年会"上给出答案——我国经济发展有很多有利条件，经济韧性强、潜力大，拥有完整的产业体系，丰富的人力资源，便利的基础设施，强大的国内市场，澎湃的市场活力，足够的政策空间，特别是有党中央坚强领导，有百年奋斗的智慧经验……一言以蔽之："我国经济持续恢复发展的态势不会改变，长期向好的基本面不会改变！"

　　是的。战疫情、保民生、抓发展；凝共识、勇担当、促开放。我们有信心，有底气，更有理由相信，中华民族伟大复兴将不断向前迈步，社会主义中国必将以更加雄健的身姿屹立于世界东方！

参考文献

政策文件、法律法规

《关于继续做好房地产市场调控工作的通知》。

《关于金融支持经济结构调整和转型升级的指导意见》。

《关于加强影子银行监管有关问题的通知》。

《关于促进互联网金融健康发展的指导意见》。

《关于民营银行监管的指导意见》。

《发行监管问答——关于引导规范上市公司融资行为的监管要求》。

《关于规范整顿"现金贷"业务的通知》。

《关于规范金融机构资产管理业务的指导意见》。

《深圳证券交易所/上海证券交易所上市公司重大违法强制退市实施办法》。

《关于依法从严打击证券违法活动的意见》。

《上海证券交易所股票上市规则（2018 年 11 月修订）》。

《上海证券交易所退市公司重新上市实施办法（2018 年 11 月修订）》。

《中华人民共和国证券法（2019 年修订）》。

图书

武力主编：《中国经济数字地图：2012—2013》，科学出版社 2013 年版。

报纸

《2012 中国经济，慢点、稳点——访国家发展改革委新闻发言人李朴民》，《光明日报》2012 年 2 月 16 日。

《宋丽萍：拓展资产证券化创新业务已做好多方面准备》，《证券时报》2013 年 9 月 22 日。

《27 家银行获批信贷资产证券化业务资格》，《证券时报》2015 年 1 月 14 日。

《招商证券：信贷资产证券化是"盘活存量"的重要一步》，《证券时报》2015 年 1 月 14 日。

《孟晓苏：以房养老不取代政府养老 三高适用试点阶段》，《每日经济新闻》2014 年 7 月 1 日。

《林采宜：大额存单不是融资难融资贵的药方》，《第一财经日报》2015 年 6 月 3 日。

《星展执行总裁高博德：取消存贷比是积极信号》，《新闻晨报》2015 年 6 月 30 日。

《养老金投资办法征求意见 投资股市上限 30%》，《上海证券报》2015 年 6 月 30 日。

《养老金投资股票类资产不超 30% 有利股市企稳回升》，《京华时报》2015 年 8 月 24 日。

《星石投资杨玲：养老金入市带动 A 股价值投资回归》，《上海证券报》2015 年 8 月 24 日。

《"指导意见"发布 互联网金融将迎来"健康发展期"》，《新民晚报》2015 年 7 月 19 日。

《互联网金融"基本法"下的行业抉择》，《21 世纪经济报道》2015 年 7 月 22 日。

《一份令人满意的成绩单——2015 年政府工作报告量化指标如期完成》，《光明日报》2016 年 3 月 2 日。

《银行间债市开放加速 首只私募完成准入备案》，《中国证券报》2015 年 11 月 26 日。

《人民币入篮 SDR 国际化之路展开新篇章》，《金融时报》2016 年 10 月 12 日。

网络报道

《海外看中共：十年铸辉煌 中国经济增长有目共睹》，中国政府网，2012年10月28日。

《十八大以来中国经济发展"成绩单"：保持中高速增长》，中国新闻网，2017年10月10日。

《波澜壮阔四十载 民族复兴展新篇——改革开放40年经济社会发展成就系列报告之一》，国家统计局网站，2018年8月27日。

《2020中国GDP总量首次突破100万亿元》，搜狐网，2021年1月19日。

《2019年全球制造业采购经理指数为50.1% 中国对全球经济增长的贡献率达到39%》，央视新闻客户端，2020年1月6日。

《IMF总裁：未来5年中国对全球经济增长的平均贡献率将超过四分之一》，央视新闻客户端，2021年5月29日。

《习近平庄严宣告：我国脱贫攻坚战取得了全面胜利》，新华网，2021年2月25日。

《"十二五"是中国经济结构转型的"阵痛期"》，中国人大网，2011年3月5日。

《国新办举行2012年国民经济运行情况新闻发布会》，国务院新闻办公室网站，2013年1月18日。

《刘福垣：GDP或超7.5% 应调整财政预算结构》，网易财经，2013年3月5日。

《张礼卿：GDP还要依靠基建投资 货币政策或从紧》，网易财经，2013年3月5日。

《盛宏清：目标偏低 货币政策将保持稳健》，网易财经，2013年3月5日。

《赵庆明：货币政策将保持稳健偏松状态》，网易财经，2013年3月5日。

《楼市调控第五次升级"国五条"点评大汇总》，新浪房产，2013

年 2 月 21 日。

《陈淮：房地产市场迫切需要形成良性的供求关系》，东方财富网，2013 年 2 月 20 日。

《人民银行就进一步推进利率市场化改革答记者问》，中国政府网，2013 年 7 月 20 日。

《李稻葵：信贷资产证券化是金改突破口》，东方财富网，2013 年 6 月 6 日。

《信贷资产证券化起步 将成金融改革突破口》，中国新闻网，2013 年 9 月 26 日。

《中国共产党第十八届中央委员会第三次全体会议》，百度百科。

《上海清算所举行人民币利率互换集中清算业务发布会》，上海清算所官网，2014 年 1 月 6 日。

《上海清算所举行人民币利率互换集中清算业务发布会（附件：外汇交易中心裴传智总裁在业务发布会上的讲话）》，上海清算所官网，2014 年 1 月 6 日。

《中国影子银行体系研究报告（摘要）》，虎嗅网，2013 年 4 月 24 日。

《深化金融改革第一单落地 首批 5 家民营银行试点方案确定》，人民网，2014 年 3 月 11 日。

《小伙伴们震惊了：以后在银行存款最高只能获得 50 万元的赔偿，靠谱否？》，上海博将投资管理有限公司公众号"博将资本"，2014 年 1 月 13 日。

《国六条：要市场要法治 促进资本市场健康发展》，新浪财经，2014 年 3 月 16 日。

《英媒：全球经济加剧分化 新兴经济体间差距将拉大》，中国新闻网，2014 年 12 月 29 日。

《夏斌：2015 年将成为未来中国百年历史中重要的一年》，金融界，2015 年 1 月 16 日。

《摩根大通：2015 年中国 GDP 增速降至 7.2%》，财新网，2014 年 12 月 30 日。

《中国制造业 PMI 下降 预计 2015 年经济将保持平稳》，前瞻产业研究院，2015 年 1 月 4 日。

《邱晓华 管清友：在国内，大家担心经济的三件事》，中国网，2015 年 5 月 11 日。

《专家激辩：2015 最可能发生的改革在什么领域？》，金融界，2015 年 1 月 19 日。

《多视角反映主体信用 助小微成长促经济发展》，中国人民银行征信中心官网，2014 年 12 月 19 日。

《互联网金融行业研究报告：中银国际－互联网金融行业周资讯（11.30~12.04）：个人征信牌照呼之欲出，唯品会进军互联网金融》，慧博投研资讯，2015 年 12 月 7 日。

《黄志龙：资产证券化将拓宽居民投资渠道》，央广网财经，2014 年 11 月 3 日。

《首款以房养老保险产品：养老金不受房价下跌影响》，经济参考网，2015 年 4 月 3 日。

《人民日报金海观潮：大额存单"主打"市场化》，人民网，2015 年 6 月 15 日。

《大额存单成利率市场化重大标志 个人认购 30 万元起》，中国网财经，2015 年 6 月 2 日。

《大额存单对存款市场何影响？》，中国网，2015 年 6 月 15 日。

《首批大额存单面世 存款利率何时放开？》，人民网，2015 年 7 月 6 日。

《大额存单成利率市场化重大标志 个人认购 30 万元起》，中国网财经，2015 年 6 月 2 日。

《存贷比监管指标拟取消》，人民网，2015 年 8 月 27 日。

《银行法修订取消"存贷比"专家：对银行有三大利好》，中国政府网，2015 年 6 月 25 日。

《经济聚焦：A 股迈向期权时代》，人民网，2015 年 2 月 10 日。

《郑秉文：养老基金投资利好资本市场》，金融界，2015 年 8 月 24 日。

《上海科创板今日正式开盘 首批 27 家企业挂牌》，中国网财经，2015 年 12 月 28 日。

《上海市金融办主任就"科创板"开盘答记者问》，人民网，2015 年 12 月 28 日。

《科技创新板 5 年挂牌企业 374 家 上海股交中心酝酿拓展企业资源》，人民资讯网，2020 年 12 月 31 日。

《"互联网 +"重新定义信息化》，光明网，2015 年 10 月 16 日。

《互联网金融从业者为指导意见点赞》，搜狐网，2015 年 7 月 20 日。

《点融网郭宇航：十部委指导意见出台 牵一发而动全身》，和讯网，2015 年 7 月 18 日。

《2015 年政府工作报告 25 个量化指标完成情况解析》，中国政府网，2016 年 3 月 2 日。

《李克强：在第九届夏季达沃斯论坛上的特别致辞》，中国政府网，2015 年 9 月 10 日。

《中国版 CDS 终于来了 打破债市刚性兑付有望加快》，第一财经，2016 年 9 月 23 日。

《深股通首日买入 26.69 亿 监管层关注市场操纵》，央广网，2016 年 12 月 6 日。

《〈P2P 网络借贷风险专项整治工作实施方案〉答记者问》，中国银保监会官网，2016 年 10 月 13 日。

《2016 年国民经济和社会发展统计公报》，国家统计局网站，2017 年 2 月 2 日。

《国家统计局五位司长解读 2016 年中国经济"年报"》，中国网，2017 年 1 月 22 日。

《科法斯：2017新兴国家政治风险与银行业风险交织》，新浪财经，2017年2月3日。

《王黔：全球股市未被高估 未来债市回报有限》，新浪财经，2017年2月3日。

《民营银行提升服务实体经济质效进展明显》，中国政府网，2016年12月8日。

《谁"抽血"更多？再融资规模远超同期IPO十倍》，东方财富网，2017年12月3日。

《IPO审核趋严再融资规模"瘦身"上市公司融资"抽血"难了》，新华网，2017年2月9日。

《再融资新规优化市场生态》，新华网，2017年2月20日。

《"债券通"获批 债市更开放》，中国经济网，2017年5月18日。

《花旗将发布中国境内债券市场新指数》，参考消息，2017年6月30日。

《ICO监管靴子终落地 定性为非法金融活动并"一刀切"叫停》，界面新闻，2017年9月4日。

《2017年4月1日市政府新闻发布会：上海自贸试验区制度创新成果及建设推进情况》，国务院新闻办公室网站，2017年4月1日。

《中央经济工作会议引发国际社会热烈反响》，搜狐网，2017年12月22日。

《2017年中国GDP突破80万亿增长6.9%》，证券之星，2018年1月19日。

《新华时评：不是"美国吃亏"，而是互利共赢》，央广网，2018年9月26日。

《中央深改委召开第一次会议，定了这些大事！》，旗帜网，2018年3月29日。

《上海金融法院"满月"：收案728件 标的额超百亿元》，中国新闻网，2018年9月21日。

《上海金融法院任重道远 银行拥抱科技需防风险》，搜狐网，2018 年 8 月 13 日。

《中国人民银行有关负责人就〈关于规范金融机构资产管理业务的指导意见〉答记者问》，中国人民银行官方网站，2018 年 4 月 27 日。

《中金：打破"刚兑"、矫正"错配"》，财联社，2018 年 4 月 28 日。

《中国银保监会有关部门负责人就〈商业银行理财子公司管理办法〉答记者问》，银保监会网站，2018 年 12 月 2 日。

《商务部部长：首届进博会成果丰硕，各项数据超出预期》，东方财富网，2018 年 11 月 19 日。

《578.3 亿美元！首届进博会交易采购成果丰硕》，新华网，2018 年 11 月 12 日。

《李克强作的政府工作报告（摘登）》，中国共产党新闻网，2019 年 3 月 6 日。

《IMF：下调 2019 年全球经济增长预期》，央广网，2019 年 7 月 24 日。

《如何应对 2019 年经济下行压力？总理强调要进一步激发市场活力》，每日经济新闻网，2019 年 1 月 16 日。

《包商银行被监管，是否也有积极意义？》，网易，2019 年 5 月 30 日。

《中国人民银行 中国银行保险监督管理委员会新闻发言人就接管包商银行问题答记者问》，中国人民银行官方网站，2019 年 5 月 26 日。

《我国新推出 11 条金融业对外开放措施》，中国政府网，2019 年 7 月 20 日。

《2019 科创板开板 资本市场上演"中国速度"》，东方财富网，2019 年 12 月 23 日。

《央行：改革完善贷款市场报价利率形成机制》，中国政府网，2019 年 8 月 17 日。

《中国人民银行有关负责人就完善贷款市场报价利率形成机制答记者问》，中国政府网，2019 年 8 月 17 日。

《（现场实录）政府工作报告》，新华网，2019 年 3 月 5 日。

《2020 年政府工作报告》，中国政府网，2020 年 5 月 22 日。

《稳步前行 重在高质量发展——2019 年中国宏观经济述评》，人民网，2019 年 12 月 10 日。

《IMF 经济展望报告：2020 年全球经济将萎缩 3%》，搜狐网，2020 年 4 月 14 日。

《世行：受新冠疫情冲击，预计 2020 年全球经济将下滑 5.2%》，环球网，2020 年 6 月 9 日。

《证券法修订获通过 2020 年 3 月 1 日起施行》，央广网，2019 年 12 月 30 日。

《证监会有关部门负责人答记者问》，证监会网站，2020 年 12 月 31 日。